马克思主义理论
教学与研究文库（第9卷）
MAKESI ZHUYI LILUN
JIAOXUE YU
YANJIU WENKU(DI 9 JUAN)

北京高校思想政治理论课改革示范点（首都经济贸易大学）资助项目

思想政治理论课
重点与难点（第二版）

◎刘冠军 王银江 李久林/主编

首都经济贸易大学出版社
Capital University of Economics and Business Press
·北京·

图书在版编目（CIP）数据

思想政治理论课重点与难点/刘冠军等主编．--2版．--北京：首都经济贸易大学出版社，2018.4

（马克思主义理论教学与研究文库）

ISBN 978-7-5638-2781-7

Ⅰ．①思… Ⅱ．①刘… Ⅲ．①思想政治教育—高等学校—教学参考资料 Ⅳ．①G641

中国版本图书馆 CIP 数据核字（2018）第 060075 号

思想政治理论课重点与难点（第二版）

刘冠军　王银江　李久林　主编

责任编辑　洪　敏
封面设计　小　尘
出版发行　首都经济贸易大学出版社
地　　址　北京市朝阳区红庙（邮编 100026）
电　　话　（010）65976483　65065761　65071505（传真）
网　　址　http://www.sjmcb.com
E-mail　publish@cueb.edu.cn
经　　销　全国新华书店
照　　排　北京砚祥志远激光照排技术有限公司
印　　刷　北京九州迅驰传媒文化有限公司
开　　本　710 毫米×1000 毫米　1/16
字　　数　312 千字
印　　张　17.75
版　　次　2014 年 9 月第 1 版　**2018 年 4 月第 2 版**
2018 年 4 月总第 2 次印刷
书　　号　ISBN 978-7-5638-2781-7/G·416
定　　价　48.00 元

时代课题与使命担当

——“马克思主义理论教学与研究文库”总序

刘冠军

经过较长一段时间的反复酝酿、精心策划，马克思主义学院在2013年春末夏初的一次党政联席会议上研究决定，联合首都经济贸易大学出版社出版“马克思主义理论教学与研究文库”（以下简称“文库”），旨在为学院的教师搭建一个出版平台，陆续出版学院教师在马克思主义理论科学研究和教学研究方面的成果。这一决定，得到了首都经济贸易大学出版社领导和编辑的大力支持。2013年夏，与首都经济贸易大学出版社领导进行了多次商讨和策划，出版“文库”的工作便正式开始。

出版该“文库”并非是我们的一时心血来潮，而是时代课题和使命担当使然。可以说，大力加强马克思主义理论的科学研究和教学研究，是我们所处的这个时代赋予马克思主义学院及其教师的历史使命，是我们这个时代为马克思主义学院及其教师提出的重大研究课题。

一

中国高等院校如何大力加强马克思主义理论的科学研究和教学研究，是一个历久弥新的时代课题。特别是自1984年中国高等院校设置思想政治教育专业或学科以来，大力加强马克思主义理论的科学研究和教学研究，便成了高等院校思想政治理论课教师的一个重要课题，并且随着中国改革开放的历史进程以及国内国际形势的变化，这一课题的内容和形式在不断地深入和拓展。同时，马克思主义理论的科学研究与思想政治理论课的教学研究的关系，在相互交织和相互渗透的过程中不断向前推进，而且越来越明晰地统一到马克思主义理论科学研究和教学研究的理论框架中，从马克思主义理论学科建设的发展过程可以清晰地看到这一点。从学科演进的角度看，马克思主义理论学科经历了一个思想政治教育与马克思主义理论教育相互关联的历史嬗变过程，这一过程呈现为以下几个阶段。

第一阶段：思想政治教育（1984—1995 年）与马克思主义理论教育（1988—1995 年）并行的时期。在这一时期，思想政治教育学科从 1984 年开始招收本科生、第二学士学位学生，最初全国只有 10 几个办学单位招生，属于法学门类的政治学一级学科；1988 年开始招收硕士生；1990 年正式设置硕士学位授权点。在这一时期，马克思主义理论教育学科从 1988 年开始设置相对独立的硕士点，并开始招生，研究方向为马克思主义基本原理、中国革命史、中国社会主义建设和世界经济政治与国际关系。1991 年，中国人民大学许征帆教授领衔招收马克思主义理论教育（马克思主义原理）的博士生，1994 年 6 月，林泰、陆庆壬、郑永廷、邱伟光、张耀灿和刘廷亚向国务院学位委员会、国家教育委员会提交《六教授关于设立博士学位点的建议书》，该建议书强调设立思想政治教育专业博士点的必要性和迫切性，并论证了设立思想政治教育专业博士点的可行性和现实性。1995 年，国务院学位办委托许征帆先生与张静如先生等到清华大学、北京科技大学和首都师范大学等进行调研，对思想政治教育专业的教学、科研和硕士研究生的培养情况做综合评估。专家组得出的结论是：思想政治教育专业经过 10 年建设，已经有了很好的基础，取得了长足的发展，但也存在着突出的问题，即理论性不强，本科、第二学士学位和硕士研究生专业层次不够清晰，因此建议思想政治教育专业与马克思主义理论教育专业合并，发挥综合优势，共同建设博士学位授权点。

第二阶段：思想政治教育与马克思主义理论教育两个学科合并的时期（1996—2005 年）。两个学科合并后的学科，被称为“马克思主义理论与思想政治教育”，其学科属性是法学门类的政治学一级学科下的二级学科（代码 030205）。本科层次的政治教育学科与思想政治教育学科合并，名称统一为思想政治教育（本科共 250 多个），设置师范与非师范两个专业方向，既可授法学学位，也可授教育学学位。研究生学位授权点有硕士点和博士点。首批马克思主义理论与思想政治教育博士点，全国只有 3 家，即中国人民大学、武汉大学（与华中师范大学合作）、清华大学（与首都师范大学、北京科技大学合作）。1997 年首次招收博士研究生。后来发展到 28 家，有中国人民大学、清华大学、武汉大学、中山大学、东北师范大学、南京师范大学、北京大学、北京师范大学、浙江大学、华南师范大学、华中师范大学、复旦大学、解放军南京政治学院、首都师范大学、南开大学、天津师范大学、河北师范大学、辽宁师范大学、哈尔滨师范大学、华东师范大学、南京大学、福建师范大学、山东

师范大学、山东大学、西安交通大学、陕西师范大学、中共中央党校和吉林大学。尤其值得关注的是：2004年1月，中共中央颁发了《关于进一步繁荣发展哲学社会科学的意见》，提出实施马克思主义理论研究和建设工程。这是党中央从深入推进马克思主义中国化、时代化、大众化，坚持与发展中国特色社会主义的战略高度做出的一项重大决策，是十六大以来我们党实施的具有深远意义的思想理论建设工程。2004年4月，中共中央办公厅转发《中央宣传思想工作领导小组关于实施马克思主义理论研究和建设工程的意见》，对实施工程做出部署并正式启动。随着马克思主义理论研究与建设工程的启动，150余种哲学社会科学专业骨干基础教材和思想政治理论课教材的编写被提上日程①，一个以当代中国马克思主义为指导的具有中国特色、中国风格和中国气派的哲学社会科学学科体系和教材体系正在形成。可以说，在这一时期，马克思主义理论和思想政治教育的教学与研究得到了迅速的发展并取得了许多重大成就。同时应当看到，这一时期也存在一些问题，其中主要是专业名称上的不一致：本科专业名称是思想政治教育专业，而研究生专业名称是马克思主义理论与思想政治教育。名称的不一致，导致对其内涵与外延的认识不一致，思想政治教育的内涵和外延是什么？马克思主义理论教育的内涵和外延是什么？马克思主义理论和思想政治教育学科是思想政治教育加马克思主义理论教育吗？若是，那么其中的“加”是什么意思？是机械相加，还是有机相加？是思想政治教育“加”马克思主义理论教育，还是马克思主义理论教育“加”思想政治教育？若不是，那又是什么？

第三阶段：思想政治教育与马克思主义理论教育两个学科的统一时期（2006年至今）。两个学科统一后的学科被称为马克思主义理论，思想政治教育成为马克思主义理论一级学科下的二级学科。2005年12月23日，国务院学位委员会和教育部联合下发《关于调整增设马克思主义理论一级学科及所属二级学科的通知》（学位〔2005〕64号，以下简称《通知》），《通知》指出：“根据《中共中央国务院关于进一步加强和改进大学生思想政治教育的意见》和《中共中央关于进一步繁荣发展哲学社会科学的意见》精神，为了加强马克思主义理论体系研究、马克思主义发展史、马克思主义中国化研究和思想政治教育研究，推进党的思想理论建设和巩固马克思主义在高等学校教育教学中的指导地位，加强高

① 叶红云．马克思主义理论的学科自信与马克思主义话语权［J］．思想教育研究，2013（3）．

校思想政治理论课建设、培养思想政治教育工作队伍，经专家论证，决定在《授予博士、硕士学位和培养研究生的学科、专业目录》中增设马克思主义理论一级学科及所属二级学科。”

马克思主义理论学科与法学、政治学、社会学和民族学并列成为法学门类下的一级学科，下设5个二级学科，即马克思主义基本原理、马克思主义发展史、马克思主义中国化研究、国外马克思主义研究和思想政治教育。2008年4月，新设中国近现代史基本问题研究为马克思主义理论一级学科下的二级学科，这样马克思主义理论一级学科便有了6个二级学科。

在这一时期，伴随《通知》的贯彻和马克思主义理论研究与建设工程的实施，马克思主义理论学科得到了迅速发展。列入马克思主义理论研究与建设工程的150余种哲学社会科学专业骨干基础教材和思想政治理论课教材陆续出版。博士、硕士学位点的建设取得了丰硕成就。截至2012年，全国已设立马克思主义理论一级学科博士点37个、硕士点133个，6个二级学科设立博士点和硕士点近600个①。从此，马克思主义理论的博士、硕士学位授权点位居同类学科授权点之首。与此同时，马克思主义理论学科设置了一级学科和二级学科的国家级重点学科，还设置了34个博士后科研流动站，30所高校的思想政治教育专业为国家级特色专业等。对此，有学者做了比较中肯的评述：“马克思主义理论学科建设工程，以其成功的制度设计与安排、令人信服的研究成果，彰显了马克思主义强大的号召力、吸引力和凝聚力，是新的历史条件下党推进思想理论建设和哲学社会科学繁荣发展的重要成果。马克思主义理论学科的建设与发展，高举马克思主义旗帜，弘扬马克思主义的基本精神与方法，旗帜鲜明地昭示了中国共产党始终坚持马克思主义指导地位不动摇、用发展的马克思主义指导新的实践的决心和信心。正是在这个意义上，马克思主义理论学科建设是关系中国特色社会主义事业发展全局的战略工程、生命工程、基础工程。”②

二

综上所述，马克思主义理论学科的发展经历了思想政治教育与马克

① 李向军，王斯敏. 凝聚在马克思主义旗帜下——一级学科设立助推马克思主义理论“三进”纪实［N］. 光明日报，2012－10－09.

② 叶红云. 马克思主义理论的学科自信与马克思主义话语权［J］. 思想教育研究，2013（3）.

思主义理论教育从“并行→合并→统一”的过程。追溯这一过程，对于我们科学处理马克思主义理论科学研究与思想政治理论课教学研究的关系，以及大力加强马克思主义理论的科学研究和教学研究具有重大意义。

1. 二者是在长期实践探索基础上的统一

对思想政治教育特别是思想政治理论课教学与马克思主义理论教育关系的认识上，二者在学科层面上经历了一个长期实践探索的过程，最终统一于马克思主义理论教育。这意味着，当前中国高校的思想政治教育在实质上就是马克思主义理论框架下的思想政治教育，思想政治理论课教学在实质上是马克思主义理论的教学。为此，思想政治教育作为马克思主义理论一级学科的二级学科，必须处理好与马克思主义理论一级学科的关系，正如《通知》所指出的，高等院校必须建立马克思主义教育与教学体系，在本科教育中，设立马克思主义基础专业，培养政治素质好、思想品德优良、具有较好马克思主义基础知识的大学生；在研究生教育中，培养德智体全面发展、政治素质高、理论方向正确、具有比较高的马克思主义素养和理论功底，并能用马克思主义立场、观点和方法分析研究当代现实问题的硕士研究生和博士研究生。

2. 高校思想政治教育是马克思主义理论的组成部分

当前，中国高校马克思主义理论框架下的思想政治教育，是马克思主义理论的一个重要组成部分，作为马克思主义理论一级学科的二级学科，必须处理好与马克思主义理论其他二级学科（马克思主义基本原理、马克思主义中国化研究和马克思主义发展史、国外马克思主义研究、中国近现代史基本问题研究）的关系，这对于当前中国高校的思想政治教育意义重大。对于思想政治理论课的四门必修课来说，与“马克思主义基本原理概论”课相对应的，是马克思主义理论的二级学科马克思主义基本原理，其教学与研究要以这个二级学科的建设为基础，对马克思主义从整体上进行深入系统的研究，对如何帮助青年学生掌握马克思主义世界观和方法论、正确认识人类社会发展的基本规律等进行研究。与“毛泽东思想和中国特色社会主义理论体系概论”课相对应的，是马克思主义中国化研究这个二级学科，其教学和研究要以这个学科的建设为基础，以马克思主义中国化为主线，以中国化的马克思主义为主题，以建设中国特色社会主义理论和实践为重点，对中国共产党把马克思主义基本原理与中国实际相结合的历史进程、马克思主义中国化的理论成果进行深入研究，对如何帮助学生系统掌握毛泽东思想和中国特色社会主义理论体系的主要内容和精神实质，坚定在党的领导下走中国特色社会主义道路的理想信念进行研究。与“思想道德修养与法律基础”课相对应的，是思想政治教育这个二级学科，其教学和研究要以思想政治教育的建设为基础，运用马克思主义理论与方法对人们思想品德形成、发展和思想政治教育规律进行研究，对如何培养学生树立正确的世界观、人生观、价值观进行研究，对如何加强社会主义道德教育和法制教育、帮助学生增强社会主义法制观念、提高思想道德素质、解决成长成才过程中遇到的实际问题进行研究。与“中国近现代史纲要”课相对应的，是中国近现代史基本问题研究这个二级学科，其教学和研究要以这个二级学科的建设为基础，要对中国近代以来抵御外来侵略、争取民族独立、推翻反动统治和实现人民解放的历史进行研究，对如何帮助学生了解国史国情、深刻领会历史和人民是怎样选择了马克思主义、中国共产党和社会主义道路进行研究。

3. 高校思想政治教育必须遵循学科发展的规律

高校思想政治教育，特别是大学生思想政治教育，作为一门科学，其课程体系建设必须遵循（马克思主义理论）学科发展的规律，而不能随意设置。当前大学生思想政治理论课程的设置主要为四门必修课，即“马克思主义基本原理概论”“毛泽东思想和中国特色社会主义理论体系概论”“思想道德修养与法律基础”“中国近现代史纲要”。另外，开设“形势与政策”。在这“4+1”模式中，马克思主义理论一级学科下的两个二级学科即马克思主义发展史、国外马克思主义研究没有列入其中。也就是说，马克思主义理论学科以及所属6个二级学科与当前大学生思想政治理论课程之间的关系，是既对应又不对应的关系，如表1所示。

表1　马克思主义理论二级学科与思想政治理论课的关系

马克思主义理论二级学科	思想政治理论课
马克思主义基本原理	马克思主义基本原理概论
马克思主义中国化研究	毛泽东思想和中国特色社会主义理论体系概论
思想政治教育	思想道德修养与法律基础
中国近现代史基本问题研究	中国近现代史纲要
马克思主义发展史	?
国外马克思主义研究	?
?	形势与政策

如何理解马克思主义理论学科以及所属6个二级学科与当前大学生思想政治理论课之间既对应又不对应的关系？笔者认为，当前高校思想政治理论课设置的四门必修课基本与马克思主义理论学科所属的4个二级学科相对应，这基本符合学科发展的规律。同时，由于当前马克思主义理论学科设置时间较短，还处在不断探索和建设之中，加上思想政治理论课在当下课时量较少，因此，高校思想政治理论课程的设置与马克思主义理论学科所属6个二级学科不对应的现象，符合当前马克思主义理论学科建设和高校思想政治理论课教学的现实，有其现实的必要性。当然也应当看到，随着马克思主义理论学科建设的不断推进，马克思主义理论学科将会逐步成熟和完善，在合适之时思想政治理论课程设置将与马克思主义理论学科所属的二级学科逐步对应，形成马克思主义理论一级学科体系下的思想政治教育新体系，如图1所示。

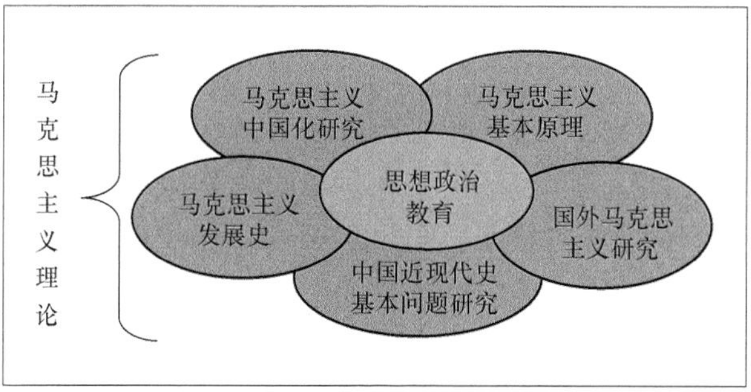

图1　马克思主义理论一级学科下的思想政治教育示意图

应当注意的是，在当前的马克思主义理论科学研究与教学研究过程中，不应因为马克思主义理论的6个二级学科与当前大学生思想政治理论课程之间的不对应现象，而置马克思主义理论的有关二级学科于不顾；由于马克思主义理论一级学科下的6个二级学科是相互联系、相互渗透和相互支撑的，所以在马克思主义理论科学研究与教学研究过程中，应当以马克思主义理论的6个二级学科与当前大学生思想政治理论课程之间相对应，来进行马克思主义理论科学研究和教学研究。只有这样，才能建构起二者对应的马克思主义理论科学研究和教学研究的新体系，才能建构起马克思主义理论一级学科体系下的思想政治教育新体系。

4. 大学生思想教育建设符合客观要求

从马克思主义理论学科建设的角度，反思当前大学生思想政治教育的现状是十分必要的，这是大学生思想政治教育作为一门科学来建设的客观要求。其中，有以下问题需要探讨：

（1）当前大学生思想政治教育的课程体系应当如何称谓，是大学生思想政治教育，还是大学生马克思主义理论教育？从目前高校开设的大学生思想政治教育的四门主干课程来看，将其称为马克思主义理论教育更为确切，更加符合实际。这是因为，“马克思主义基本原理概论”课程对应的是马克思主义基本原理二级学科，“毛泽东思想和中国特色社会主义理论体系概论”课程对应的是马克思主义中国化研究二级学科，“思想道德修养与法律基础”课程对应的是思想政治教育二级学科，“中国近现代史纲要”课程对应的是中国近现代史基本问题研究二级学科。那么，为什么当前高校的大学生思想政治教育不被称为“大学生马克思主义理论教育”？其深层次的原因是什么？

（2）当前高校针对大学生开展的思想政治教育，其实质是什么？笔者认为，它既不是单纯的思想教育，也不是单纯的政治教育，而是思想教育与政治教育的有机结合。所谓思想教育，就是马克思主义理论和中国化马克思主义理论的思想教育。而所谓政治教育，就是运用马克思主义理论和中国化马克思主义理论对当前党和国家的基本原则、大政方针及其实施情况进行分析的教育。而思想教育与政治教育的有机结合，体现为两个层面：一方面是理论联系实际，即学习掌握马克思主义理论和中国化马克思主义理论，并与实际相结合，分析、研究经济社会的新问题、新现象、新事实，在这一层面强调的是坚持马克思主义和中国化马克思主义理论；另一方面是以实际问题为核心研究理论，即围绕经济社会中的新问题、新现象、新事实，研究理论，发展理论，在这一层面强调的是发展马克思主义和中国化马克思主义理论。两个层面的结合，就是对马克思主义和中国化马克思主义理论的既坚持又发展，是坚持和发展的辩证统一。

三

马克思主义是我们立党立国的根本指导思想，是全党全国人民团结奋斗的共同思想基础。大学生是十分宝贵的人才资源，是民族的希望，祖国的未来。加强和改进大学生思想政治教育，提高他们的思想政治素质，把他们培养成中国特色社会主义事业的建设者和接班人，对于全面实施科教兴国和人才强国战略，确保中国在激烈的国际竞争中始终立于不败之地，确保实现全面建设小康社会、加快推进社会主义现代化的宏伟目标，确保中国特色社会主义事业兴旺发达、后继有人，具有重大而深远的战略意义①。高等学校思想政治理论课承担着对大学生进行系统的马克思主义理论教育的任务，是对大学生进行思想政治教育的主渠道。充分发挥思想政治理论课的作用，用马克思列宁主义、毛泽东思想和中国特色社会主义理论体系武装当代大学生，是党的教育方针的具体体现，是社会主义大学的本质特征，是党和国家事业长远发展的根本保证②。与此相关联，马克思主义理论学科在中国哲学社会科学中是基础理论学科和领头羊学科③，是关系党和国家前途命运的生命工程学科。因此，党和政府一向高度重视加强和改进大学生思想政治教育工作，一向重视马克思主义理论的学术研究和学科建设工作。而如何才能大力加强高校马克思主义理论的科学研究和教学研究，有效推进大学生思想政治理论课教学工作的开展和马克思主义理论学科建设工作的进程呢？首要的问题是弄清承担高校马克思主义理论科学研究和教学研究任务的主体，弄清开展大学生思想政治理论课教学工作和马克思主义理论学科建设工作的主体。

从高校的机构设置看，马克思主义学院是承担这项任务和开展这项工作的主体。2008 年 9 月，中宣部和教育部联合下发了《关于进一步加强高等学校思想政治理论课教师队伍建设的意见》（以下称《意见》），要求“各高等学校应当建立独立的、直属学校领导的思想政治理论课教学科研二级机构”，主要形式之一就是“马克思主义学院”。马克思主义学院的设立意义重大。

（1）有利于高举马克思主义的旗帜。中国高校成立马克思主义学院，公开高举马克思主义旗帜，是社会主义办学方向的集中体现。在当代中国，高举这面旗帜，最主要的就是高举中国特色社会主义的旗帜。

（2）有利于凝聚一支从事马克思主义教育、教学和研究的专职教师队伍。这支队伍承担对大学生系统进行马克思主义理论教育的任务，把这支队伍集中起来有利于在党的领导下，做到统一认识、统一政策、统一计划、统一指挥、统一行动。

---

① 中共中央国务院．关于进一步加强和改进大学生思想政治教育的意见（中发〔2004〕16 号文），2004－10.

② 中共中央宣传部、教育部．关于进一步加强和改进高等学校思想政治理论课的意见．教社政〔2005〕5 号，2005－2.

③ 国务院学位委员会“马克思主义理论一级学科建设和人才培养方案研究课题组”：马克思主义理论学科建设调研报告［J］．思想理论教育，2007（5）．

（3）有利于建设一个马克思主义理论学科。这个学科对于加强从整体上综合开展马克思主义理论研究，对于从学理的角度支撑高校思想政治理论课教育教学，并开展重大问题的研究，具有重要的意义。

（4）有利于开好以马克思主义理论教育为主要内容的思想政治理论课。这类课程的开设，是对大学生进行思想政治教育的主渠道，这类课程的质量和效果，关系到学生的成长和学校工作的大局①。

如今，为贯彻落实中宣部和教育部《意见》的精神，全国各高校普遍设置了直属学校领导的思想政治理论课教学科研二级机构，其中使用“马克思主义学院”这个名字的有150多家②。《意见》明确指出了马克思主义学院有三项主要职能：思想政治理论课教学、马克思主义理论学科建设和思想政治理论课教师队伍建设。其中，思想政治理论课教学是核心任务，马克思主义理论学科建设是学科支撑，教师队伍建设是根本基础。这三项职能是紧密联系、互相促进的“三位一体”的有机整体，只有将这三个方面作为一个整体来建设，才能将高校马克思主义学院建设成为一个具有高学术水平的教学与研究机构，从而有效地提高思想政治理论课的教学水平和实效性③。

从高校的教师队伍构成看，马克思主义学院的教师是承担这项任务和开展这项工作的主体。2012年6月，国务院学位委员会下发了《关于进一步加强高校马克思主义理论学科建设的意见》（学位〔2012〕17号），明确指出，思想政治理论课教师是高校马克思主义理论学科队伍的主体。要按照“一岗双能”“一身二任”的要求，努力提高教师自身的理论素养、业务能力和道德修养，不断强化学科意识，积极参与学科建设。这也就是说，马克思主义学院的教师承担着两大任务、肩负着两大使命：一是承担着马克思主义理论学科建设的任务，肩负着马克思主义理论科学研究的使命；二是承担着全校本科生、硕士研究生思想政治理论课的教学任务，肩负着对大学生、硕士研究生思想政治理论课教学研究的使命。这两大任务和两大使命是相辅相成的关系，马克思主义理论的学科建设和科学研究是思想政治理论课教学任务和教学研究的基础；

---

① 陈占安．高扬马克思主义伟大旗帜不动摇——庆祝北京大学马克思主义学院成立20周年［J］．思想理论教育导刊，2012（7）．

② 陈占安．高扬马克思主义伟大旗帜不动摇——庆祝北京大学马克思主义学院成立20周年［J］．思想理论教育导刊，2012（7）．

③ 白暴力、王胜利、赵朝峰．高校马克思主义学院的“三位一体”建设［J］．思想理论教育导刊，2010－6.

而思想政治理论课教学任务和教学研究是马克思主义理论学科建设和科学研究的核心。只有在做好马克思主义理论学科建设和科学研究的基础上，才能搞好思想政治理论课的教学任务和教学研究，才能提高教学的科学性和理论性；而只有在做好思想政治理论课教学任务和教学研究的前提下，才能真正使学科建设和科学研究的成果发挥教书育人的作用，才能进一步提高学科建设和科学研究的针对性和实效性。

马克思主义和中国化的马克思主义是与时俱进的理论，马克思主义理论的教学也必须与时俱进。高校马克思主义学院及其教师既然肩负着大力加强马克思主义理论学科建设、科学研究、教学研究、高校思想政治理论课教学、培养中国特色社会主义事业的建设者和接班人的神圣职责和光荣使命，那么就应当尽职尽责，有所作为。正是基于上述的认识，马克思主义学院在教师的大力支持下决定联合首都经济贸易大学出版社共同出版“马克思主义理论教学和研究文库”。

在此需要说明的是，“马克思主义理论教学和研究文库”的出版，是首都经济贸易大学马克思主义学院的一次尝试，难免存在不足，敬请方家评析，或肯定，或批评。肯定，是对我们的鼓励；批评，是对我们的鞭策；肯定或批评，都是我们做好这项工作的动力。本“文库”的创办，得到了首都经济贸易大学出版社社长、总编辑杨玲和薛捷编辑的大力支持，在此表示衷心的感谢。

2014 年 6 月于北京

本书编委会

主　编：刘冠军　王银江　李久林

编　委：王　峻　王小莹　王晓红　王银江　刘　隽
刘　娟　刘冠军　李久林　何绍明　苏世兰
吴西亮　张晓萍　张　颖

内容提要

加强高校思想政治理论课教材的重点难点问题研究，在教学过程中突出重点难点问题的讲授，是当前解决新编思想政治理论课教材内容丰富，与高校思想政治理论课教学课时量偏少之矛盾的有效途径，是让大学生在有限的时间内系统地把握思想政治理论课丰富内容的切实之举，是增强高等院校思想政治理论课教学的针对性和实效性的关键所在。本书作为《思想政治理论课重点与难点》的第二版，是首都经济贸易大学马克思主义学院教师在其第一版的基础上，针对其承担的思想政治理论课“马克思主义基本原理概论”“毛泽东思想和中国特色社会主义理论体系概论”“中国近现代史纲要”“思想道德修养与法律基础”“形势与政策”五门必修课，按照马克思主义理论研究和建设工程重点教材2015年版的各章循序，对其重点与难点问题进行梳理和总结的成果。

本书适合于高校思想政治理论课教师、在校大学生以及哲学社会科学工作者阅读和参考。

目　　录

“马克思主义基本原理概论”重点与难点

“毛泽东思想和中国特色社会主义理论体系概论”重点与难点

“中国近现代史纲要”重点与难点

“思想道德修养与法律基础”重点与难点

“形势与政策”重点与难点

第二版序言

刘冠军

加强高校思想政治理论课教材的重点与难点问题研究，在教学过程中突出重点与难点问题的讲授，是当前解决新编思想政治理论课教材内容丰富与高校思想政治理论课教学课时量偏少的矛盾的有效途径，是让大学生在有限时间内增强思想政治理论课获得感的切实之举，是提升高等院校思想政治理论课教学针对性的关键所在。因此，首都经济贸易大学马克思主义学院作为承担学校思想政治理论课建设和教学的部门，一向注重思想政治理论课教材的重点与难点问题的研究。在 2014 年 9 月编辑出版了《思想政治理论课重点与难点》第一版之后，马克思主义学院的教师未曾停止对该课程教材的重点与难点问题的研究，因此经学院党政联席会议研究，决定组织全院教师在第一版的基础上进行修订并编辑出版第二版。

一

《思想政治理论课重点与难点》第二版的修订、撰写和编排，与其第一版相比较，主要有以下几个方面的特点。

第一，在课程的选取上，更加突出思想政治理论课的内容。收入《思想政治理论课重点与难点》第一版的课程，除了学院教师承担的全校的“马克思主义基本原理概论”“毛泽东思想和中国特色社会主义理论体系概论”“思想道德修养与法律基础”“中国近现代史纲要”“形势与政策”五门思想政治理论课的必修课外，还收入了学院教师承担的全校的“政治经济学”“健康人格心理学”两门课程。而在组织编写《思想政治理论课重点与难点》第二版的过程中，为了更加突出思想政治理论课的内容，在课程的选取上只保留了五门思想政治理论课的必修课程，“政治经济学”“健康人格心理学”两门课程未收入本书之中。在此加以说明的是，在马克思主义理论中，“政治经济学”特别是“马克思主义政治经济学”是马克思主义理论体系的重要组成部分，但从 2005 年始，在中国的学科目录中，“政治经济学”属于理论经济学一级学科下的二级学科，在马克思主义理论一级学科下设立的二级学科，主要有马克思主义基本原理、马克思主义中国化研究、思想政治教育、马克思主义发展史和国外马克思主义，2008 年新增中国近现代史基本问题研究，这样在高校开设的思想政治理论课中也就没有“政治经济学”课程了，而其中的原理内容则渗透在“马克思主义基本原理”课程中。基于此，“政治经济学”重点与难点也就未再单独收入本书之中。

第二，在教材版本的选取上，更加突出新版教材的使用。在《思想政治理论课重点与难点》第一版的编写过程中，“马克思主义基本原理概论”“毛泽东思想和中国特色社会主义理论体系概论”“思想道德修养与法律基础”“中国近现代史纲要”四门主干课的重点与难点的编写，主要参照的教材是：高等教育出版社于 2010 年出版的马克思主义理论研究和建设工程重点教材。这四门主干课程的教材也被称为“2010 年修订版”；“形势与政策”必修课重点难点的编写，主要参考中国人民大学出版社 2011 年出版的赵民胜主编的《形势与政策》。而《思想政治理论课重点与难点》第二版的编写过程中，上述四门主干课参考的教材是高等教育出版社 2015 年出版的马克思主义理论研究和建设工程重点教材，这四门主干课程的教材也被称为“2015 年修订版”；“形势与政策”必修课重点难点的编写，除了参考原来的教材外，更多地按照 2015 年至 2017 年春季和秋季高校思想政治理论课教学指导委员会“形势与政策”分委员会与中宣部《时事报告》杂志社及有关部门研究制定的“高校‘形势与政策’教育教学要点”。

第三，在编写内容上，注重与马克思主义理论学科的衔接。《思想政治理论课重点与难点》第二版的编写过程中，参加编写的教师注意思想政治理论课重点难点的选取与马克思主义理论学科内容的衔接。“马克思主义基本原理概论”“毛泽东思想和中国特色社会主义理论体系概论”“思想道德修养与法律基础”“中国近现代史纲要”四门主干课，注重与对应的马克思主义理论一级学科下的马克思主义基本原理、马克思主义中国化研究、思想政治教育和中国近现代史基本问题研究四个二级学科的对接。思想政治理论课四门主干课程的学科定位，使编写内容突出四个方面的教育功能：一是突出思想政治理论课的思想教育功能，将思想政治理论课的思想教育定位于对大学生进行马克思列宁主义、毛泽东思想和中国特色社会主义理论体系的思想教育；二是更加突出思想政治理论课的政治教育功能，将思想政治理论课的政治教育定位于对大学生进行马克思主义理论的主流意识形态教育和政治意识、大局意识、核心意识、看齐意识的“四种意识”教育；三是更加突出思想政治理论课的理论教育功能，将思想政治理论课的理论教育定位于对大学生进行系统的马克思主义理论教育；四是更加突出思想政治理论课的引导功能，通过上述三个方面教育功能的发挥，将思想政治理论课成为引导大学生“正确认识世界和中国发展大势，正确认识中国特色和国际比较，正确认识时代责任和历史使命，正确认识远大抱负和脚踏实地”的主阵地、主渠道和主课堂。

二

《思想政治理论课重点与难点》第二版的编写历时两年多，完成书稿时正值党的十九大胜利召开之际，正值全党全国人民掀起学习宣传和贯彻落实党的十九大精神的热潮之际，正值全国高校思想政治理论课教师在学习研究党的十九大精神的基础上，思考如何将其进头脑、进教材、进课堂的“三进”工作开展之际。首都经济贸易大学马克思主义学院作为北京市教育工委遴选的北京高校思想政治理论课改革示范点，担负着党的十九大精神“三进”的重要职责和神圣使命。因此，马克思主义学院对党的十九大精神的“三进”工作进行了尝试性的探索。2017 年 10 月 16 日，在上报学校党委的“学习党的十九大精神的近期安排”基础上，马克思主义学院形成了如下的思路和做法。

第一，2017 年 10 月 18 日上午，学院组织研究生集体收看“党的十九大”开幕式，并组织学习研讨，撰写学习体会和心得，通过学院网站及时报道。同日中午，学院党总支理论学习中心组学习党的十九大会议精神，并商讨尽快组织学院全体教师学习党的十九大会议精神，要求学院全体教师尽快将党的十九大精神融入思想政治理论课课堂教学中；同日下午，学院召开全院教师大会，书记和院长就“马克思主义学院学习党的十九大精神的近期安排”做了具体部署，强调学院全体教师学习研究党的十九大精神，并将其融入思想政治理论课的教案设计、课堂教学，既是目前的政治任务，也是思政课教师的本职工作。次日下午，正在为马克思主义理论专业研究生开设“马克思主义理论专题研究”课的教师，为让学生深刻学习领会党的十九大报告精神及时调整专题内容，把学习党的十九大报告精神作为首选专题，组织学生观看党的十九大开幕式，聆听习近平总书记的报告，通读党的十九大报告文本，最后组织研讨。通过观看、学习和研讨，学生感悟颇多，纷纷表达了自己的心得体会。同日晚，学院组织“名家领读经典”市级课程班的52 名学生，在两位班主任的带领下到北京师范大学敬文讲堂聆听王炳林教授的“培育和践行社会主义核心价值观”专题讲座。

第二，2017 年 10 月 16 日、22 日、24 日和 28 日，马克思主义学院在学校党委的统筹安排下，积极参加学校学生处、教务处等单位组织的参观“砥砺奋进的五年”大型成就展，每次派出20多名教师（助教）作为指导教师，其中书记参加4次，院长和副院长各参加3次。与此同时，从9月18日开始，学院充分发挥学院学科平台的作用，组织教师和研究生举办“学术报告月”系列活动，截至目前已经举办14期，做报告的教师将学习党的十九大精神的心得体会融入所做的报告之中，从思想政治理论课和马克思主义理论专业的角度对党的十九大精神进行解读。该活动还在继续开展之中。

第三，2017年10月25日下午，马克思主义学院党总支理论学习中心组（扩大）召开了党的十九大精神专题学习研讨会。党总支书记主持学习，院长、副院长、各教研室主任、党支部书记参加了学习和研讨。会议要求，马克思主义学院教师要认真深入学习领会和研究宣传党的十九大精神，及时将党的十九大精神融入思想政治理论课的课堂教学中；要站在中国特色社会主义新时代的历史方位，深刻认识党的十八大以来砥砺奋进的五年所取得的辉煌的历史性成就，以及在此基础上开启的中国特色社会主义新征程，深刻认识习近平新时代中国特色社会主义思想和基本方略、战略规划和顶层设计等，积极开展党的十九大精神的研究宣传活动，推动党的十九大精神“进头脑、进教材、进课堂”，积极探索“三进”的内容、方法和路径。

第四，2017年10月26日下午，党的十九大代表、我校党委书记冯培教授以《把握精神实质，奋进新的时代》为题，为学校干部师生做了首场学习党的十九大精神的辅导报告，并布置学习党的十九大精神的总体思路，要求报告与党章一起学、现实与历史对比看，理论与实践关联想，思想与工作同步行。我院根据学校党委的统一部署，组织30多名教师和研究生聆听了冯培书记学习党的十九大精神专题报告。与此同时，马克思主义学院结合思想政治理论课教学和研究的实际，联合学校党委宣传部共同发起面向全校师生员工举办学习党的十九大精神的征文活动，并计划出版“以学习党的十九大报告精神为主题”的《马克思主义学刊》专辑。充分发挥学院自2013年创办的、现为“北京高校思想政治理论课改革示范点（首都经济贸易大学）资助辑刊”即《马克思主义学刊》的平台作用，及时修订“征稿启事”，决定从2017年第4辑始，开设“学习党的十九大精神”专栏。

第五，学院进一步研究梳理“学习研究和宣传贯彻党的十九大精神”的思路并加以落实。一是学院密切配合各教研室党支部组织的学习活动，马克思主义基本原理教研室、马克思主义中国化教研室、思想道德修养与法律基础教研室、中国近现代史纲要教研室、形式与政策教研室、心理健康教育教研室，在各教研室主任的带领下，分别从各自课程的内容、特点，集体学习研究党的十九大精神进头脑、进教材教案和进课堂的路径、方法等。二是在马克思主义基本原理、马克思主义中国化研究、思想政治教育和中国近现代史基本问题研究四个学科点负责人的召集下，针对四个专业研究生的教学和培养，集体研究党的十九大精神在马克思主义理论专业研究生教学和培养过程中的贯彻落实，要求在各专业课程开设以及论文选题、开题、撰写等要充分体现习近平新时代中国特色社会主义思想。三是学院教师在学习研究和宣传贯彻党的十九大精神的过程中，重点研讨以下课题：①党的十九大召开的时代背景和重大意义；②习近平新时代中国特色社会主义思想的重大理论创新和党的十九大精神的亮点解读；③党的十九大精神与思想政治理论课内容的有机结合及“三进”教学的针对性和实效性探索；④党的十九大精神“进头脑、进教材、进课堂”的内容、方法与途径；⑤新时代中国特色社会主义的热点、前沿问题研究；⑥落实党的十九大精神，促进高校思想政治理论课理论和实践探讨；⑦贯彻党的十九大精神与促进思想政治教育队伍建设工作；⑧党的十九大精神与马克思主义理论学科和思想政治理论课建设研究；⑨结合教育部印发的《高等学校马克思主义学院建设标准》（教社科〔2017〕1号），深入开展党的十九大精神与马克思主义学院建设研究，等等。

三

通过近期对党的十九大精神的学习研究，我们深刻地体会到习近平总书记在党的十九大报告中提出的新时代中国特色社会主义思想博大精深，意义深远而重大，是全党全国人民砥砺奋进实现中华民族复兴伟大梦想，推进中国特色社会主义伟大事业，进行具有许多新历史特点的伟大斗争和全面从严治党伟大工程的纲领性文献和行动指南。在党的十九大报告之中，习近平总书记对新时代中国特色社会主义思想从理论和实践结合上，系统回答了新时代坚持和发展什么样的中国特色社会主义，怎样坚持和发展中国特色社会主义，包括新时代坚持和发展中国特色社会主义的总目标、总任务、总体布局、战略布局和发展方向、发展方式、发展动力、战略步骤、外部条件和政治保证等基本问题，根据新时代的实践对经济、政治、法治、科技、文化、教育、民生、民族、宗教、社会、生态文明、国家安全、国防和军队、“一国两制”和祖国统一、统一战线、外交和党的建设等方面，进行了系统的理论分析和全面的政策指导。

尤其重要的是，习近平总书记在党的十九大报告中对新时代中国特色社会主义思想从八个方面进行了“明确”：一是明确坚持和发展中国特色社会主义，总任务是实现社会主义现代化和中华民族伟大复兴，在全面建成小康社会的基础上分两步走，在本世纪中叶建成富强民主文明和谐美丽的社会主义现代化强国；二是明确新时代中国社会主要矛盾是人民日益增长的美好生活需要和不平衡不充分的发展之间的矛盾，必须坚持以人民为中心的发展思想，不断促进人的全面发展、全体人民共同富裕；三是明确中国特色社会主义事业总体布局是“五位一体”、战略布局是“四个全面”，强调坚定道路自信、理论自信、制度自信、文化自信；四是明确全面深化改革总目标是完善和发展中国特色社会主义制度，推进国家治理体系和治理能力现代化；五是明确全面推进依法治国总目标是建设中国特色社会主义法治体系，建设社会主义法治国家；六是明确党在新时代的强军目标是建设一支听党指挥、能打胜仗、作风优良的人民军队，把人民军队建设成为世界一流军队；七是明确中国特色大国外交要推动构建新型国际关系，推动构建人类命运共同体；八是明确中国特色社会主义最本质的特征是中国共产党领导，中国特色社会主义制度的最大优势是中国共产党领导，党是最高政治领导力量。在八个方面“明确”的基础上，习近平总书记提出了包括“十四条”即“十四个坚持”的新时代中国特色社会主义的基本方略。这八个方面的“明确”和“十四条”基本方略，构成了习近平新时代中国特色社会主义思想的核心内容。可以说，新时代中国特色社会主义思想，是以习近平同志为核心的党中央在对国际和国内局势进行科学研判的基础上，站在新时代的历史方位推进马克思主义中国化、时代化、大众化的理论结晶，是坚持运用辩证唯物主义和历史唯物主义，紧密结合新的时代条件和实践要求，以全新的视野深化对共产党执政规律、社会主义建设规律、人类社会发展规律进行艰辛理论探索所取得的重大理论创新成果，是新时代中国马克思主义的最新理论成果。

同时，习近平总书记在党的十九大报告中依据新时代中国特色社会主义思想的精神实质和基本方略，对新时代中国特色社会主义进行了科学的战略安排和顶层设计。

（1）在纵向发展维度上，习近平总书记根据新时代的实际并站在新的历史起点上，对实现“两个一百年”奋斗目标做出了战略安排。党的十九大报告指出，党的十八大以来，我们党将全面建成小康社会定位为“实现中华民族伟大复兴中国梦的关键一步”，并纳入“四个全面”战略布局且居于引领位置；在中国特色社会主义新时代，主要任务是到2020年实现第一个百年奋斗目标，全面建成经济更加发展、民主更加健全、科教更加进步、文化更加繁荣、社会更加和谐、人民生活更加殷实的小康社会；从2020年到2035年，基本实现社会主义现代化；从2035年到本世纪中叶，把我国建成富强民主文明和谐美丽的社会主义现代化强国，这是新时代中国特色社会主义发展的战略安排和美好愿景。

（2）在横向联系维度上，党的十九大报告从贯彻发展新理念、建设现代化经济体系；健全人民当家做主制度体系，发展社会主义民主政治、坚定文化自信，推动社会主义文化繁荣兴盛；提高保障和改善民生水平，加强和创新社会治理；加快生态文明体制改革，建设美丽中国；坚持走中国特色强军之路，全面推进国防和军队现代化；坚持“一国两制”，推进祖国统一；坚持和平发展道路，推动构建人类命运共同体；坚定不移全面从严治党，不断提高党的执政能力和领导水平九个方面进行了系统的顶层设计，为新时代中国特色社会主义发展绘就了宏伟蓝图。

世界正处于大发展、大变革、大调整时期，和平与发展仍然是时代主题，而在此主题下世界面临着不稳定性、不确定性，人类面临许多共同的挑战和带有全球性的问题，因此党的十九大报告提出的新时代中国特色社会主义思想和基本方略，以及对新时代中国特色社会主义发展的战略安排和顶层设计，是将马克思主义理论与中国特色社会主义新时代的实际相结合的产物，是针对新时代的中国而绘就的集道路、理论、制度和文化于一体的宏伟蓝图和美好愿景；同时应当看到，其意义绝不仅仅局限于中国，在事实上它为全球治理和解决全球问题，特别是为世界上的发展中国家贡献了中国思想、中国智慧、中国方略和中国方案，因而具有深远的世界历史意义。

具体到马克思主义学院的职能而言，这些新时代的新思想、新智慧、新方略、新方案，与高校思想政治理论课中的“马克思主义基本原理概论”“毛泽东思想和中国特色社会主义理论体系概论”“思想道德修养与法律基础”“中国近现代史纲要”和“形势与政策”五门必修课密切相关，因而我们期待着教育部马克思主义理论研究和建设工程重点教材的最新版——继2015年修订版之后的最新版的出版。到那时，我们将组织学院的教师在新版教材的基础上，进一步对《思想政治理论课重点与难点》第二版加以修订，争取尽快形成它的第三版，以更好地推进党的十九大精神和习近平新时代中国特色社会主义思想的“三进”工作。

四

《思想政治理论课重点与难点》第二版是马克思主义学院教师集体研究的成果。收入本书的五门思想政治理论课程的重点与难点，主要是依托与五门课程相对应的五个教研室的教师，在教研室主任的主持下根据马克思主义理论研究和建设工程重点教材《马克思主义基本原理概论》《毛泽东思想和中国特色社会主义理论体系概论》《中国近现代史纲要》《思想道德修养与法律基础》的2015年修订版，按照其各章循序对其重点与难点问题进行梳理和总结的成果。本书的具体任务分工是：

“马克思主义基本原理概论”重点与难点，是在马克思主义基本原理教研室主任刘隽的主持下编写的。绪论和第一章由刘隽编写，第二、第六、第七章由周迈编写，第三至五章由杨春风编写。刘隽对本部分内容进行了审稿和初步定稿。

“毛泽东思想和中国特色社会主义理论体系概论”重点与难点，是在马克思主义中国化教研室主任何绍铭的主持下编写的。第一章由谷军编写，第二章由中国近现代史纲要教研室李久林、匡长福帮助编写，第三章由中国近现代史纲要教研室的王文鸾、成林萍帮助编写，第四、第六章由白习凤编写，第五章由宋恩平编写，第七章由张晓萍编写，第八章第一、第五节由何绍铭编写，第八章第二节由崔玲编写，第八章第三、第四节由周宇宏编写，第九、第十章由王勇编写，第十一、第十二章由梁玉秋编写。何绍铭对本部分内容进行了审稿和初步定稿。

“中国近现代史纲要”重点与难点，是在中国近现代史纲要教研室主任王峻的主持下编写的。上篇综述、第一、第五、第六章由匡长福编写，中篇综述、下篇综述、第二、第十章由王峻编写，第三、第四章由成林萍编写，第七章由李久林编写，第八、第九章由王文鸾编写。王峻对本部分内容进行了审稿和初步定稿。

“思想道德修养与法律基础”重点与难点，是在思想道德修养与法律基础教研室主任王小莹的主持下编写的。绪论、第一章由连欢编写，第二、第三章由黄芩编写，第四、第五章由王瑞昌编写，第六、第七章由王颖编写，第八章由王小莹编写。王小莹对本部分内容进行了审稿和初步定稿。

“形势与政策”重点与难点，是在形势与政策教研室主任王晓红的主持下编写的。第一章由李丽娜编写，第二、第三章由王晓红编写，第四章由王朝晖编写，第五章由王靖华编写。王晓红对本部分内容进行了审稿和初步定稿。

本书稿汇总后由编委会成员分别对其所负责的部分进行审稿，最后由刘冠军、王银江和李久林作为总审稿人对全书进行了审定。在此加以说明的是：

（1）本书作为《思想政治理论课重点与难点》的第二版，是在其第一版即2014年版的基础上进一步凝练和研究的结果，其中吸收了第一版的许多内容，为行文方便而未能做出详细的说明，而且第一版的主编之一李丽娜教授一直关注第二版的修订工作，并参与了“形势与政策”重点难点相关内容的撰写工作，在此向李教授表示衷心的感谢。

（2）本书的编写除了主要依据高等教育出版社2015年版马克思主义理论研究和建设工程重点教材进行编写之外，在编写过程中还参考和吸收了学术理论界有关的著述成果，但为了行文的方便未能一一注明，在此特别说明并敬请读者谅解。

（3）由于作者水平有限，书中难免存在不足之处，敬请读者批评指正。同时，本书的出版得到了首都经济贸易大学出版社薛捷编辑的大力支持，他为本书的出版付出了大量的时间和精力，在此表示衷心的感谢。

2017年11月于北京

“马克思主义基本原理概论”重点与难点[①]

刘隽　主编

① 依据《马克思主义基本原理概论》编写，马克思主义理论研究和建设工程重点教材，高等教育出版社，2015年版。

绪论　马克思主义是关于无产阶级和人类解放的科学

一、教学重点

（一）什么是马克思主义

马克思主义是无产阶级思想的科学体系。它的内容涵盖了社会的政治、经济、文化、军事、历史和人类社会发展与自然界的关系等诸多领域，是极其深刻和丰富的。马克思主义主要经典作家留给我们的大量精神财富，连同各国马克思主义者在继承和发展的实践中创造的理论成果，构成了无产阶级和全人类的思想宝库。

从不同的角度，我们可以对什么是马克思主义做出不同的回答。从它的创造者、继承者的认识成果来讲，马克思主义是由马克思、恩格斯创立的，而由其后各个时代、各个民族的马克思主义者不断丰富和发展的观点和学说体系；从阶级属性讲，马克思主义是无产阶级争取自身解放和整个人类解放的科学理论，是关于无产阶级斗争的本质、目的和解放条件的学说；从研究对象和主要内容讲，马克思主义是无产阶级的科学世界观和方法论，是关于自然、社会和思维发展的普遍规律的学说，是关于资本主义发展和转变为社会主义以及社会主义和共产主义发展的普遍规律的学说。

马克思主义是由马克思、恩格斯创立的，为他们的后继者所发展的，以批判资本主义、建设社会主义和实现共产主义为目标的科学理论体系，是关于无产阶级和人类解放的科学。马克思主义是由一系列的基本理论、基本观点和基本方法构成的科学体系，是一个完整的整体。其中，马克思主义哲学、马克思主义政治经济学和科学社会主义是马克思主义理论体系不可分割的三个组成部分。

讲解的过程中让学生体会到马克思主义是一个开放的、不断发展的理论体系，而不是僵化的教条。

（二）什么是马克思主义基本原理

马克思主义基本原理是马克思主义理论体系的核心内容，是对马克思主义立场、观点和方法的集中概括。它体现了马克思主义的根本性质和整体特征，体现了马克思主义科学性和革命性的统一。相对于特定历史条件下所做的个别理论判断和具体结论，马克思主义基本原理具有普遍的、根本的和长远的指导意义。

马克思主义基本原理是基本立场、基本观点和基本方法的有机统一。基本立场是马克思主义观察、分析和解决问题的根本立足点和出发点；基本观点是关于自然、社会和人类思维发现一般规律的科学认识，是对人类思想成果和社会实践经验的科学总结；基本方法是建立在辩证唯物主义和历史唯物主义世界观和方法论基础上，指导我们正确认识世界和改造世界的思想方法和工作方法。

通过一学期的学习，让学生具备运用这些基本原理去分析问题、解决问题，并提高认识世界和改造世界的能力。

（三）马克思主义的创立和发展

马克思主义创立的客观条件：马克思主义产生于19世纪40年代，创始人是马克思和恩格斯，马克思主义的产生具有深刻的社会根源、阶级基础和思想渊源。首先，社会两极分化，工人极端困苦；其次，周期性经济危机频繁爆发。无产阶级在反抗资产阶级剥削和压迫的斗争中，逐步走向自觉，并迫切渴望有科学的理论指导。三大工人运动标志着现代无产阶级作为独立的政治力量登上历史舞台。

19世纪，西欧三大先进思潮：德国古典哲学的辩证法思想，英国古典政治经济学对于资本主义生产关系的分析和关于劳动创造价值的思想，空想社会主义者对资本主义社会的批判和对于未来新社会的展望，为马克思主义的创立提供了直接的理论来源。

德国古典哲学最具代表性的人物是黑格尔和费尔巴哈。辩证法思想是黑格尔哲学体系的合理内核。在他的哲学体系中，第一次试图把整个自然界、历史和精神的世界描述为是运动的和发展的。费尔巴哈将自然界和人当作哲学的出发点，抽象地发展了人的能动性的一面。马克思吸收了其唯物主义的“基本内核”。

资产阶级古典政治经济学的代表人物是威廉·配第、亚当·斯密和大卫·李嘉图。马克思在继承古典政治经济学劳动创造价值的理论的同时，创立了劳动二重性理论，第一次确定了什么样的劳动形成价值，为什么形成价值以及怎样形成价值，阐明了具体劳动和抽象劳动在商品价值形成中的不同作用，从而为揭示剩余价值的真正来源，创立剩余价值理论奠定了基础。

法国和英国的空想社会主义者对资本主义制度做了深刻的批判，对未来取代资本主义社会的社会主义社会做了许多构想。空想社会主义的主要代表是法国的圣西门、傅立叶和英国的欧文。这三位思想家具有同资本主义旧制度决裂的理论勇气，对资本主义社会进行了深刻的批判，阐述了新的社会制度产生的必然性，表达了建立新的社会制度的热切愿望，为马克思创立共产主义理想奠定了理论基础。

此外，19 世纪的三大科学发现，即能量守恒与转化定律、细胞学说和生物进化论，为马克思主义的产生提供了自然科学前提。从更广泛的意义上讲，古希腊、罗马哲学，文艺复兴运动的思想成果，法国复辟时期（波旁王朝复辟时期）历史学派的进步思想等都是马克思主义的丰富来源。

主观条件上，马克思主义的诞生与马克思和恩格斯本人孜孜不倦的理论求索和社会实践密不可分。1845 年春天，马克思写的《关于费尔巴哈的提纲》和 1844—1846 年马克思、恩格斯合写的《德意志意识形态》，标志着马克思主义的基本形成；1847 年的《哲学的贫困》和 1848 年 2 月《共产党宣言》的发表，标志着马克思主义的公开问世。

二、教学难点

马克思主义的科学性与革命性是本章教学的难点。

马克思主义理论强大的生命力来自在实践基础上的科学性与革命性的统一。

辩证唯物主义和历史唯物主义是马克思主义根本的世界观和方法论。

马克思主义哲学在理论内容上，实现了唯物主义和辩证法的统一、唯物主义自然观和历史观的统一，形成了完备的辩证唯物主义和历史唯物主义的理论体系。辩证唯物主义与历史唯物主义是不可分割的有机整体，列宁指出："在这个由整块钢铸成的马克思主义哲学中，决不可去掉任何一个基本前提、任何一个重要部分，不然就会离开客观真理，就会落入资产阶级反动谬论的怀抱。"

恩格斯指出，马克思一生中有两大发现，唯物主义历史观是马克思的"第一个伟大发现"，"马克思发现了人类历史的发展规律"。

发现和创立唯物史观的伟大意义：

（1）使唯物主义哲学发展成完备的哲学，宣告唯心主义的破产。列宁指出，马克思加深和发展了哲学唯物主义，把唯物主义对自然的认识推广到对人类社会的认识。马克思的历史唯物主义是科学思想中的最大成果。恩格斯认为，历史唯物主义的创立“使唯心主义从它的最后的避难所即历史观中被驱逐出去了”，所以马克思主义哲学是包括自然观、历史观的彻底的、完备的唯物主义哲学。

（2）使社会主义由空想变为科学。恩格斯指出：“这两个伟大的发现——唯物主义历史观和通过剩余价值揭开资本主义生产的秘密，都应当归功于马克思。由于这些发现，社会主义变成了科学。”

（3）使社会科学的研究有了科学的历史观和方法论指导。唯物史观是马克思给人类，特别是给工人阶级的伟大的认识工具，可以使“人们过去对于历史和政治所持的极其混乱的武断的见解，为一种极其完整严密的科学理论所代替”。

马克思主义政党的一切理论和奋斗都应致力于实现以劳动人民为主体的最广大人民的根本利益，这是马克思主义最鲜明的政治立场。

马克思主义重要的理论品质：坚持一切从实际出发，理论联系实际，实事求是，在实践中检验真理和发展真理。这种与时俱进的理论品质，也是170年来马克思主义始终保持蓬勃生命力的关键所在。

实现物质财富极大丰富、人民精神境界极大提高、每个人自由而全面发展的共产主义社会，是马克思主义最崇高的社会理想。

该问题也是绪论部分讲解的难点，科学性与革命性作为马克思主义理论的特征，使得马克思主义理论区别于其他的革命性理论，需要学生深刻的理解。

三、怎么讲

通过本章的学习，使学生从总体上理解什么是马克思主义，什么是马克思主义基本原理；了解马克思主义产生的过程和条件，掌握马克思主义最鲜明的特征，学会运用马克思主义的基本立场、观点和方法分析问题和解决问题，提高认识世界和改造世界的能力。

（作者：刘隽，马克思主义基本原理教研室副教授）

第一章　世界的物质性及其发展规律

一、教学重点

（一）世界观与哲学的基本问题

1. 什么是哲学

哲学是世界观的理论形态，即系统化、理论化的世界观。哲学是对自然知识、社会知识和思维知识的概括和总结。哲学与具体科学的关系。哲学是世界观和方法论的统一。

2. 哲学基本问题是什么

哲学的基本问题即是在哲学中制约着其他问题的问题，是最重要的问题，基础性的问题。从古至今，哲学中的问题及矛盾很多，那么，贯穿哲学演变和发展史中最重要、最基本的问题，任何哲学都不可能回避的问题，支配其他哲学问题的问题是什么？恩格斯对此做出了科学的概括和总结。他指出："全部哲学，特别是近代哲学的重大的基本问题，是思维和存在的关系问题"，也可以说是精神和自然界的关系问题、意识和物质的关系问题。

哲学基本问题包含两方面的内容：第一，思维和存在何者为第一性的问题，根据对此问题的不同回答，哲学划分为唯物主义和唯心主义两个基本派别；第二，思维和存在有无同一性的问题，根据对此问题的不同回答，形成了可知论和不可知论的对立。

哲学基本问题的根据和意义：思维和存在的关系问题之所以是哲学的基本问题，这是由哲学的性质决定的；哲学基本问题的内容是划分哲学基本派别的标准，并为考察哲学史提供了基本线索；正确解决哲学基本问题是正确解决哲学其他问题的前提和基础。

2. 唯物主义和唯心主义的对立

唯物主义主张物质是世界的本原。唯物主义具有三个历史形态：古代朴素唯物主义、近代形而上学唯物主义、现代唯物主义即辩证唯物主义和历史唯物主义。旧唯物主义在自然观上坚持了唯物主义的基本方向，反对唯心主义，特别是近代唯物主义高举无神论的旗帜反对宗教神学，推动了科学和社会的进步。旧唯物主义的主要缺陷是具有机械性、形而上学性和不彻底性。

唯心主义主张精神是世界的本原。唯心主义产生和发展的根源：第一，社会历史根源。由于社会生产力和科学认识水平的低下，人们对客观世界愚昧无知，产生了灵魂不死和神灵不死的观念。第二，认识论根源。主观与客观相背离、认识与实践相脱离，片面夸大认识过程的某一片断或环节，就会导致主观唯心主义。第三，阶级根源。反动的剥削阶级出于本阶级利益的需要或阶级偏见，往往夸大精神的作用，利用唯心主义作为统治劳动人民的思想工具。

唯心主义具有两种基本类型或形态：主观唯心主义和客观唯心主义。主观唯心主义把人的主观精神当作世界的本原。如：贝克莱提出事物是“感觉的组合”“观念的集合”“存在就是被感知”；笛卡尔提出“我思故我在”；康德提出“理性为自然界立法”；孟子提出“万物皆备于我”；慧能提出的“心生种种法生，心灭种种法灭”；王阳明提出“心外无物”“心外无事”“心外无理”；陆九渊提出“宇宙便是吾心，吾心即是宇宙”等。客观唯心主义把虚构出来的在人以外存在的“客观精神”当作世界的本原。如：柏拉图的“理念论”、黑格尔的“绝对观念”和朱熹的“理在事先”等。

对哲学基本问题的回答形成了哲学上不同的学派，是需要讲解的重点与难点。课本限于篇幅没有做具体的阐释，尤其是唯物主义的三个发展阶段，唯心主义的两种形态及其具有代表性的其他著名观点。相关知识的介绍有助于学生了解哲学史上不同的哲学家是如何看待哲学的基本问题，并做出具体解释的。

（二）世界的物质统一性

1. 辩证唯物主义物质观及其意义

物质是标志客观实在的哲学范畴。物质的唯一特性是客观实在性。

辩证唯物主义的物质范畴是马克思主义哲学大厦的基石，具有重要意义。

（1）辩证唯物主义的物质观认为，“物质是不依赖于我们的感觉而存在”的，从物质与意识的对立出发去把握物质，指明了物质对于意识的独立性、根源性，意识对于物质的依赖性、派生性，与唯心主义和二元论划清了界限。

（2）辩证唯物主义的物质观认为，物质是通过人的感觉感知的，能够为人的感觉所复写、摄影和反映，坚持了能动的反映论和可知论，与不可知论划清了界限。

（3）辩证唯物主义的物质观将物质的客观实在性作为物质的根本属性，阐明了哲学上的物质范畴及其与具体物质形态、自然科学的物质结构理论中物质概念的区别与联系，克服了形而上学唯物主义的缺陷。

（4）辩证唯物主义的物质观同时揭示了自然和社会的物质性，将唯物主义自然观和历史观统一起来，为彻底的唯物主义奠定了基础。

2. 物质的存在形式

运动是物质的根本属性和存在属性。物质是运动的承担者。

唯物辩证法认为，事物的发展是绝对运动和相对静止的统一。静止是运动的特殊状态，是事物处于相对平衡和稳定时的状态。运动是绝对的，静止是相对的。承认相对静止是把握运动和认识事物性质的前提条件。否认事物的绝对运动，就会走向形而上学的静止观；而否认事物的相对静止，则会导致相对主义和诡辩论。

物质运动与时间、空间。时间和空间是物质运动的存在方式，它们具有客观性、辩证性。时间和空间与物质运动不可分离。时间和空间是具体的，其具体特性在一定条件下会随着物质运动的变化而变化。时空既是无限的又是有限的，应识别唯心主义的时空观和形而上学的绝对时空观。

3. 辩证唯物主义的意识观

（1）意识的起源。意识是物质世界长期发展的产物。意识是社会历史的产物，劳动在意识产生中起决定性的作用。意识的起源证明了意识依赖于物质。

（2）意识的本质。意识是人脑的机能，人脑是意识的物质器官。意识是客观世界的主观映象。意识的形式是主观的，内容则是客观的。无论哪一种认识，归根到底都是对客观世界的反映。意识存在主观差异，即对于同一对象或同一客观过程，不同的人会有不同的反映。但是，这种差别产生的根源却是客观的，即由生理因素、社会因素等客观原因决定的。

（3）意识的作用。意识的能动作用就是在实践的基础上能动地认识世界和改造世界。主要表现在四个方面：意识活动具有目的性和计划性；意识活动具有创造性；意识具有指导实践、改造客观世界的作用；意识具有指导、控制人的行为和生理活动的作用。正确地发挥意识的能动作用，必须尊重客观规律，以实践为基础。主观能动性与客观规律性是辩证统一的。发挥主观能动性必须以尊重客观规律为前提；认识和利用客观规律又必须以正确发挥主观能动性为必要条件。反对割裂主观能动性和客观规律性关系的错误观点（唯意志论、机械论、宿命论等）。

4. **世界的物质统一性原理**

世界的统一性在于物质性，物质世界是多样性的统一。这是由科学和哲学长期持续的发展所证明或论证的。

（1）自然界的物质性。自在自然与人化自然都是客观的。自在自然或天然自然是人类实践活动没有触及或改造过的自然界，是独立于人的活动或尚未被纳入人的活动范围内的自然界。人化自然或属人自然则是被人的实践改造过并打上人的目的和意志烙印的自然。无论是自在自然还是人化自然，都具有客观实在性。虽然人化自然的形成离不开人的实践活动，但它依然是一种客观存在。人的实践活动可以改变自然界的外部形态、内部结构和某些具体属性，但是不能消除自然界的客观实在性。

（2）人类社会的物质性。人类社会尽管有其复杂性和特殊性，但同自然界一样，都是统一的物质世界的一部分。主要表现在三个方面：第一，人类社会依赖于自然界，是整个物质世界的组成部分；第二，人们谋取物质生活资料的实践活动虽然有意识作为指导，但仍然是以物质力量改造物质力量的活动。仅仅停留在意识或思想的范围内，人类是无法获取物质生活资料的。第三，物质资料的生产方式是人类社会存在和发展的基础，集中体现着人类社会的物质性。生产力是人类改造自然的物质力量，生产关系是在物质生产过程中形成的不以人的意志为转移的物质关系。

辩证唯物主义的物质范畴是马克思主义哲学大厦的基石，而时间与空间，运动与静止两对概念刻画了物质的存在方式，在讲解时需要用生动形象的事例来解释这两对抽象的概念，同时又要让学生了解哲学中的概念与物理学中所说的时空概念、运动与静止概念之间的区别，最终使学生建立对世界统一于物质的坚定信念。

（三）社会生活的本质是实践

1. **什么是实践**

实践是人类能动地改造客观世界的物质活动。实践的本质表现在两个方面：第一，实践是人特有的对象化活动。实践把人的理想、知识和能力等本质力量对象化为客观实在，创造出属于人的对象性世界，具有主体性特点。这是实践区别于自然物质形态和动物本能活动的特殊本质。第二，实践是人变革物质世界的感性活动，具有物质的性质和形式，具有直接现实性特点。

2. 实践主体和客体的关系

首先，主体与客体相互依存，互为存在。主体与客体是一对关系范畴，是实践过程中缺一不可的要素。无主体就无所谓客体，无客体也无所谓主体。其次，二者相互制约，相互作用。主体影响和改造客体的状态和性质，客体的状况及规律限制或制约着主体及其活动。

主体的对象化和客体的非对象化的双向运动过程。主体的对象化（或客体化）是指人通过实践使自己的本质力量转化为对象物。客体非对象化（或主体化）是指客体从客观对象的存在形式转化为主体生命结构的因素或主体本质力量的因素，即客体失去了对象化的形式而变成主体的一部分。

3. 实践是人的存在方式

任何生命都有自己的存在方式。人类的产生、生存和活动，是以实践为基本方式和标志的。

首先，实践是人所独有的活动。作为实践主体的人并非是纯粹生物学意义上的人，而是社会的人。劳动实践不仅创造了人，形成了人类特有的本质，而且只有在实践基础上，人类的本质力量才得以充分的体现。

其次，实践集中体现了人的本质的社会性。人不仅在实践活动中把自己从自然界中提升出来，使自然界成为自己的对象，而且创造出人之为人的一切特征，决定着人的本质的社会性。

最后，实践对物质世界的改造是对象性的活动。人类必须依赖于自然界才能生存和发展，但自然界的天然状态并不完全适合于人，人类通过改造自然的实践来满足自身生存和发展的需要。

理解这个问题时要注意：实践作为人的存在方式而被确立起来，是人的存在的现实表征和确证。在实践的动机中就包含有人对自然限制的突破和超越。实践的普遍性特征体现了作为实践者的个体所积淀和浓缩了的人类本质，凸显了人对物的超越关系，标志着人的特质的生成。而实践的直接现实性品格，则表征为人的此在性，使人的存在成为具体的和历史的规定。

4. 从实践出发理解社会生活的实践本质

实践是使物质世界分化为自然界和人类社会的历史前提，又是使自然界和人类社会统一起来的现实基础。自然界是人类社会形成的前提，是构成人类社会客观现实性的自然基础。人类通过实践改造包括自然和社会在内的现实世界，使现实世界打上了人的烙印；我们周围的感性世界绝不是开天辟地以来就已经存在的、始终如一的东西，而是工业和社会状况的产物，是人类世世代代活动的结果。以物质生产劳动为最基本形式和基础的社会实践，既是使人类同自然界中分化和独立出来的基础，又是使人类同自然界保持联系或统一的基础。

实践是人类社会的基础，一切社会现象只有在社会实践中才能找到最后的根源，才能得到最终的科学说明。而社会生活的实践性体现在三个方面：第一，实践是社会关系形成的基础。第二，实践形成了社会生活的基本领域。第三，实践构成了社会发展的动力。因此，社会生活的全部内容就是不断进行的社会实践，实践既是人的自觉能动性的表现，也是人的自觉能动性的根源，是人的生命表现和本质特性。

实践活动是人类生存和发展最基本的活动，马克思第一次创立了科学的实践观，因此，该问题是本章的重点兼难点，讲解时应注意凸显在实践过程中人与物形成的交互性关系。

（四）事物的普遍联系和永恒发展

联系和发展是唯物辩证法的总特征。

1. 事物的普遍联系

联系作为一个普遍的哲学范畴，是指事物内部各要素之间和事物之间相互影响、相互制约、相互作用的关系。联系具有客观性、普遍性和多样性的特点。

2. 事物的永恒发展

（1）发展的实质是新事物的产生和旧事物的灭亡。发展是比运动、变化更为深刻的范畴。发展是指事物的上升、前进的运动或变化过程。发展的实质内容是新事物的产生和旧事物的灭亡。发展反映了事物新陈代谢的规律。新事物必定战胜旧事物，这是由新旧事物各自的特点和事物自身发展的逻辑所决定的。新事物在旧事物的基础上产生，并抛弃旧事物中消极、腐朽和不合理的因素，继承旧事物中的积极因素，并形成旧事物所不具有的新内容和强大的生命力。坚持发展的观点，就是要用发展的眼光看问题。

（2）世界是过程的集合体。过程是指事物产生、发展和灭亡的历史。唯物辩证法认为，世界是不断运动变化的；任何事物总是暂时存在的，自生自灭的。事物总是作为过程而存在，无数有限的具体过程构成无限的永恒发展的世界。恩格斯指出："世界不是既成事物的集合体，而是过程的集合体。"在辩证法面前，"不存在任何最终的东西、绝对的东西、神圣的东西；它指出所有一切事物的暂时性；在辩证法面前，除了生成和灭亡的不断过程，无止境地由低级上升到高级的不断过程，什么都不存在"。唯物辩证法过程论充分体现了革命的批判的精神。它要求我们要用历史发展的眼光认识和解决问题，要认识和把握事物发展的历史必然性和全过程，坚持用变革的发展观来指导实践。

自然界、人类社会和思维领域中的一切现象都是作为一个过程而向前发展的。人类社会的发展也是一个过程，从原始社会到奴隶制社会，再到封建社会、资本主义社会和社会主义社会，未来向共产主义社会迈进，都是不以人的意志为转移的历史潮流。

（五）唯物辩证法的三大规律

对立统一规律是唯物辩证法最根本的规律，是辩证法的实质和核心。这个规律揭示了事物发展的源泉和动力，阐明了事物发展过程的实在内容。深刻理解对立统一规律，对于从根本上懂得唯物辩证法，反对形而上学，正确认识世界和改造世界，有着极其重要的意义。

1. 矛盾的含义及其基本属性

要正确把握对立统一规律，首先需要正确理解唯物辩证法的矛盾范畴。辩证法思想的形成和发展与矛盾范畴的提出与深化是密切相关的。在古希腊，人们把论证或分析命题中的矛盾，以及在谈话中揭露对方论断中的矛盾并克服这些矛盾以求得真理的方法叫作辩证法。康德扩大了辩证法的内涵，认为理性内在地包含着矛盾，即"二律背反"。这种矛盾，既不是可以纠正的逻辑错误，也不是来自感觉经验中的假象，而是理性在进行认识活动时必然产生的，是不可避免的。黑格尔进一步赋予辩证法全面的意义，他继承了哲学史上关于辩证法是揭露对象自身矛盾的思想，同时在对概念的矛盾运动的辩证分析中，进一步阐明了所谓辩证法就是研究对象自身的矛盾，并把这种矛盾视为支配一切事物和整个宇宙发展的普遍法则。马克思主义继承了黑格尔关于辩证法的合理思想，并对此进行唯物主义的改造，认为人类思维和概念的矛盾运动是客观世界本身矛盾运动的反映。

哲学意义上的"矛盾"需要与日常用语中使用的"矛盾"以及逻辑学意义上的"矛盾"概念相区分。逻辑矛盾是人们的思维过程不符合逻辑、违反逻辑规则所造成的，是思维中的自相矛盾。而辩证矛盾指的是对立统一，是反映事物内部互相对立的方面又斗争又同一的关系的哲学范畴。它是客观事物自身所固有的，是生活本身的矛盾。承认辩证矛盾是辩证法的前提和出发点，而陷入逻辑矛盾则是诡辩论的特征。

2. 矛盾的同一性和斗争性的关系原理

对立和统一是矛盾的两个根本属性，矛盾的对立属性称作斗争性，矛盾的统一属性称作同一性。矛盾的同一性、斗争性及其相互关系，是对立统一规律的基本内容。

矛盾是事物发展的动力。同一性和斗争性在事物发展过程中分别起重要作用。事物变化发展的根本原因在于事物内部的矛盾。矛盾着的对立面既统一又斗争，由此推动着事物的发展。事物的发展既离不开矛盾的同一性，也离不开矛盾的斗争性。同一性在事物发展中的作用主要表现在两个方面：第一，同一性是事物发展的前提。任何事物都必须在对立双方统一体中存在和发展。矛盾双方在统一体中相互吸取有利于自身的因素，在相互依赖、相互利用中发展。第二，同一性规定事物发展的基本趋势。同一性使矛盾双方相互贯通，规定了矛盾转化的方向，即一事物只能转化为与它有内在联系的另一事物。矛盾的斗争性在事物发展中也起重要作用。它促使矛盾双方力量对比发生变化，为旧事物向新事物的转化创造条件。当矛盾双方力量的发展达到极限时，只有通过矛盾斗争才能突破这个事物的极限，从而使旧的统一体分解，新的统一体产生，完成旧质向新质的飞跃。

该原理对实践的指导在于：正确把握和谐对事物发展的作用。和谐是矛盾的一种特殊表现形式。和谐并不意味着矛盾的绝对同一。和谐是相对的、有条件的，只有在矛盾双方处于平衡、协调、合作的情况下，事物才展现出和谐状态。社会的和谐、人与自然的和谐都是在不断解决矛盾的过程中实现的。事物是多样性的统一，和谐的本质就在于协调事物内部各种因素的相互关系，促成最有利于事物发展的状态。构建社会主义和谐社会就是在发展的基础上正确处理各种社会矛盾的历史过程和社会结果。

3. 矛盾的普遍性和特殊性的关系原理

矛盾的普遍性和特殊性的关系就是共性和个性的关系。任何事物都是普遍性和特殊性、共性和个性的有机统一。共性寓于个性之中，一般必须通过个别而存在。个性比共性丰富，共性只是概括了个性中共同的、本质的东西，而没有包括个别事物的全部内容和特点。矛盾的普遍性和特殊性、共性和个性的区别是相对的，在一定条件下二者会相互转化。

掌握共性和个性辩证关系的原理具有重要意义。这一原理是关于矛盾问题的精髓，是理解矛盾及其规律诸问题的钥匙。它揭示了认识过程的规律，即认识是由特殊到普遍再到特殊的过程，为我们提供了正确认识和解决矛盾的方法论。它要求我们在实际工作中，应遵循“一般号召和具体指导相结合”的原则。它是马克思主义普遍真理同各国具体实践相结合原则的哲学基础，是建设有中国特色社会主义的理论依据。

讲解时注意区分矛盾的属性和矛盾的精髓。可以用北京市交通拥堵的治理作为具体的案例来形象解释矛盾的相关知识点，尤其突出哲学上的矛盾与生活中的矛盾概念之间的本质性区别。

二、教学难点

（一）否定之否定规律

事物发展过程中肯定与否定及其关系。任何事物都包含肯定和否定两个方面。肯定是指维持事物存在的方面，否定是指破坏事物存在或促使事物灭亡的方面。二者相互对立，又相互依存、相互渗透。

（二）辩证的否定观及其方法论意义

事物的发展是通过辩证的否定来实现的。当否定的一方克服或战胜肯定的一方，促使事物性质发生根本变化，就完成了一次否定。辩证的否定具有以下特点：首先，否定是事物自身的否定，即事物自身内部矛盾运动的结果，而不是外力强加的。其次，否定是发展的环节和联系的环节。一方面，否定就是新事物战胜旧事物，是旧质向新质的飞跃；另一方面，在否定的过程中，新事物保留和继承了旧事物中的积极因素，作为自己生存和发展的基础。否定的实质是扬弃，即新事物对旧事物既克服又保留、既继承又变革的关系。与辩证的否定观相反，形而上学的否定观把肯定和否定绝对对立起来，要么肯定一切，要么否定一切，并且认为否定是外力推动的结果。

否定之否定规律揭示了事物的发展是前进性和曲折性的统一，是波浪式前进和螺旋式上升的过程。前进性或上升性是事物发展不可逆转的基本方向和趋势。

从事物发展的否定方面到辩证的否定，再到否定之否定，体现了三个不同层次对否定的理解。在讲解这一规律的过程中，一定要体现出三个层次的不同：第一层次的“否定”是一种包含在事物内部的趋势；第二层次的“否定”是针对事物整体而言的；第三层次的“否定”是就事物的发展过程而言的。

三、怎么讲

马克思主义哲学部分是世界观和方法论的基础，而这一章是马克思主义哲学的本体论部分。本章涉及哲学的基本问题，基本概念、原理和基本规律，是马克思主义理论体系中最为重要的，同时也是最为抽象的。学生对这一理论的理解有困难，需要大量引证现实生活中的事例，结合教材进行细致讲解。

（作者：刘隽，马克思主义基本原理教研室副教授）

第二章　认识的本质及其发展规律

一、教学重点

（一）实践在认识中的决定作用

实践在认识中的决定作用可以表达为“为什么要认识”。认识论在当今西方哲学中也称知识论，是个古老的哲学分支，从近代开始在哲学史上发生了从本体论向认识论的转变，这也和近代科学的发展一脉相承。马克思主义哲学中的认识论是以科学实践观为基础的能动的革命的反映论。强调实践在认识中的决定作用。因此，实践的观点是辩证唯物论认识论的基本观点。

实践是人类能动地改造世界的感性物质活动。

实践活动的三项基本要素：实践的主体、客体和中介。

实践的主体和客体之间的相互作用关系，包括实践关系、认识关系、价值关系。

实践的基本特征：直接现实性、自觉能动性和社会历史性。

实践的三种基本类型：物质生产实践、社会政治实践和科学文化。

实践在认识中的决定作用表现在四个方面。

第一，实践是认识的来源。一切真知都是从直接经验发源的。一个人的知识包括直接经验和间接经验两部分。一切知识都不能离开直接经验。事实上多数知识都来自于间接经验。“吾生也有涯，而知也无涯”“问渠哪得清如许，为有源头活水来”。

第二，实践是认识发展的动力。实践的需要推动认识的产生和发展。恩格斯说：“社会一旦有技术上的需要，这种需要就会比十所大学更能把科学推向前进。”实践提供了认识发展的可能性及其实现的必要条件。更重要的是，实践改造了人的主观世界，提高了人的认识能力。

第三，实践是认识的目的。认识的最终目的是为实践服务，指导实践。

第四，实践是检验认识的真理性的唯一标准。

（二）认识的本质

认识的本质也是“什么是认识”的问题。马克思主义的认识论认为，认识是主体对客体的能动反映。与其他一切唯物主义一样，这种认识论首先是反映论，是认识论的唯物主义。在认识论上有两条认识路线：一是从物到感觉和思想的唯物主义路线；二是从思想和感觉到物的唯心主义路线。唯物主义坚持反映论，认为认识是主体对客体的反映。唯心主义则相反，否定这种反映论。主观唯心主义认为，人的认识是主观自生的，是“内心反省”的结果，是心灵的自由创造物，如所谓的良知、良能。客观唯心主义认为，人的认识是上帝的启示或绝对精神的产物，如理念世界。唯心主义的认识论基本都是先验论的。

马克思主义的认识论是辩证唯物主义的认识论，之所以是辩证的，是由于它是能动的。这是区别于旧唯物主义认识论的关键。旧唯物主义的认识论是直观的消极被动的反映论。如洛克的“白板说”。辩证唯物主义认识论把实践引入认识论，并揭示了认识在发展过程中充满矛盾的辩证关系。这种认识论是以实践观点和辩证观点为特征的反映论。

实践的观点在实践的决定作用中得以讲述。能动的反映具有两个特点：一是反映具有摹写性；二是反映具有创造性。创造性表现在三个方面：首先，人不仅能够反映事物的外在现象，而且能揭示事物的内在本质和规律；其次，人不仅能反映事物的现在，而且能揭示事物的过去和未来；再次，人不仅反映现实中的事物，而且能在意识中模拟出现实中不存在的事物，亦即事物的观念。

（三）感性认识与理性认识的关系

感性认识与理性认识的关系是回答“怎么认识”的问题。讲的是认识的过程。认识的过程可以分为总的过程和具体的过程。

认识的总过程是指认识从实践到认识、从认识到实践、再实践再认识，循环往复一直无穷。

认识的具体过程包括从实践到认识和从认识到实践两次飞跃。

从实践到认识的第一次飞跃包括感性认识和理性认识两个阶段。

感性认识是认识的初级阶段，包括感觉、知觉和表象三种形式。感性认识是对事物外部现象的认识，具有直接性和生动形象性的特点。

理性认识是认识的高级阶段，包括概念、判断和推理三种逻辑形式。理性认识是对事物内在本质和规律的认识，具有间接性和抽象性的特点。

感性认识和理性认识的辩证关系。

首先，理性认识依赖于感性认识，理性认识必须以感性认识为基础。这种依赖关系是坚持了认识论的唯物论。

其次，感性认识有待于发展和深化为理性认识。坚持这一点，就是坚持了认识论的辩证法。

最后，感性认识和理性认识相互渗透、相互包含。割裂二者的辩证统一关系，就会走向唯理论或经验论，在实际工作中会犯教条主义或经验主义的错误。唯理论（rationalism）就是理性主义，主要指哲学史上从笛卡尔、斯宾诺莎到莱布尼兹的哲学流派，这一流派过分强调理性认识的作用，而忽视感性认识的作用。经验论（empiricism）即经验主义，指哲学史上从洛克、贝克莱到休谟的哲学流派，他们的主张与唯理论相反。这是在哲学的意义上讲的。在工作作风上，这两种哲学表现为教条主义和经验主义。教条主义在党的历史上表现为“左”倾机会主义的错误。而经验主义则忽视理论指导，这种思维倾向在我们的文化中有很深远的影响。此处是本章的一个重点。讲解时要使学生充分理解唯理论和经验论的错误及其危害。

从认识到实践的飞跃需要一定的条件：第一，从实际出发。第二，理论回到实践要经过一定的中介环节。第三，理论要为群众所掌握。第四，要有正确的实践方法即工作方法。

（四）真理的检验标准

实践是检验真理的唯一标准。

首先，从真理的本质看，真理是人们对客观规律及其发展的正确反映，它的本质在于主观认识和客观实际相符合。检验真理就是检验人的主观认识同客观实际是否相符合以及符合的程度。这要把主观和客观加以比较对照。主观认识本身不能自称正确，不能用一种认识去检验另一种认识，在主观范围内兜圈子。客观事物本身无所谓正确和错误的问题，标准只能是把主观和客观联系起来的桥梁——社会实践。

其次，从实践的特点看，实践是人们改造世界的客观物质性活动，具有直接现实性的特点。按照认识去实践引出现实结果，把主观认识变为客观现实。如果实践达到预想的结果，认识就被证明是正确的，反之是错误的。

在检验真理的过程中逻辑证明可以起到重要的补充作用。真理一定符合逻辑。

真理的标准具有确定性与不确定性。真理的确定性即绝对性，指标准的唯一性。不确定性即相对性，是指实践标准的条件性。任何实践都受一定具体条件的制约，都具有一定的局限性。这是因为：主体和客体，认识和实践都是一个不断发展的过程，实践对真理的检验不可能一次完成。实践是具体的、历史性的实践，受历史条件的限制而表现出相对性、有限性和不确定性。

（五）价值及其特点

实践具有两个尺度：真理尺度和价值尺度。

价值是揭示外部客观世界对于满足人的需要的意义关系的范畴，是指具有特定属性的客体对于主体需要的意义。

价值的主要特征表现在四个方面。

第一，客观性。人的需要具有客观性。对象具有客观性。满足人的需要的过程和结果也具有客观性。

第二，主体性。价值关系是主体在实践基础上确立的同客体之间的一种创造性关系。

第三，社会历史性。

第四，多维性。多维性要与真理的一元性比照着理解。真理是人的主观要符合客观，而价值是客观满足主体的需要，中心是主体。多维性也可以称为多元性，只是多元性更是强调在哲学基本问题上，用在价值上不很严谨。一般称价值的多元性就是指多维性。

价值的特点问题是很重要的，通过讲解，要求学生深刻理解，从而理解为什么要尊重别人的价值选择，有利于建构和谐社会。

二、教学难点

真理的特点。认识世界是为了获得正确的认识，正确的认识就是真理，错误的认识就是谬误，这是从认识结果看的。真理具有客观性、绝对性和相对性。

真理是标志主观与客观相符合的范畴，是对客观事物及其规律的正确反映。

（一）真理是客观的，凡真理都是客观真理

坚持真理的客观性就是坚持真理问题上的唯物论。首先，真理的内容是客观的。真理的形式是主观的，内容是外部的客观世界。其次，检验真理的标准也是客观的。实践是检验真理的唯一标准。实践是客观的物质活动。否定真理的客观性，就会走向主观真理论，它的典型是实用主义的“有用就是真理”。坚持真理的客观性决定了真理的一元性。真

理的一元性是指对于特定的认识客体来说，真理只有一个，不会因主体认识的变化而变化。在真理面前人人平等。

（二）真理的绝对性和相对性

真理是客观的，也是绝对的和相对的，这是真理问题上的唯物论和辩证法的统一。真理的绝对性是指真理的内容表明了主客观统一的确定性和发展的无限性。它有两个方面的含义：一是任何真理都必然包含同客观对象相符合的客观内容，同谬误有原则的界限。承认客观真理也就是承认了绝对真理。二是人类认识按其本性来说，能够正确认识无限发展着的物质世界，认识每前进一步，都是对无限发展着的物质世界的接近。这是绝对的、无条件的。承认世界的可知性就是承认了真理的绝对性。真理的相对性，是指人们在一定条件下对事物的客观过程及其发展规律的正确认识总是有限度的。相对性有两个含义：一是真理所反映的对象是有条件的、有限的。任何真理由于受到实践水平和认识能力的限制，只能是对无限的物质世界发展的某一阶段、某一方面、某一层次的认识。这是广度上的有限性。二是真理反映客观对象的正确程度也是有条件的、有限的。这是真理在深度上的有限性。

（三）真理的绝对性和相对性的辩证统一

第一，相互渗透和相互包含。一方面，相对之中有绝对，绝对寓于相对之中，相对性中包含着绝对性的颗粒；另一方面，绝对性通过相对性表现出来。相对性的真理之总和构成绝对性的真理。第二，具有相对性的真理向具有绝对性的真理转化。真理发展的规律就是真理永远处在由相对向绝对的转化和发展中。任何真理都是相对性真理向绝对性真理转化过程中的一个环节。

绝对性真理和相对性真理在“静态”上相互渗透，在“动态”上，任何真理都是相对性真理向绝对性真理转化的一个环节、一个过程。它们是同一个真理的两种不同属性。我们必须反对割裂二者辩证关系的绝对主义和相对主义。在实际工作中，绝对主义表现为教条主义和思想僵化，把马克思主义当作一成不变的公式，到处生搬硬套。相对主义否定马克思主义的基本原理，散布马克思主义“过时论”。所以，这是一个具有重要现实意义的问题。深入理解真理的绝对性和相对性及其辩证关系，才能在实践中更好地坚持马克思主义，发展马克思主义。

三、怎么讲

关于认识论，我们可以问这样几个问题：为什么要认识？认识的目的是什么？什么是认识，认识的本质是什么？怎么认识，认识的过程是怎样的？什么样的认识是正确的，认识的结果怎样？怎么判断，真理的标准是什么？

以上几点就回答了这些问题。这是从学理上讲的。从现实意义上讲，我们要明确，关于真理标准的讨论具有历史意义，改革开放就是解放思想，从思想上的拨乱反正开始的。1978 年在全国范围内开展的关于真理标准的讨论是一次思想解放运动，为改革开放这一伟大历史实践提供了思想基础，最终确定了真理的实践标准，具有重大的历史意义。

（作者：周迈，马克思主义基本原理教研室副教授）

第三章　人类社会及其发展规律

一、教学重点

（一）社会存在与社会意识及其辩证关系

社会存在与社会意识的关系问题，是社会历史观的基本问题。在对待社会历史问题上，存在着两种对立的观点：一种是唯物史观，另一种是唯心史观。

社会存在是社会生活的物质方面，主要是指物质生活资料的生产及生产方式，也包括地理环境和人口因素，其中生产方式是社会历史发展的决定性力量。社会意识是社会生活的精神方面，是社会存在的反映。社会存在和社会意识是辩证统一的关系。社会存在决定社会意识，社会意识是社会存在的反映，并反作用于社会存在。社会意识具有相对独立性，重点要说明意识形态的反作用问题。

意识形态对社会经济结构以及政治结构具有能动的反作用。能动的反作用集中体现在意识形态维护或批判现实社会、调控社会和人的活动两大功能上。在这里，要结合现实讲清楚现在社会的文化乱象及其文化的反作用。文化是上层建筑中一个至关重要的部分，在经济社会发展中的地位和作用突出，文化深深地熔铸于社会生产力之中，影响着经济发展的方方面面，成为经济、社会发展的强力助推器。可以说经济的发展离不开文化、文化的发展有力地促进经济的增长。

这部分内容既是重点又是难点，需要讲清楚几个问题：为什么说社会存在与社会意识的关系问题，是社会历史观的基本问题？从这一问题出发可以走向唯物史观或唯心史观。为什么说“地理环境决定论”是错误的？为什么说生产方式是社会发展的决定力量？什么是社会意识形态？

讲解时可以说明旧唯物主义“教育万能论”导致唯心史观，可以从人民群众创造历史、社会存在决定社会意识引出唯物史观；用历史发展的史实说明“地理环境决定论”是错误的。可以结合教材中的三点内容来分解生产方式中生产力和生产关系的作用及其矛盾运动，说明生产方式是社会发展的决定力量。可以结合我们所学的公共政治理论课课程和列宁的“灌输论”来说明什么是社会意识形态及其作用。

（二）社会基本矛盾运动

1. 生产力与生产关系

生产力与生产关系矛盾运动的规律，是人类社会发展的基本规律。生产力是人类在生产实践中形成的改造和影响自然，使其适合社会需要的物质力量。它是人类社会生活和全部历史的基础。它具有客观显示性和社会历史性。生产关系是人们在物质生产过程中形成的不以人的意志为转移的经济关系。生产力决定生产关系，生产关系反作用于生产力。两者的相互作用是一个过程，表现为二者的矛盾运动。这种矛盾运动中的内在的、本质的、必然的联系，就是生产关系一定要适合生产力状况的规律。

这一部分内容是重点并非难点，因为中学课本及其他学科涉及较多，所以不作为讲课难点，但是要强调的是，学生务必要掌握。

2. 经济基础与上层建筑

经济基础是指由社会一定发展阶段的生产力所决定的生产关系的总和。上层建筑是建立在一定经济基础之上的意识形态以及相应的制度、组织和设施，包括政治上层建筑和思想上层建筑两部分。经济基础与上层建筑也是辩证统一的关系。经济基础决定上层建筑，上层建筑对经济基础具有反作用。经济基础与上层建筑相互作用的矛盾运动规律，就是上层建筑一定要适合经济基础状况的规律。

这部分内容既是重点又是难点，几个地方需要好好讲解：生产关系与经济基础的关系，上层建筑的含义和构成，适合经济基础的上层建筑一定可以推动社会的发展吗？如何理解中国政治体制改革的必要性，如何理解意识形态的重要作用。

讲解时，可以说明生产关系与经济基础是相等的；上层建筑可以围绕它的中心“国家政权”来解读，学生较易理解；适合经济基础的上层建筑不一定能够推动社会的发展，讲清楚上层建筑要通过生产关系这一环节反作用于生产力；运用中国政治体制各方面的情况结合教材中上层建筑一定要适合经济基础状况的规律来说明政治体制改革的必要性。用习近平近期系列讲话说明意识形态建设是党的建设的重要组成部分，不仅关系党的执政地位的巩固，而且关系改革开放和中国特色社会主义的前途命运。解决好意识形态问题，解决好学生的思想问题才能解决好学生的世界观改造问题，才能积极引导学生不断增强道路自信、理论自信、制度自信和文化自信。

3. 社会历史发展的动力

生产力和生产关系、经济基础和上层建筑的矛盾是社会的基本矛盾，是社会发展的根本动力。首先，生产力是社会基本矛盾中最基本的动力因素，是人类社会发展和进步的最终决定力量。其次，社会的基本矛盾特别是生产力与生产关系的矛盾，是"一切历史冲突的根源"，决定着社会中其他矛盾的存在和发展。再次，社会基本矛盾具有不同的表现形式和解决方式，并从根本上影响和促进社会形态的变化和发展。

科学技术是第一生产力，不断推动社会向前发展。科学技术对经济发展起首要的变革作用，使经济在量上即规模和速度上迅速增长，也使经济发生质的飞跃，在经济结构、劳动结构、产业结构、经营方式等方面发生了变革。科学技术在生产力诸要素中起着第一位的作用，提高了劳动者的素质，促进了生产工具和生产工艺的进步，扩大了劳动对象的来源和种类，从而成为推动社会生产力的重要力量。现代科学使管理日趋科学化、现代化，也提高了工作的效率。

这一部分内容是重点并非难点，可以用生产力—生产关系（经济基础）—上层建筑这对矛盾的运动变化说明这些问题。可以用科学技术在现代社会中的巨大作用说明"科学技术是第一生产力"。

（三）人民群众在历史发展中的作用

1. 人民群众是历史的创造者

人民群众是指一切对社会历史发展起推动作用的人们，是社会成员的大多数。人民群众是一个历史范畴，从事物质财富生产的体力劳动者和从事精神财富生产的脑力劳动者（知识分子）都始终是人民群众的主体。唯心主义历史观从社会意识决定社会存在出发，坚持英雄史观，认为少数英雄人物是历史的创造者。唯物主义历史观从社会存在决定社会意识出发，坚持群众史观，认为人民群众是历史的创造者。人民群众的社会实践是社会物质财富的源泉。人民群众的社会实践也是社会精神财富的源泉。人民群众的社会实践是实现社会变革的决定力量。无产阶级政党的群众观点就是"一切为了群众、一切依靠群众"。

这一部分内容是重点并非难点，所以不作为讲课难点，但是要强调的是，学生务必要掌握。

2. 个人在社会历史中的作用

社会历史发展是无数个人合力作用的结果。每个人尽管在历史上发挥作用的性质和程度各有不同，但都会在历史上留下自己的印记。历史人物是历史事件的当事人，他们在历史发展过程中明显地打上了个人的印记，他们是实现一定历史任务的倡导者、发起人、组织者和领导者。

历史人物分为杰出人物和反面人物。杰出人物，特别是杰出的政治家，由于他们在知识、才能和品质等方面具有较高的素质，往往比一般人站得高、看得远，能够比较深刻地认识社会的发展趋势，顺应时代潮流，集中群众智慧，提出新的理论，并组织和领导广大群众为实现特定的历史任务而斗争。因而对历史的发展会产生较大的影响。但不管什么样的历史人物，也都要受到社会发展客观规律的制约。任何历史人物的出现，特别是杰出的政治人物的出现，都体现了必然性和偶然性的统一。正确认识和评价历史人物应坚持两个基本原则，即历史主义的科学态度和阶级分析方法。

这部分内容既是重点又是难点，一定要消除学生对历史中英雄人物的盲目崇拜。英勇的革命先烈是我们学习的榜样，但是对于历史上的各式各样的英雄人物、杰出人物要用历史分析和阶级分析方法做具体的分析，不能一概肯定或否定。

二、教学难点

“人的现实本质是一切社会关系的总和”是本章的教学难点。

现实的人及其活动是社会历史存在和发展的前提。人不仅作为“类”与动物有本质的区别，而且在社会生活中，人与人之间也存在本质区别；人的本质属性是社会属性，而不是自然属性；人的本质属性表现在各种社会关系中，特别是经济关系中；人的本质是变化、发展的，而不是永恒不变的。

关于人的本质问题，教材上论述不多，但我们应该作为重点来讲，因为中国自古至今一直争论，学生也比较关注，所以应该让学生理解什么是人性、人的本质。首先要区别人的类本质和人的个体本质，然后用人的各种各样的社会关系说明人的本质问题，这里要强调“一切社会关系”中也包含人的思想关系，并说明思想关系的重要性，可以结合生活中的例子来说明。

培根在《习惯论》中写道，思想决定行为，行为决定习惯，习惯决定性格，性格决定命运。美国学者威廉·詹姆斯曾经说过，人的思想是万物之因。你播种一种观念，就收获一种行为；你播种一种行为，就收获一种习惯；你播种一种习惯，就收获一种性格；你播种一种性格，就收获一种命运。整个现代西方哲学中的人本主义也都在强调意志、潜意识、性格或心理对人的行为、社会发展的决定性作用，从尼采开始的唯意志主义，到弗洛伊德的精神分析学说，再到萨特的存在主义等无不如此。

三、怎么讲

讲清生产力与生产关系、经济基础与上层建筑之间的决定与被决定、作用与反作用的关系；讲清由生产力的发展推动生产关系变革，促进上层建筑革命，社会由低级阶段向高级阶段发展的过程。可以使学生认识到中国进行体制改革的客观必然性。

社会存在和社会意识、经济基础和上层建筑、人的本质和个人在历史上的作用等基本概念和原理是我们常说和常用的，其他学科很少做出科学合理的界定，《马克思主义基本原理概论》教材由于篇幅所限，对这些概念和原理的解释也比较精短，但是学生理解起来有难度，需要当作难点来解读。

意识形态安全在现代国家战略中居于重要地位。当前，受西方国家意识形态渗透、新媒体时代到来等多重因素影响，中国意识形态安全面临极大挑战。特别是在与多国接壤，有着较强文化宗教认同，经济社会发展相对滞后的少数民族地区，意识形态安全形势更为严峻，强调意识形态的主导地位具有十分重要的意义。

（作者：杨春风，马克思主义基本原理教研室副教授）

第四章　资本主义的本质及其规律

一、教学重点

（一）资本主义生产方式的形成

在封建社会后期，随着社会生产力的增长，特别是商品经济的迅速发展，封建生产关系越来越成为生产力发展的障碍。生产关系同生产力的矛盾，引起了农村自然经济和城市行会组织的瓦解，导致城乡资本主义生产关系的产生。其途径和过程有两个：一是从小商品经济分化出来，二是从商人和高利贷者转化而成。

资本的原始积累是资本主义生产方式的出发点，不是资本主义生产方式的结果。所谓资本原始积累，就是生产者与生产资料相分离，货币资本迅速集中于少数人手中的历史过程。在西欧，资本原始积累开始于15世纪后30年，经过16世纪的高潮，一直延续到19世纪才告结束。表现得最为典型的是英国的圈地运动。资本原始积累促进了资本主义的发展，缩短了封建生产方式转变为资本主义生产方式的历史过程。

这一部分内容是重点而非难点，用学生所学的历史知识就可以说明。案例：西班牙和葡萄牙对外的资本掠夺；英国历史上的“羊吃人”运动。

（二）劳动价值论

1. 商品理论

商品的二因素。商品是用来交换的、能满足人们某种需要的劳动产品，具有使用价值和价值两个因素，是使用价值和价值的矛盾统一体。使用价值是商品的有用性，即商品能够满足人们某种需要的属性；价值是凝结在商品中的无差别的一般人类劳动，即人类脑力和体力的耗费。商品的价值和使用价值之间的关系是对立统一的关系。其对立性表现在：商品的使用价值和价值是相互排斥的，二者不可兼得。

第一，使用价值是商品的自然属性，反映的是人和自然的关系；价值作为商品的社会属性，反映的是商品生产者之间的社会经济关系。

第二，使用价值是一切有用物品，包括商品共有的属性，是永恒的范畴；价值是商品所特有的属性，是商品经济的范畴。

第三，在交换过程中，商品的使用价值和价值会互相排斥阻碍对方的实现。

商品使用价值和价值的统一性表现为：作为商品，必须同时具有使用价值和价值两个因素。使用价值是价值的物质承担者，价值寓于使用价值之中。

生产商品劳动的二重性。商品作为劳动产品，生产商品的劳动可区分为具体劳动和抽象劳动，即生产商品劳动的二重性。具体劳动是指生产一定使用价值的具体形式的劳动，马克思也称之为有用劳动。具体劳动创造商品的使用价值。抽象劳动是指撇开一切具体形式的、无差别的一般人类劳动，即人的体力和脑力消耗。抽象劳动形成商品的价值，是价值创造的唯一源泉。具体劳动和抽象劳动是同一劳动的两种规定。具体劳动和抽象劳动是对立统一的关系。一方面，具体劳动和抽象劳动不是各自独立存在的两种劳动或两次劳动，它们在时间上和空间上是统一的，是商品生产者的同一劳动过程的不可分割的两个方面；另一方面，具体劳动所反映的是人与自然的关系，是劳动的自然属性，而抽象劳动所反映的是商品生产者的社会关系，是劳动的社会属性。

2. 货币理论

货币是从商品中分离出来的、固定地充当一般等价物的特殊商品。商品的价值形式的发展经历了简单的或偶然的价值形式、总和的或扩大的价值形式、一般价值形式和货币形式。货币具有五种职能：价值尺度、流通手段、贮藏手段、支付手段和世界货币。

3. 价值规律理论

商品的价值量是由生产商品所耗费的社会必要劳动时间决定的，社会必要劳动时间是在现有社会正常的生产条件下，在社会平均的劳动熟练程度和劳动强度下制造某种使用价值所需要的劳动时间。生产商品所需要的社会必要劳动时间随着劳动生产率的变化而变化。商品的价值量由生产商品的社会必要劳动时间决定，商品交换以价值量为基础，按照等价交换的原则进行，形成价值规律。价值规律是商品生产和商品交换的规律，商品生产和商品流通是价值规律起作用的条件。价格围绕价值自发波动是价值规律发生作用的表现形式。价值规律的作用既有积极的一面也有消极的一面。

这部分内容是教学的重点和难点。马克思劳动价值论既有理论意义又有实践意义，必须深化对马克思劳动价值论的认识。在教学中，采用案例教学法比较容易说明问题。不但要举例把每一个概念都解释清楚，还要引用或比较亚当·斯密和大卫·李嘉图等人的学说，说明马克思主义政治经济学中劳动价值论、剩余价值论等结论的科学性。

例如，劳动二重性学说是理解马克思主义政治经济学的枢纽。

首先，劳动二重性学说为劳动价值论奠定了坚实的基础。马克思以前的资产阶级古典经济学家亚当·斯密和大卫·李嘉图等人，早就分析了价值并把价值归结为劳动时间。但是，他们没有发现生产商品的劳动的二重性，不了解是抽象劳动而不是具体劳动创造了价值。当人们提到生产商品的劳动各不相同，但为什么可以互相比较，是什么劳动形成商品价值时，他们不能做出科学的回答。马克思把生产商品的劳动区分为具体劳动和抽象劳动，第一次科学地回答了什么劳动创造价值的问题，从而使资产阶级古典政治经济学家提出的劳动价值理论发生了革命性变革，成为完全科学的理论。

其次，劳动二重性学说为剩余价值理论奠定了理论基础。马克思运用此学说，论证雇佣劳动者的具体劳动，在生产出新的使用价值的同时转移了旧价值，而抽象劳动则形成新价值。科学分析了资本主义生产过程的两重性，区分了资本的不同组成部分在价值增值过程中的不同作用，揭示了剩余价值的真正源泉，从而创立了剩余价值理论。

再次，劳动二重性学说还为资本有机构成理论、资本积累理论和资本主义再生产理论等提供了理论基础。马克思的全部经济理论都是建立在劳动二重性理论基础之上的。

马克思的劳动价值论，是马克思在批判继承古典经济学劳动价值论的基础上创立的，是一个完整的、科学的理论体系。我们一定要坚持劳动价值论，因为它强调了劳动是人类社会存在和发展的决定性因素。劳动是人对社会的真正贡献。我们在经济发展过程中应当突出的是劳动、劳动者。只有人民群众才应该是社会的主人，人民群众是创造历史的真正动力。

（三）资本主义基本矛盾及其表现形式与经济危机

生产资料资本主义私人占有和生产社会化之间的矛盾，是资本主义的基本矛盾。这种基本矛盾具体表现在两个方面：第一，表现为生产无限扩大的趋势与劳动人民有支付能力的需求相对缩小的矛盾。第二，表现为个别企业内部生产的有组织性和整个社会生产的无政府状态之间的矛盾。资本主义经济危机具有周期性，这是由资本主义基本矛盾运动的阶段性决定的。社会资本再生产的周期一般包括四个阶段，即危机、萧条、复苏和高涨。资本主义再生产周期的四个阶段是相互联系的，其中危机阶段是周期的基本阶段或决定阶段。经济危机既是资本主义基本矛盾尖锐化的表现，又是资本主义基本矛盾在资本主义范围内的解决形式，表现出资本主义的历史局限性和过渡性。

2008 年，美国次贷危机引发的金融危机，从虚拟经济到实体经济、从经济领域到社会领域向全球蔓延扩散，阻断了世界经济持续发展的进程，致使世界历经了 20 世纪 30 年代“大萧条”以来最为严重的经济危机。了解这次危机的时代特征，对于我们更好地认识这次危机的根源和性质，更好地认识当代资本主义有着重要的意义。中国坚持运用市场机制和宏观调控两种手段，坚持发挥中央和地方两个积极性，坚持统筹国内国际两个大局，坚持发展经济与改善民生的内在统一等方式方法应对危机，取得了良好的成果，赢得了世界人民的尊重。

目前，世界处于后金融危机的时代，全球生产和贸易格局、全球金融体系发生变化，发达国家去工业化进程在未来几年内有所放缓，发展中国家工业化进程受到一定程度的影响，全球经济再平衡调整可能还有多种多样的情景。美国金融体系在全球的地位将会逐渐下降，发展中国家在国际金融体系中的地位和作用有所增强。同时，经济危机也在孕育着新的科技革命，谁赶上科技上的重大突破和创新，谁就能够推动经济结构的重大调整，就能够掌握发展的主动权，率先复苏并走向繁荣。中国只有积极应对金融危机带来的机会和挑战，才能够巍然屹立于世界民族之林。

这部分内容是重点而非难点，可以结合世界上刚刚结束的金融危机和欧债危机说明经济危机的起源、表现及破坏性。

（四）资本主义政治制度与意识形态及其本质

资本主义的政治制度是在资本主义社会的经济基础之上产生的，它反映了资本主义社会的经济关系，反映了政治上占统治地位的资产阶级的要求。同时，资本主义的政治制度作为上层建筑，又反过来保护其经济基础，为巩固和发展资本主义社会的经济基础提供政治保障。资本主义国家的职能是以服务于资本主义制度和资产阶级利益为根本内容的，是资产阶级进行政治统治的工具。

资本主义国家的对内职能为：政治统治的职能和社会管理职能。资本主义国家的对外职能，是指资本主义国家对外进行国际交往与维护国家安全和利益的职能。资本主义国家的政治统治职能是通过具体的政治制度实现的。资本主义政治制度包括：资本主义的民主与法制、政权组织形式、选举制度和政党制度等。资本主义政治制度的形成和发展在人类社会历史的发展进程中曾经起过重要的进步作用。但是，由于资本主义政治制度本质上是资产阶级进行政治统治和社会管理的手段和方式，是为资产阶级专政服务的，因此，它不可避免地有其历史的和阶级的局限性。

资本主义意识形态是在资本主义国家中占统治地位的，反映了作为统治阶级的资产阶级的利益和要求的各种思想理论和观念的总和。其内容包括：资产阶级的政治思想、经济思想、法律观、道德观、价值观、宗教观和哲学等。对于资本主义的意识形态，应该用辩证的观点来分析。

当今世界，随着政治多极化、经济全球化进程的加快和科学技术的飞速发展，跨国界、跨地域的文化交流日益增多，各种文化相互影响，相互激荡。在顺应这一时代潮流的同时，我们要对西方的文化渗透保持足够的警惕，坚持民族文化的独立性。我们只有把社会主义的文化事业建设好，才能真正有效地抵御西方的文化渗透。

西方所宣扬的“普世价值”从理论上说是荒谬的、不存在的，从实践上说是虚伪的、矛盾的、失败的，其目的就在于谋求自己的全球霸权，以获得自身的巨大战略利益。我们必须把培育和弘扬社会主义核心价值观作为凝魂聚气、强基固本的基础工程，旗帜鲜明地坚持和弘扬社会主义核心价值观，使社会主义核心价值观的影响像空气一样无处不在，这应该是我们对待西方普世价值论的基本原则。

高校是资本主义进行文化渗透、宗教渗透和宣传普世价值的主战场，因此在高校思想政治课课堂，坚守马克思主义理论的主导作用有着重要的理论意义和实践意义。

这部分内容是重点而非难点，搜集现今资本主义国家关于政治制度和意识形态的资料，搜集资本主义国家对外扩张或武装干涉别国内政的材料，用电影、电视、流行音乐及因特网即可以很好地说明问题。

二、教学难点

本章的教学难点是剩余价值论。

（一）劳动力成为商品与货币转化为资本

劳动力是指人的劳动能力，是人的体力和脑力的总和。劳动力成为商品要具备两个基本条件：第一，劳动者是自由人，能够把自己的劳动力当作自己的商品来支配；第二，劳动者没有其他商品可以出卖，自由得一无所有，没有任何实现自己的劳动力所必需的物质条件。劳动力是特殊的商品，它的价值和使用价值具有不同于普通商品的特点。劳动力商品的价值是由生产和再生产劳动力所需要的社会必要劳动时间决定的；生产和再生产劳动力所需要的社会必要劳动时间，可以还原为维持劳动者生存所必需的生活资料的价值，包括维持、延续和发展劳动力的费用。劳动力商品使用价值的特殊性在于它是价值的源泉，并且是大于劳动力自身价值的价值源泉。

这部分内容讲解的关键在于说明劳动力商品的特殊性，说明劳动力成为商品和货币转化为资本以及剩余价值产生的内在关系。把图 4.1 讲解清楚即可。

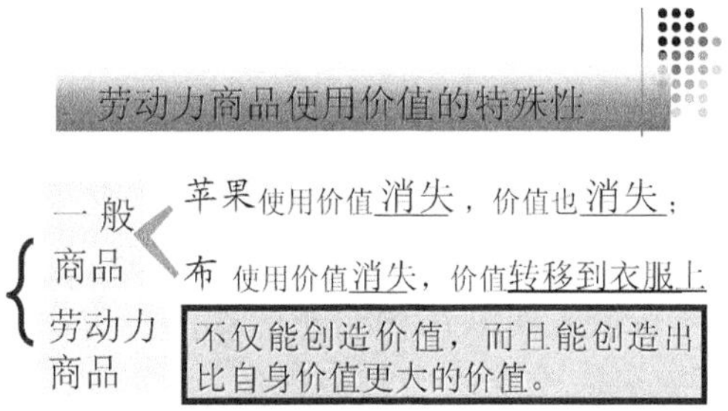

图 4.1 劳动力商品使用价值的特殊性

（二）剩余价值生产

生产剩余价值是资本主义生产方式的绝对规律。剩余价值的含义为：剩余价值是雇佣工人创造的，并被资本家无偿占有的超过劳动力价值的那部分价值，是雇佣工人在剩余劳动时间支出的剩余劳动的凝结。

资本是可以带来剩余价值的价值。资本在资本主义生产过程中采取生产资料和劳动力两种形态，根据两部分资本在剩余价值生产中所起的不同作用，可以将资本区分为不变资本与可变资本：不变资本是以生产资料形态存在的资本；可变资本是用来购买劳动力的那部分资本。把资本分为不变资本和可变资本，进一步揭示了剩余价值产生的源泉和资本主义剥削的实质，这种划分为确定资本家对雇佣劳动者的剥削程度提供了科学依据。

生产剩余价值有两种基本方法，即绝对剩余价值的生产和相对剩余价值的生产。绝对剩余价值是指在必要劳动时间不变的条件下，由于延长工作时间的长度而生产的剩余价值。相对剩余价值是指在工作时间不变的条件下，通过缩短必要劳动时间而相对延长剩余劳动时间生产的剩余价值。

超额剩余价值是指企业由于提高劳动生产率而使商品的个别价值低于社会价值的差额。个别或少数资本家获得超额剩余价值只是一种暂时的现象，而相对剩余价值是各个资本主义企业追求超额剩余价值的结果。

（三）资本积累

把剩余价值转化为资本，或者说剩余价值的资本化，就是资本积累。剩余价值是资本积累的源泉。马克思关于资本积累的学说是剩余价值理论的重要组成部分，它揭露了资本主义制度下贫富两极分化的原因，揭示了资本主义失业现象的本质，深刻地阐明了资本主义制度必然走向灭亡的历史命运。

（四）资本有机构成

由生产的技术水平所决定的生产资料和劳动力之间的比例叫作资本的技术构成。从价值形式上看，资本可分为不变资本（C）和可变资本（V），这两部分资本价值之间的比例叫作资本的价值构成。由资本的技术构成决定并反映技术构成变化的资本价值构成叫作资本的有机构成，用 C：V 表示。在资本主义生产过程中，资本有机构成的提高是一般趋势，是由资本的本性决定的，由此导致过剩人口的出现。相对过剩人口就是劳动力供给超过了资本对它的需要。资本主义积累的历史趋势是资本主义制度的必然灭亡和社会主义制度的必然胜利。

（五）工资

资本雇佣劳动制度下工资的本质不是劳动的价值或价格，而是劳动力的价值或价格的转化形式。资本主义工资的基本形式：计时工资和计件工资。

（六）案例分析

剩余价值理论部分非常经典，非常重要，它揭示了资本家剥削工人的秘密，是我们教学的重点和难点。教材在论述马克思的剩余价值论时，仅阐述了主要的概念和原理，要讲清讲透这部分内容，教学时采取案例教学法比较合适。见图 4 – 2，图 4 – 3。

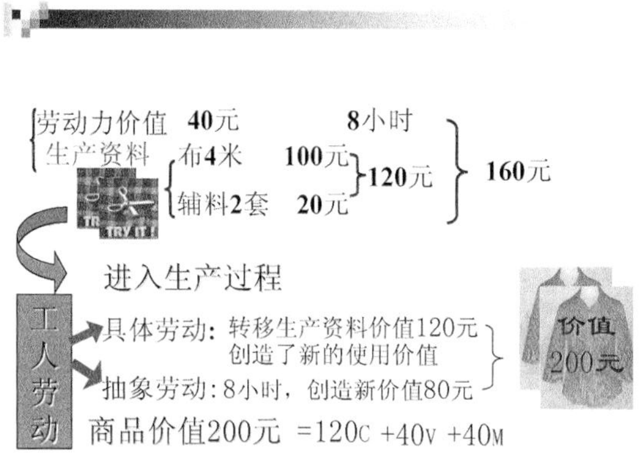

图 4.2　不变资本和可变资本的作用

这个案例可以说明不变资本和可变资本的作用，剩余价值的来源和工人工资的情况等，能够阐释剩余价值理论的主要内容。教师平时多注重收集其他教科书或著述中的案例。

关于绝对剩余价值和相对剩余价值的生产，图 4.3、图 4.4 讲解很清楚，可以利用。

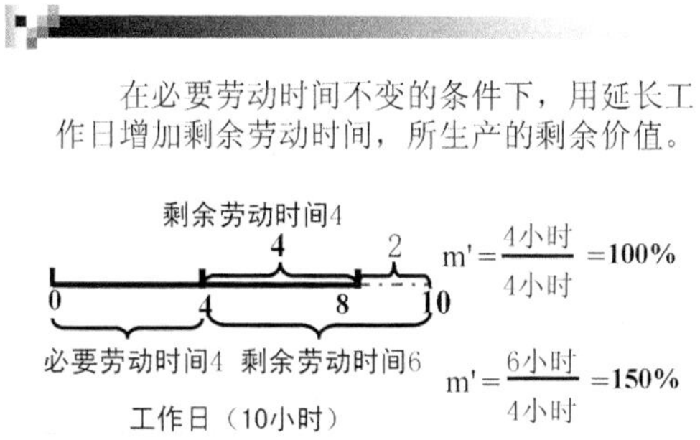

图 4.3　绝对剩余价值生产

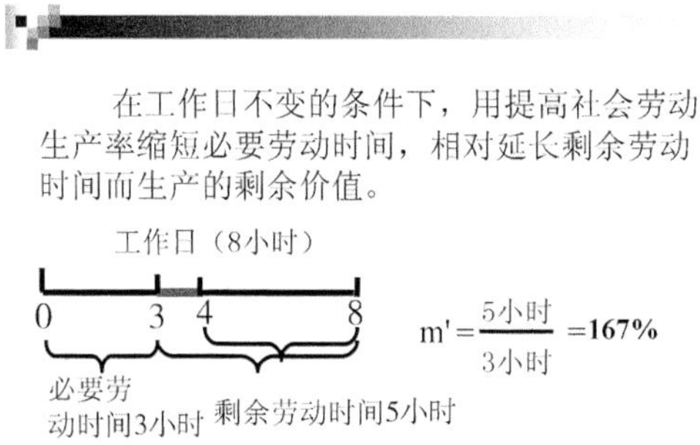

图 4.4　相对剩余价值生产

马克思的剩余价值理论反映了资本家剥削工人的秘密。在资本主义社会里，资本家阶级占有一切生产资料，而工人阶级除了自己的劳动力之外，一无所有。由于生活所迫，他们不得不把自己的劳动力作为商品出卖给资本家。资本主义的剩余价值，本质上也是劳动者创造的超过自身及家庭需要的那部分价值，是资本家唯利是图的动力，越多越好！通过分析，马克思指出，资本家对雇佣劳动者的剥削，是资本主义制度区别于其他一切剥削制度的地方，工人阶级受剥削的直接根源是资本主义的雇佣劳动制度，只有彻底埋葬资本主义制度，工人阶级才能翻身解放。

三、怎么讲

劳动价值论、剩余价值论和经济危机理论是马克思《资本论》最主要的内容，属于马克思主义政治经济学的最经典理论。教科书将基本概念和原理罗列出来，没有很深入的讲解，需要我们在课堂上既当作重点也当作难点讲解。资本主义政治制度与意识形态的本质是学生关心较多的问题，资本主义政治制度到底是什么，到底适不适合中国，资本主义有没有意识形态方面的问题务必在课堂上给出答案，让学生全面理解并自己做出正确的判断。结合现实，在课堂上务必讲解清楚资本主义文化渗透的手段及其危害，明确我们反对资本主义文化渗透、反对普世价值论的重要性。金融危机可以影响到每个国家，我们务必要了解金融危机产生的根源、过程，积极寻找中国经济发展的新思路。

（作者：杨春风，马克思主义基本原理教研室副教授）

第五章　资本主义的发展及其规律

一、教学重点

（一）垄断资本主义的形成及其发展变化的特点和实质

资本主义的发展经历了两个阶段：自由竞争资本主义和垄断资本主义。自由竞争资本主义在19世纪六七十年代发展到最高峰，开始向垄断阶段过渡。19世纪末、20世纪初，垄断在经济生活中占统治地位，资本主义的发展进入了垄断资本主义阶段。

1. 生产集中与垄断的形成

生产集中是指生产资料、劳动力和商品生产日益集中到少数大资本掌握的企业手中。垄断就是一个或几个大企业联合起来，为了获取高额垄断利润，控制或操纵一个或几个部门的生产和销售。生产集中发展到一定程度必然引起垄断，居于垄断地位的大企业的联合被称为垄断组织。垄断组织所拥有的资本为垄断资本。最原始、最初级的垄断组织形式是各企业之间达成的短期价格协定，常见的稳定的垄断组织主要有卡特尔、辛迪加、托拉斯和康采恩。各种垄断组织的本质是一样的，都是为了获得垄断利润。垄断的出现，不仅不能消除竞争，反而使竞争更加激烈。与自由竞争相比，垄断组织参与的竞争具有一些新特点。

2. 金融资本与金融寡头

在工业部门生产集中的过程中，银行资本也向大银行集中，当银行资本集中到一定程度时就产生了银行业的垄断。银行逐步具有了新作用，即“由普通的信贷中介人变成万能的垄断者”。随着银行作用的变化，垄断的银行资本和垄断的工业资本逐渐融合起来形成一种新的资本形式——金融资本。掌握金融资本的大资本家或资本家集团就是金融寡头。金融寡头是垄断资本主义国家的实际统治者。

3. 垄断利润和垄断价格

垄断利润是垄断资本凭借其在生产和流通中的垄断地位而获得的超过平均利润的高额利润，公式为：

垄断价格 = 成本价格 + 垄断利润

垄断价格是一种人为规定的市场价格，它长期偏离商品的价值或生产价格，但它的形成并不是对价值规律的否定，而是价值规律在垄断条件下发挥作用的表现形式。

4. *垄断资本主义的发展*

垄断资本主义的发展经历了两个阶段：私人垄断资本主义和国家垄断资本主义。国家垄断资本主义，就是资产阶级国家政权与垄断资本相结合的一种垄断资本主义。国家垄断资本主义的产生与发展，从根本上说是资本主义基本矛盾尖锐化的必然结果。国家垄断资本主义主要有四种形式：第一，资本主义国有企业。第二，国家和私人垄断资本在企业内部的结合。第三，国家和私人垄断资本在企业外部的结合。第四，政府的宏观调控和微观规制。国家垄断资本主义对资本主义经济的发展具有一定积极作用，但国家垄断资本主义的出现，只是资本主义生产关系在资本主义生产方式范围所做的一次调整。它的出现并没有改变资本主义社会的性质。

这部分内容是重点，讲解时可以用资本主义发展过程的各种历史史实说明概念和原理。向学生介绍列宁《帝国主义论》的成书背景、目的、意义、影响等，向学生介绍卡特尔、辛迪加、托拉斯和康采恩等垄断组织及其活动。

《帝国主义是资本主义的最高阶段》写于 1916 年，已经过去整整 100 年了，当代资本主义已发生了很大变化。但是列宁关于帝国主义的某些论断仍然适用当前的资本主义国家。例如，列宁认为帝国主义有五大特征：第一，生产和资本的集中已经发展到这样的高度，造成了在经济生活中起决定作用的垄断；第二，银行资本和工业资本已经融合起来，并形成了金融寡头；第三，资本输出已具有特别重要的意义，形成了帝国主义对外剥削和压迫的基础；第四，瓜分世界的资本家的国际垄断同盟已经形成；第五，最大的资本主义列强已把世界上的领土瓜分完毕。现在看来，五大特征都出现了许多新的情况，其中有的是巨大的变化，但其垄断资本主义的本质没有改变，两极分化的基本矛盾仍存在，因而导致了世界性的资本主义金融危机的爆发。

列宁的帝国主义理论是对马克思主义政治经济学和无产阶级革命理论的新发展，根据这一理论，列宁提出了社会主义可能首先在一国或几国胜利的新结论，为俄国十月社会主义革命的胜利奠定了理论基础。列宁的帝国主义论为世界无产阶级和劳动人民正确认识帝国主义的本质、发展规律和进行革命斗争提供了强大的思想武器。

垄断组织介绍：

（1）卡特尔是由生产同类商品的企业，通过签订协定而建立起来的垄断组织。参加卡特尔的企业各自保持独立性，只受共同协定的约束，违者受到一定处罚。

(2) 辛迪加是生产同类商品的几个大企业，为了高价销售商品和低价购买原材料，通过签订共同销售商品和采购原材料的协定而建立起来的垄断组织。参加辛迪加的企业在生产上和法律上仍保持独立性，但丧失了商业上的独立性。

(3) 托拉斯是由生产同类商品的大企业或者与该商品有密切联系的许多大企业联合组成，托拉斯本身是一个独立的企业，参加者在生产、法律及商业上都丧失了独立性，由托拉斯组织董事会及其委任的经理统一经营全部产品的产、供、销及财务活动。

(4) 康采恩是以一两个实力强大的企业为核心，把不同部门、不同行业的许多企业联合起来，组成一个垄断集团，主要靠控制加入企业的股份来实现垄断统治。

(二) 资本输出与垄断资本的国际扩张

金融资本实现了对国内的统治以后，必然要统治全球。资本输出是实现这种统治的主要手段。

资本输出是指资本家、资本家集团或资产阶级国家的政府，为了获取高额利润或利息以及其他经济、政治利益而对国外进行投资或贷款。资本输出的基本形式有三种：商品资本输出、借贷资本输出和生产资本输出。从输出资本的归属看，资本输出的基本形式有两种：私人资本输出和国家资本输出。资本输出对输出国和输入国所起的作用和所造成的后果完全不同。随着资本输出的发展和国际竞争的加剧，各资本主义国家的垄断组织为了避免两败俱伤，也会达成协议，建立国际垄断同盟，在经济上瓜分世界。国家垄断资本主义的国际联盟是由政府出面组织的国际经济集团，是国际垄断同盟的最高形式。

这部分内容可以结合西方发达资本主义在对中国资本输出问题上的各种做法，从西方产业资本和金融资本试图插手控制中国经济方面的现实案例说明资本的逐利性。高盛等金融机构为了利润无孔不入，能很好地说明金融资本、金融寡头、资本输出与垄断资本的国际扩张等相关问题。

(三) 当代资本主义的新变化及其实质

当代资本主义的新变化，包括生产资料所有制的变化、劳资关系和分配关系的变化、社会阶级与阶层结构的变化、经济调节机制和经济危机形态的变化以及政治制度的变化等。必须正确认识这些新变化产生的原因和实质。当代资本主义新变化产生的原因是多方面的。首先是新科技革命的发生和社会生产力的发展；其次是工人阶级的反抗和斗争；再次是社会主义制度初步显示的优越性对资本主义的影响；最后是主张改良主义的政党对资本主义制度的改革，也对资本主义的变化发挥了重要的作用。当代资本主义的变化是深刻的，但是它作为生产关系的一种自我调整，并没有触动资本主义制度的根基，也没有消除资本主义的基本矛盾。我们要正确认识资本主义的新变化，认识到其本质，只有这样，我们才能正确理解社会发展规律，正确认识社会主义。

当代资本主义变化给大学生带来了很大的迷惑性，以至于有的学生不能够正确认识资本主义。课堂上一定要说清：当代资本主义的变化是客观事实，但是，当代资本主义发生的变化从根本上说，是人类社会发展一般规律和资本主义经济规律作用的结果，是在资本主义制度基本框架内的变化，并不意味着资本主义生产关系的根本性质发生了变化。

这部分内容可以大量引用当代资本主义变化的事例，说明资本主义的本质从来就没有发生变化，列宁在《帝国主义论》中的论断仍然没有过时。搜集近几年资本主义国家频繁的、大规模的和此起彼伏的大罢工的材料来说明这个问题。

二、教学难点

（一）经济全球化及其后果

经济全球化是指在生产不断发展、科技不断进步、社会分工和国际分工不断深化，与生产的社会化和国际化不断提高的情况下，世界各国、各地区的经济活动越来越超出一国和地区范围而紧密联系在一起的一种趋势。经济全球化主要体现在三个方面：生产全球化、贸易全球化和资本全球化。

经济全球化形成的原因有五个方面：第一，科技进步和社会生产力的发展；第二，资本无限增值的本性；第三，交通运输和通信技术的发展；第四，跨国公司的发展；第五，各国经济体制的改革。

经济全球化有利于资源在全球范围内的优化配置。其中，由于发达国家占据优势地位，它们是经济全球化的最大受益者。经济全球化的负面影响是使南北差距进一步拉大，加大了世界性经济波动的可能性，并使世界经济充满不协调、不稳定。

马克思、恩格斯的世界历史思想是经济全球化的理论基础，可以向学生介绍马克思、恩格斯的世界历史思想。马克思和恩格斯从对历史本质和人类社会发展规律出发，高度深入考察并论证了人类社会在生产力推动下由分散向整体的发展趋势，指出这种趋势就是从民族性和地方性的历史向普遍性和世界性的历史发展和转变，世界历史的未来就是共产主义，人类本身则同时从地域性的封闭条件下的个人向世界历史性的自由发展的个人转变。

这部分内容也可以采用案例教学法。可以从中国国情出发，讲解经济全球化给中国带来的机遇和挑战，分析中国加入世界贸易组织前后的国际国内形势以及中国经济发展的变化情况，可以引用大量的数字作为佐证。

（二）资本主义的历史地位及其为社会主义所代替的历史必然性

在人类社会的发展过程中，资本主义生产方式对科技进步和生产力发展所起的推动作用，是资本主义社会以前的任何社会所不能比拟的。首先，资本主义生产的实质客观上推动了生产力的发展。其次，资本主义商品经济形成了有利于社会资源配置的市场机制。再次，资本主义生产关系具有一定的自我调节能力。最后，资本主义的意识形态和政治制度作为上层建筑在战胜封建社会的过程中起着重要的作用，从而推动了社会生产力的迅速发展，促进了社会进步。但是，资本主义生产方式也存在诸多矛盾。首先是资本主义生产目的与实现手段之间的矛盾；其次是资本主义生产条件与实现条件的矛盾；最后是资本主义生产力和资本主义占有形式之间的矛盾。

从历史发展的长河看，资本主义终究要被社会主义所取代。这是历史发展的必然趋势，是资本主义基本矛盾发展的必然结果。马克思正是依据对资本主义内在矛盾运动规律的深刻研究，揭示了资本主义产生、发展的历史原因，科学地预见了资本主义必然走向灭亡的总趋势。

社会主义取代资本主义是一个长期的、曲折的历史过程。这是因为：第一，一种社会经济制度退出历史舞台，必须是这种生产关系已经不能继续容纳社会生产力的发展；第二，从世界范围看，一种新的社会制度要彻底战胜旧的社会制度，归根到底要求新的社会制度比旧的社会制度创造出更高的劳动生产率；第三，社会主义取代资本主义在某一国家的实现取决于多种因素，其中最重要的是革命形势的形成，而这些条件的成熟需要很长的酝酿和准备时间；第四，在从资本主义向社会主义过渡的过程中，社会主义制度的产生、巩固和发展也不会是一帆风顺的，会出现曲折甚至是倒退。以公有制代替私有制，是对所有建立在私有制基础上的社会制度的根本否定，这个否定比历史上任何一次社会变革都更复杂、更艰巨。总之，社会主义在全世界范围内取代资本主义将是一个相当长的历史过程。尽管在这个历史过程中不可避免地会出现这样那样的曲折，但它毕竟是人类社会历史发展不可逆转的总趋势。

社会主义代替资本主义是一个大尺度的历史时代。我们既要坚信“两个必然”，又不能忽视其实现所依赖的物质条件。不管资本主义世界编造多少神话，都否定不了社会主义的现实必然性。近代中国走上社会主义道路也是历史的抉择。我们依靠马克思主义的社会主义理论建立了新中国。改革开放以后，我们更是在建设中国特色社会主义事业上取得了巨大的成就，保持了较快的经济增长速度，平稳地实现了向现代化国家的过度，改善了人民的物质文化水平。

这部分内容的讲解可以结合唯物史观，结合《资本论》的理论逻辑来推论“两个必然”（资本主义必然灭亡，社会主义必然胜利），苏东剧变只是说明了社会主义发展道路的曲折性，现在世界上新左派的兴起，说明马克思主义和社会主义的吸引力越来越大。可以运用几个社会主义国家（包括中国）的很多事例，说明社会主义制度战胜资本主义的必然性。

三、怎么讲

这些教学难点是非常现实的问题，学生每天都在感受着国外的各种变化，资本主义的实质到底变了没有？列宁关于“帝国主义是垂死的腐朽的资本主义”的论断到底过不过时？资本主义的新变化到底说明了什么？教师在讲课中都不能回避，而要回答这些问题，教师务必在观察国际国内新变化的基础上，运用马克思主义的基本原理分析问题和解决问题，并给出答案，这是很大的挑战。

（作者：杨春风，马克思主义基本原理教研室副教授）

第六章　社会主义的发展及其规律

一、教学重点

（一）社会主义从空想到科学的发展

社会主义在19世纪中叶从空想发展到科学是社会主义发展史上的第一次飞跃。空想社会主义产生于16世纪初。空想社会主义思潮经历了三个历史发展阶段，16—17世纪的早期空想社会主义、18世纪的空想平均共产主义、19世纪初期批判的空想社会主义。早期的空想社会主义代表人物有托马斯·莫尔和康帕内拉，前者于1516年发表了《乌托邦》，后者于1602年写出了《太阳城》。空想平均共产主义的代表人物是法国的摩莱里和马布利。批判的空想社会主义的代表人物是法国的圣西门、傅立叶和英国的欧文。他们批判了资本主义，但却没找到通向理想社会的现实道路。需要补充说明的是，空想社会主义者，尤其是19世纪的空想社会主义者，不仅仅是空想家，更是一些实干家，他们做了很多尝试，空想是相对科学而言的，他们的道路具有空想性质，不是一般意义上的幻想家，不务实事的人。他们的事业属于19世纪欧洲的乌托邦运动。

1848年《共产党宣言》的发表，标志着马克思主义的公开问世。

（二）无产阶级革命与社会主义制度的建立

20世纪初，社会主义从理论发展到建立社会主义制度的实践，是社会主义发展史上的第二次飞跃。1871年，巴黎公社是无产阶级革命和无产阶级专政的第一次伟大尝试。1917年，列宁和布尔什维克党领导的十月革命的胜利，表明社会主义制度的建立。

无产阶级革命是最新类型的革命。这是因为：第一，无产阶级革命是要消灭一切私有制、代之以生产资料公有制的革命。第二，无产阶级革命是消灭一切阶级和阶级统治的革命。第三，无产阶级革命是为绝大多数人谋利益的运动。第四，无产阶级革命是不断前进的历史过程。

从理论上说，无产阶级革命有暴力的与和平的两种形式。其中，暴力革命是主要的基本形式。

（三）科学社会主义的基本原则

1. 社会主义理论的发展

（1）马克思和恩格斯根据当时的历史条件，以西方发达资本主义国家发展的事实材料为依据，认为无产阶级革命将在大多数发达国家同时发生并取得胜利。在此基础上，对代替资本主义的未来社会进行了总的论述，设想共产主义社会的第一个阶段具有五个基本特征：消灭了生产资料私有制，实现生产资料全社会占有；克服生产的无政府状态，根据社会需要，有计划地调节生产；对个人消费品实行各尽所能、按劳分配；没有商品生产，没有货币交换；没有阶级差别，国家开始消亡但尚未完全消亡等。

（2）列宁在总结社会主义实践经验的基础上，在领导俄国向社会主义过渡的实践中，形成了对社会主义基本特征的认识：实行社会主义全民所有制经济和集体合作社所有制经济；存在商品生产和货币交换；具有高度发达的社会生产力和比资本主义更高的劳动生产率；建立了无产阶级和劳动人民的国家政权及其民主制度等。

（3）中国共产党人在探索社会主义建设道路的进程中，形成了对社会主义本质的认识。邓小平指出：社会主义的本质，是解放生产力，发展生产力，消灭剥削，消除两极分化，最终达到共同富裕。

2. 科学社会主义的基本原则

第一，生产资料公有制。在生产资料公有制基础上组织生产，满足全体社会成员的需要是社会主义生产的根本目的。

第二，对社会生产进行有计划的指导和调节，实行等量劳动领取等量产品的按劳分配原则。

第三，合乎自然规律地改造和利用自然，追求人与自然的和谐发展。

第四，无产阶级革命是无产阶级进行斗争的最高形式，必须以建立无产阶级专政的国家为目的。

第五，无产阶级政党是无产阶级的先锋队，社会主义事业必须坚持无产阶级政党的领导。

第六，通过无产阶级专政和社会主义高度发展，最终实现向消灭阶级、消灭剥削，实现人的全面而自由发展的共产主义社会的过渡。

这部分是本章的重点，要求学生认真理解和掌握。

二、教学难点

经济文化相对落后的国家的社会主义建设的艰巨性和长期性是本章

的教学难点。

无产阶级及其政党领导人民在经济文化相对落后的国家取得政权，由于受到生产力发展状况、经济基础和上层建筑发展状况的制约，受到国际环境的严峻挑战等，这些国家建设社会主义必然具有艰巨性和长期性。

第一，生产力发展状况的制约。在一个相当长的历史时期，社会主义国家在经济上还落后于发达资本主义国家，有的甚至差距很大。建立高度发达的社会生产力，极大提高全体人民的生活质量，赶上和超过发达资本主义国家，需要经过长时期的努力探索和艰苦奋斗。

第二，经济基础和上层建筑发展状况的制约。

第三，国际环境的严峻挑战。如果说，社会主义国家成立之初，国际资本主义对社会主义的进攻主要是武力方式，那么，在社会主义建设已经取得了重大成就，社会主义制度有了长足进步之后，进攻的方式往往转变为以和平演变为主。

第四，马克思主义执政党对社会主义发展道路的探索和对社会主义建设规律的认识，需要一个长期的艰苦的过程。

对于经济文化相对落后的国家社会主义建设的艰巨性和长期性，必须有一个充分的估计。社会主义制度的出现，如果从俄国十月革命成功算起，才只有100年的时间，在人类社会的发展长河中只是短暂的一瞬间。人类历史上其他社会制度的更替，都经历了漫长曲折的过程。以英国资产阶级革命为例，1640年发生资产阶级革命，经过内战，于1649年废除君主制。不久，旧王朝又卷土重来，直至1688年资产阶级发动政变，才确立了资产阶级君主立宪制政体。此后，英国又陷入动荡之中，一直到19世纪30年代，英国资本主义制度才真正稳定下来。法国资产阶级革命的反复和曲折更大，从1789年发生资产阶级大革命到1870年的81年里，先后经历了两次帝制复辟。美国虽然没有沉重的封建历史包袱，但是，从1775年北美独立战争到1861年南北战争，其间经历了近百年的浴血奋战。而且它们还是一种剥削制度代替另一种剥削制度。在经济文化相对落后的国家建立社会主义制度，是社会制度的根本改变，是私有制向公有制的根本变革。同资本主义革命不同，无产阶级取得革命政权只是万里长征走完了第一步，任重道远。它面临着崇高而又艰巨复杂的历史任务，建设社会主义必然要经历一个漫长的发展过程。

这部分内容具有很强的现实性，充分理解这个问题才能更好地坚持社会主义道路。这是本章的难点。

三、怎么讲

在中国姓“资”姓“社”的问题长期困扰着人们，正确地认识今天的社会主义，就要了解它的历史，从经验和教训中更好地理解科学社会主义的基本原则，从而澄清思想上的混乱，坚定地走社会主义道路。

（作者：周迈，马克思主义基本原理教研室副教授）

第七章　共产主义崇高理想及其最终实现

一、教学重点

（一）共产主义社会的基本特征

共产主义是人类社会发展史上一种崭新的社会制度。以科学方法为基础，马克思主义经典作家从一些最基本的方面揭示了共产主义社会的基本特征。

1. 物质财富极大丰富，消费资料按需分配

社会生产力高度发展，产品极大丰富，是共产主义社会实现的必要条件，又是共产主义社会本身的一个重要特征。共产主义制度的建立不仅以高度发展的生产力为基础，而且将使未来社会的生产力得到更大的发展。

适应高度发展的社会化大生产的需要，共产主义社会将彻底废除私有制，实行普遍的生产资料公有制；与生产资料的社会占有相适应，共产主义社会将按照自然资源的情况和社会成员的需要，对生产进行有计划的组织和管理；在共产主义社会，个人消费品的分配方式是“各尽所能，按需分配”。“各尽所能，按需分配”的实现具有重大的意义，它将最终实现人类在分配上的真正平等。社会主义社会实现了“各尽所能，按劳分配”的原则，以人的劳动而不是特权或资本作为分配的标准，是一个巨大的历史进步，但它仍有其历史的局限性。就其用“劳动”代替资本作为分配标准而言是平等的，但就其把劳动这个标准运用在不同情况的人身上而言又是不平等的。只有到了共产主义社会，人类社会的分配方式才能突破这个局限，根据人们的需要进行生活资料的分配，从而实现分配的真正平等。

2. 社会关系高度和谐，人的精神境界极大提高

人类发展到共产主义社会，阶级将会消亡，阶级斗争也随之消失。

到共产主义社会，国家失去了它的镇压对象和必要性，作为阶级压迫工具的军队、警察和监狱等将失去作用。

到共产主义社会，战争也不复存在。

在共产主义社会，由于社会生产力的巨大发展，工业与农业的差别、城市与乡村、脑力劳动与体力劳动的差别——“三大差别”必然归于消失。

在共产主义社会，由于阶级消灭、国家消亡和“三大差别”消除，社会关系实现了高度和谐。人们的精神境界得到极大提高，集中体现在对于他人、集体和社会的态度上。高尚的精神境界表现为自觉地为他人、为社会服务和奉献。到共产主义社会，人们不仅具有多方面的才能，而且也具有高度的觉悟和高尚的道德品质，乐于为社会公共事业做出贡献。

共产主义社会不仅社会是和谐的，而且社会与自然之间也是和谐的。

3. **每个人自由而全面的发展，人类从必然王国向自由王国的飞跃**

实现人的自由而全面的发展，是马克思主义追求的根本价值目标，也是共产主义社会根本特征。

在共产主义社会，人的发展是自由的发展，是建立在个体高度自由、自觉基础上的发展，而不是强迫的发展。人的发展是全面的发展，不仅体力和智力得到发展，各方面的才能和工作能力得到发展，而且人的社会联系和社会交往也得到发展。共产主义社会中人的自由而全面的发展指的是全体社会成员的发展，或每个人的发展，而不是只有一部分人的发展。那时，在人与人之间形成事实上的平等，整个社会是和谐的，社会发展与个人发展实现了真正的统一，社会发展不再以牺牲某些个人的发展为代价。

在共产主义社会，劳动成为“生活的第一需要”。共产主义是人类解放的实现，那时人类将最终从支配他们生活和命运的异己力量中解放出来，实现从必然王国向自由王国的飞跃，开始自觉地创造自己的历史。

共产主义社会无疑是非常美好的，但是按照马克思主义预测未来的一贯立场、观点和方法，共产主义社会本身也不会是一种没有任何矛盾的社会，不会是一种不需要也不能够进一步改善和发展的静止状态。我们深信，共产主义社会将是一个在更高的基础上不断发展和前进的社会。它不是人类历史的终结，而是人类自由自觉历史的开端。我们理解未来要着眼于基本原则，而不应该专注于细节。对未来说得越具体越不科学，这是社会科学不同于自然科学的地方。

（二）共产主义社会是历史发展的必然趋势

1. **共产主义理想是能够实现的社会理想**

共产主义理想是能够实现的社会理想，它与一切空想和幻想有着本质的区别。共产主义理想作为一种社会理想，是在对人类社会发展规律认识的基础上设立的社会发展目标。共产主义理想并不神秘。共产主义理想的实现完全依靠社会的发展和进步，依靠人民群众的实践。

2. *共产主义理想的实现是历史规律的必然要求*

共产主义理想一定会实现，是以人类社会发展规律以及资本主义社会的基本矛盾发展为依据的。马克思主义不仅从社会形态交替规律方面，对共产主义理想实现的必然性做了一般性的历史观论证，而且通过对资本主义社会的具体剖析做了具体的实证证明。

3. *实现共产主义是无产阶级解放斗争的最终目标*

实现共产主义不仅是符合规律的过程，也是一个符合目的的过程，就是符合人民理想的目的。工人阶级是先进生产力的代表，作为最革命的阶级肩负着推翻资本主义、建立共产主义新社会的伟大使命。在全世界实现共产主义，是工人阶级解放斗争的最终目标，也是马克思主义政党奋斗的最高纲领。

4. *实现共产主义是全人类解放的根本体现*

工人阶级的解放与全人类的解放是完全一致的。工人阶级特殊的社会地位和历史使命，决定了它只有解放全人类才能使自己最后得到彻底解放。

（三）实现共产主义不能超越社会主义发展阶段

马克思把共产主义社会划分为第一阶段和高级阶段，列宁分别把这两个阶段称为社会主义社会和共产主义社会。

社会主义是共产主义的低级阶段，也是实现共产主义的必由之路。高级阶段是建立在低级阶段基础上的，没有低级阶段的发展，也不会有高级阶段的到来。为了最终实现共产主义，必须坚定不移地走社会主义道路。

虽然社会主义阶段离共产主义社会尚远，而且社会主义本身也是不完善的，但我们必须满腔热忱、脚踏实地为建设社会主义而奋斗。建设社会主义是一个长期的艰苦的过程，试图跳过社会主义阶段而直接进入共产主义社会是不可能实现的。而试图人为地缩短社会主义时期，急于向共产主义过渡，超越社会主义充分发展的阶段也是有害的。不努力建设社会主义，就不会到达共产主义，失掉了现在也就没有了未来。

二、教学难点

实现共产主义是一个长期的历史过程。共产主义一定要实现，共产主义一定能够实现，但必须明确，共产主义的实现是一个很长的甚至是充满曲折的历史过程。

（一）社会主义社会的充分发展和向共产主义社会过渡需要很长的历史时期

在全世界实现共产主义，首先将取决于社会主义国家的巩固和发展，取决于这些国家所经历的社会主义建设的历史进程。共产主义只有在社会主义社会充分发展和高度发达的基础上才能实现。社会物质财富的充分涌流，人们精神境界的不断提高，共产主义新人的培养和成长等，都需要很长的历史时期。因而，社会主义的充分发展并向共产主义过渡将是一个漫长的历史过程。

社会主义社会作为共产主义的初级阶段是一个长期的历史时期，它在自身的发展中也会经历从低级到高级的发展阶段，在一切条件具备之后才能实现向共产主义社会的过渡。

中国现在尚处在社会主义社会的初级阶段，对于整个社会主义时期究竟会有多长，究竟要经历哪些发展阶段，社会主义发展到何时才开始并怎样向共产主义社会过渡，尚需要随着历史的发展进一步认识和探索。历史经验证明，对社会主义时期的长期性应有充分的估计，宁肯把时间设想得长一些，也决不能超越发展阶段急于向共产主义过渡，否则会欲速不达，造成严重的后果。

（二）当代资本主义的灭亡和向社会主义、共产主义的转变是长期的过程

共产主义只有在全世界范围内才能实现，也就是说，实现共产主义不仅有赖于社会主义国家的巩固和发展，也有赖于现存的资本主义国家向社会主义的转变，以及转变后向共产主义的发展。

资本主义作为一个社会形态，走向灭亡是一个长期的过程；从资本主义向社会主义转变的完成，也需要一个或长或短的过渡时期；资本主义在完成向社会主义的转变以后，也要经历一个社会主义阶段，最后才能向共产主义过渡。

（三）正确理解“两个必然”和“两个绝不会”的关系

马克思、恩格斯在《共产党宣言》中提出了资本主义必然灭亡和社会主义必然胜利的“两个必然”（也称“两个不可避免”），后来，马克思在《〈政治经济学批判〉序言》中又提出了“两个绝不会”，即：无论哪一个社会形态，在它所能容纳的全部生产力发挥出来以前，是绝不会灭亡的；而新的更高的生产关系，在它的物质存在条件在旧社会的胎胞里成熟以前，是绝不会出现的。

“两个必然”和“两个绝不会”有着内在的联系，应该结合起来加以理解。“两个必然”和“两个绝不会”是对资本主义灭亡和共产主义胜利必然性，以及这种必然性实现的时间和条件的全面论述。前者讲的是资本主义灭亡和共产主义胜利的客观必然性，是根本的方面；而后者讲的是这种必然性实现的时间和条件，它告诫我们“两个必然”的实现需要相应的客观条件，而在这个条件具备之前绝不会成为现实。

三、怎么讲

为什么要实现共产主义？能够实现吗？为什么还没有实现？怎么实现呢？这是学生以及关心这一问题的人自然会想到或思考的问题。“马克思主义基本原理概论”课就是要分析回答这些问题，让学生在思想上明确，才能坚定共产主义的信念。

（作者：周迈，马克思主义基本原理教研室副教授）

“毛泽东思想和中国特色社会主义理论体系概论”重点与难点[①]

何绍铭　主编

① 依据《毛泽东思想和中国特色社会主义理论体系概论》编写，马克思主义理论研究与建设工程重点教材，高等教育出版社，2015 年版。

第一章　马克思主义中国化两大理论成果

一、教学重点

（一）马克思主义中国化的科学内涵

这个问题是本章的重要概念，必须让学生掌握。马克思主义中国化，就是把马克思主义基本原理与中国具体实际和时代特征结合起来，运用马克思主义的立场、观点、方法研究和解决中国革命、建设、改革中的实际问题；坚持和发展马克思主义，就是运用中国人民喜闻乐见的民族语言阐述马克思主义理论，揭示中国革命、建设、改革的规律，使之成为具有中国风格、中国气派的马克思主义。这个概念还要讲清三个方面的内容：

第一，马克思主义中国化要紧密联系中国实际，要运用马克思主义解决中国革命、建设和改革中的问题。在学习过程中，绝不能把马克思主义当作教条，更不能照搬别国的经验，而要坚持马克思主义基本原理，紧密结合中国国情和时代条件，研究和解决中国的问题，找到适合中国实际的道路，才能指导中国革命、建设和改革的不断成功。

第二，学习马克思主义中国化要总结中国革命、建设和改革的实践经验和历史经验，坚持和发展马克思主义。在解决中国实际问题的过程中，产生了许多具有符合中国国情的独创性的实践经验，要通过对这些经验的总结和提炼，更好地发展马克思主义。

第三，要把马克思主义根植于中国优秀文化之中，赋予马克思主义鲜明的中国特色。中华民族在五千多年的文明发展进程中创造了博大精深的中华文化。马克思主义作为一种最初产生于欧洲的思想文化传入中国，要使它能为中国人民广泛接受，并在实践中发挥指导作用，就必须找到一种为中国人民所能理解和接受的形式。这就要求用中华优秀文化的表达方式和中国老百姓喜闻乐见的语言，深入浅出地阐明马克思主义，使其具有鲜明的中国风格和中国气派。

（二）关于中国特色社会主义理论体系的认识

理解这个问题是正确认识中国特色社会主义理论体系的前提，只有理解了这个问题，才能深入理解中国特色社会主义理论体系的重大意义。

党的十七大把包括邓小平理论、“三个代表”重要思想以及科学发展观等重大战略思想在内的科学理论体系概括为“中国特色社会主义理论体系”。它是在和平与发展成为时代主题的历史条件下，在中国改革开放和现代化建设的伟大实践中，在总结中国社会主义建设正反两方面历史经验和改革开放以来的新鲜经验，并汲取其他社会主义国家兴衰成败经验教训基础上，逐步形成和发展起来的。

中国特色社会主义，是改革开放历史新时期中国共产党人的正确选择和伟大创造，同时也是在改革开放历史新时期不断丰富和发展的。党的十一届三中全会以来，中国共产党解放思想、实事求是、与时俱进，坚持以马克思列宁主义和毛泽东思想为指导，立足于中国国情，通过改革开放，不断探索和完善中国建设社会主义的指导思想、基本原则、大政方针和政策举措，不断探索和发展中国社会主义经济建设、政治建设、文化建设和社会建设的有效途径和方法，不断探索和回答什么是社会主义、怎样建设社会主义，建设什么样的党、怎样建设党，实现什么样的发展、怎样发展等重大理论和实际问题，不断取得新的理论成果和实践成果。在此过程中，先后创立了邓小平理论、“三个代表”重要思想和科学发展观等，不断推进马克思主义中国化，从而取得了我们这样一个十几亿人口的发展中大国摆脱贫困、加快实现现代化、巩固和发展社会主义的宝贵经验，不断开创中国特色社会主义事业的新局面。

对改革开放以来我们积累的宝贵经验，胡锦涛先后在党的十七大、纪念党的十一届三中全会召开30周年大会上概括为“十个结合”：把坚持马克思主义基本原理同推进马克思主义中国化结合起来；把坚持四项基本原则同坚持改革开放结合起来；把尊重人民首创精神同加强和改善党的领导结合起来；把坚持社会主义基本制度同发展市场经济结合起来；把推动经济基础变革同推动上层建筑改革结合起来；把发展社会生产力同提高全民族文明素质结合起来；把提高效率同促进社会公平结合起来；把坚持独立自主同参与经济全球化结合起来；把促进改革发展同保持社会稳定结合起来；把推进中国特色社会主义伟大事业同推进党的建设新的伟大工程结合起来，等等。这些经验，是党和人民经过长期实践和艰辛探索得来的，是我们极为宝贵的精神财富，我们必须牢牢记取、坚持运用，并在新的实践中继续加以丰富和发展。

中国特色社会主义理论体系是对马克思列宁主义、毛泽东思想的继承和发展。这一理论体系，坚持马克思主义辩证唯物主义和历史唯物主义的根本方法，创造性地运用它们分析当今世界和当代中国的实际，做出了一系列新的理论概括；坚持马克思主义关于无产阶级政党必须植根于人民的政治立场，贯彻马克思主义的群众观点，对人民群众在实践中创造的新鲜经验进行了理论上的总结和升华；坚持马克思主义与时俱进的理论品质，体现了马克思主义理论创新的巨大勇气。这充分表明，这一理论体系既坚持马克思主义基本原理，又具有鲜明的时代特征，是坚持和发展马克思主义的典范。在当代中国，坚持马克思主义，就必须坚持中国特色社会主义理论体系；坚持中国特色社会主义理论体系，就是真正坚持马克思主义。

实践永无止境，创新永无止境。中国特色社会主义理论体系是不断发展的、开放的理论体系，随着中国特色社会主义实践的不断深化，这个理论体系还将不断得到丰富和发展，并在实践中发挥重要的指导作用，更加焕发出当代中国马克思主义的强大生命力、创造力和感召力。

（三）关于中国特色社会主义理论体系的最新成果

中国特色社会主义理论体系是不断发展的理论体系，党的十八大以来，习近平从时代和全局高度，围绕改革发展稳定、内政外交国防、治党治国治军发表了一系列重要讲话。科学地回答了当代中国面临的一系列重大问题，鲜明地指出了新形势下党治国理政的一系列重要方略，特别是“四个全面”战略布局，开拓了马克思主义发展的新境界，是中国特色社会主义理论体系的最新成果，是指导具有许多新的历史特点的伟大斗争最鲜活的马克思主义。所以，要重点讲清“四个全面”的有关内容。

1. “四个全面”的形成

“四个全面”的提出，反映了当代中国共产党人的全局视野和战略眼光，是中国共产党治国理政方略与时俱进的新创造。

2012年11月，党的十八大，在党的历史上第一次提出了我国进入全面建成小康社会的决定性阶段，并在党的十六大、党的十七大的全面建设小康社会奋斗目标的基础上，提出了全面建成小康社会的新要求。党的十八大还提出了全面建成小康社会和全面深化改革开放的目标，强调必须以更大的政治勇气和智慧，深化重要领域的改革，坚决破除一切妨碍科学发展的思想观念和体制机制弊端，构建系统完备、科学规范，运行有效的制度体系，使各方面制度更加成熟。

2013年11月，党的十八届三中全会，做出了《中共中央关于全面深化改革若干重大问题的决定》，吹响了全面深化改革的进军号。党的十八届三中全会之所以把全面深化改革作为主题，一是因为党中央要完成十八大提出的各项战略目标和工作部署，必须抓紧推进全面改革；二是因为党的十一届三中全会召开35年来，改革开放的成功实践和伟大成就充分证明，改革开放是党在新的时代条件下带领全国各族人民进行新的伟大革命，是当代中国最鲜明的特色，是决定当代中国命运的关键抉择；三是因为新形势的客观要求，国内外环境都在发生极为广泛而深刻的变化，中国发展面临一系列突出矛盾和挑战，前进道路上还有不少困难和问题。比如：发展不平衡、不协调、不可持续的问题依然突出，科技创新能力不强，产业结构不合理，发展方式粗放，城乡区域发展差距和居民收入分配差距依然较大，等等。解决这些问题，关键在于深化改革，这是新任务的客观要求。

2014年10月，党的十八届四中全会，做出了《中共中央关于全面推进依法治国若干重大问题的决定》，开启了全面推进依法治国，加快建设社会主义法治国家的历史进程。党的十八届四中全会以全面推进依法治国为主题，一是因为党的十八大提出了全面建成小康社会的奋斗目标，其中建设社会主义法治国家是全面小康目标之一；二是因为党的十八届三中全会对全面深化改革做出了顶层设计，其中之一是建设法治中国，坚持依法治国、依法执政、依法行政共同推进，法治国家、法治政府、法治社会一体化建设。实现这个目标，需要在法治上提供保障；三是因为全面建成小康社会进入决定性阶段，改革进入攻坚期和深水区。我们党面对的改革发展任务之重前所未有，矛盾风险挑战之多前所未有，依法治国在党和国家工作全局中的地位更加突出，作用更加重大。

2014年10月，习近平在党的群众路线教育实践活动总结大会的讲话中，在总结了开展党的群众路线教育实践活动取得的重要成果和重要经验的基础上，特别强调了两点：一是在新的历史起点上坚持和发展中国特色社会主义，我们党面临的执政考验、改革开放考验、市场经济考验和外部环境考验是长期的、复杂的和严峻的。精神懈怠危险、能力不足危险、脱离群众危险和消极腐败危险更加尖锐地摆在全党面前；二是历史使命越光荣，奋斗目标越宏伟，执政环境越复杂，我们就越要增强忧患意识，越要从严治党，使我们党永远立于不败之地。所以，2014年12月，习近平在江苏调研时强调，要主动把握和积极适应经济发展新常态，协调推进全面建成小康社会、全面深化改革、全面推进依法治国、全面从严治党，推动改革开放和社会主义事业迈上新台阶。这是习近平第一次提出"四个全面",并强调协调推进"四个全面"。意味着"四个全面"相互联系,不可分割。

至此,全面建成小康社会、全面深化改革、全面依法治国和全面从严治党都已经明确提出。之后,习近平在论述"四个全面"的相互关系时指出:全面建成小康社会是我们的战略目标,全面深化改革、全面依法治国、全面从严治党是三大战略举措。更具体地说:全面建成小康社会,是党和国家的奋斗目标;全面深化改革是我们推进实现全面建成小康社会目标的根本发展动力;全面依法治国,是推进全面建成小康社会目标的根本法治保障,全面从严治党则是推进全面建成小康社会目标的政治保证。

"四个全面"是习近平任总书记两年多来,经过酝酿,深思熟虑形成的。"四个全面"相辅相成,相互促进,是我们党治国理政方略与时俱进的新创造,是马克思主义与中国实践相结合的新飞跃。

2. "四个全面"战略布局的科学内涵

(1)全面建设小康社会的科学内涵。主要有三个方面。

第一,所涵盖的领域更加全面。包括经济、政治、文化、社会、生态文明五个方面。经济持续健康发展,人民民主不断扩大,文化软实力显著增强,人民生活水平全面提高,资源节约型、环境友好型社会建设取得重大进展,要实现社会主义物质文明、精神文明、政治文明全面协调发展。

第二,所覆盖的人群更加全面,要在2020年全国总体达到小康的基础上,使所有人群都实现小康。

第三,所要达到的水平更高。全面建成小康社会,不仅要覆盖全部领域和人群,而且要使所有人群在所有领域达到更高水平。

(2)全面深化改革的科学内涵。主要有四个方面。

第一,明确了全面深化改革的总目标。党的十八届三中全会做出的《中共中央关于全面深化改革若干重大问题的决定》明确指出:"全面深化改革的总目标是完善和发展中国特色社会主义制度,推进国家治理体系和治理能力现代化",从而为全面深化改革和各领域、各方面的改革确定了目标取向。

第二,改革范围更加全面。改革从经济领域向政治、文化、社会、生态文明等领域逐步扩展。党的十八届三中全会提出全面深化改革,包括:经济体制、政治体制、文化体制、社会体制、生态文明体制等五大领域的改革,以及国防、军队改革及党的建设制度改革,在每一个领域又涉及各方面改革，形成党和国家事业发展各领域、各方面、全覆盖的改革总体部署。

第三，改革层次向纵深推进。当前，中国改革进入攻坚期和深水区。全面深化改革就是要把各领域改革持续向纵深推进，敢于啃硬骨头，要解决深层次矛盾，突破体制性障碍和阻力。

第四，统筹推进改革。要注重改革的系统性、整体性、协同性，统筹部署，协调推进各领域各方面的改革。

（3）全面依法治国的科学内涵。主要包括三个方面。

第一，明确了全面依法治国的总目标。党的十八大报告，围绕全面建成小康社会，确立了中国法治建设的总目标。那就是，到 2020 年，“依法治国基本方略全面落实，法治政府基本建成，司法公信力不断提高，人权得到切实尊重和保障”。党的十八届四中全会做出的《中共中央关于全面推进依法治国若干重大问题的决定》指出：“全面推进依法治国，总目标是建设中国特色社会主义法治体系，建设社会主义法治国家。”

第二，体现了中国社会主义法治道路、法治理论和法治体系的统一。全面依法治国包含走中国特色社会主义法治道路，发展和贯彻中国特色社会主义法治理论，建设中国特色社会主义法治体系。

第三，做出了推进法治建设的工作布局。党的十八届四中全会做出的《中共中央关于全面推进依法治国若干重大问题的决定》强调：要坚持依法治国、依法执政、依法行政共同推进，坚持法治国家、法治政府、法治社会一体建设，实现科学立法、严格执法、公正司法、全民守法。

（4）全面从严治党的科学内涵。主要表现为四个方面。

第一，内容的全面性。从党的建设的各个方面，包括思想建设、组织建设、作风建设、反腐倡廉建设和制度建设，加强从严治党，增强党的自我净化、自我完善、自我革新、自我提高的能力。

第二，对象的全体性。全面从严治党，就是要对全体党员和各级党组织严格管理，从每位普通党员到每位党的高级领导干部，从基层党组织到党的领导机关，都要按照从严治党的要求，加强教育，严格管理，严格监督，做到管到位上，严到份上。

第三，措施的长期性。全面从严治党的各项措施不是活动一阵风，而是要常抓不懈，成为一种新常态。

第四，推进的综合性。就是要按照习近平在党的群众路线教育实践活动总结大会上强调的，落实从严治党责任，坚持思想建党和制度建党紧密结合，严肃党内政治生活，坚持从严管理干部，持续深入改进作风，严明党的纪律，发挥人民监督作用，深入把握从严治党规律八个方面，全方位推进从严治党。

3. “四个全面”战略布局的主要特征

“四个全面”战略布局是以习近平同志为核心的党中央把握大局，审时度势，提出推进中国社会主义现代化进程和中国特色社会主义事业的新的重大战略思想。具有四点主要特征：

第一，明确目标指向。在“四个全面”战略布局中，“全面建成小康社会”发挥明确的目标导向作用。

第二，清晰的战略思路。全面建成小康社会和实现中华民族伟大复兴中国梦的目标导向，规定解决各种矛盾问题、推动社会发展进步的根本路径。党的十八大以来，全面深化改革、全面依法治国、全面从严治党三个方面都已经形成清晰的规划和布局。

第三，深远的全局思维。“四个全面”是以习近平为核心的党中央基于对国内外发展形势的科学判断而提出的，体现了深邃的战略性、全局性的思维。一是有效统筹国内各方面的发展，二是有效统筹国际大势，三是有效统筹治党与治国。

第四，强烈的担当精神。“四个全面”展示了中国共产党人强烈的政治自信和责任担当。一是表现对实现民族复兴的追求，二是表现为攻坚克难的精神，三是表现为对巩固共产党执政地位和更好地为人民服务的担当。

（四）如何科学理解解放思想、实事求是、与时俱进、求真务实之间的关系

实事求是内在地包含一切从实际出发、理论联系实际、在实践中检验真理和发展真理的内容。实事求是还内在地包含着解放思想、与时俱进、求真务实等内容。

要做到实事求是，必须解放思想。邓小平指出：我们讲解放思想，是指在马克思主义的指导下打破习惯势力和主观偏见的束缚，研究新情况，解决新问题。

要做到实事求是，必须与时俱进。江泽民指出：坚持马克思主义，决不能采取教条主义、本本主义的态度，而应该采取实事求是、与时俱进的科学态度，坚持一切从发展变化着的实际出发，把马克思主义看作是不断随着实践的发展而发展的科学。

要做到实事求是，还必须求真务实。胡锦涛指出：认识规律、把握规律、遵循和运用规律，是坚持求真务实的根本要求。大兴求真务实之风，就是为了使我们在推进各项工作时，能够更好地把握规律性、增加主动性、减少盲目性、克服片面性。

党在不同时期根据不同实践环境和具体任务，针对在贯彻实事求是的思想路线中存在的突出问题，分别突出强调解放思想、与时俱进、求真务实等，其目的和归宿，都是实事求是。它们既反映了党的思想路线的实质的一脉相承性，又体现了结合实践发展在具体表现方面的时代特征。

二、教学难点

（一）如何正确理解马克思主义中国化理论成果既一脉相承又与时俱进的关系

这个问题是让学生了解马克思主义中国化各项理论成果之间的关系，因为只有深入了解各项成果之间的关系，才能让学生掌握相关内容，明确各成果的指导意义。

马克思主义中国化是一个历史过程，中国化的马克思主义是这个过程中的理论成果。中国共产党在马克思主义中国化的进程中，先后产生了毛泽东思想和中国特色社会主义理论体系。这些理论成果都是马克思主义同中国实际和时代特征相结合的产物，都是中国化的马克思主义，都是中国共产党集体智慧的结晶，都是党必须长期坚持的指导思想。

第一，毛泽东思想是中国特色社会主义理论体系的重要思想渊源。毛泽东思想所蕴含的马克思主义的立场、观点和方法，为中国特色社会主义理论体系提供了基本遵循。而实事求是、群众路线、独立自主是毛泽东思想活的灵魂，也贯穿于中国特色社会主义理论体系之中。

第二，中国特色社会主义理论体系在新的历史条件下，进一步丰富和发展了毛泽东思想。中国特色社会主义理论体系是中国共产党在改革开放的历史新时期的理论创新成果，它紧密结合中国改革开放和社会主义现代化建设的实际，紧密结合新的时代条件，在认真总结中国社会主义建设历史经验和最新经验的基础上，创造性地提出了一系列新思想、新观点、新论断，进一步丰富和发展了马列主义和毛泽东思想。

第三，毛泽东思想和中国特色社会主义理论体系都是马克思列宁主义在中国的运用和发展，是马克思列宁主义基本原理同中国具体实际相结合的产物，马克思列宁主义是这两大理论的共同理论基础。

（二）实事求是是马克思主义中国化理论成果的精髓

马克思主义中国化的各项理论成果，其精髓都是实事求是。无论是毛泽东思想、邓小平理论，还是“三个代表”重要思想，从严格意义上说，它们的精髓都是实事求是。这是哲学层面的最高抽象，是马克思主义中国化理论成果的世界观和方法论的集中概括。

在理解实事求是是马克思主义中国化理论成果的精髓时，可以有两个角度：

第一，从历史的角度说，实事求是是马克思主义中国化理论成果形成和发展的历史起点。也就是说，正是由于把握和运用了实事求是这一精髓，才有了毛泽东思想、邓小平理论、“三个代表”重要思想等的创立和发展，才有党的十六大以来的理论创新。

第二，从理论的角度说，实事求是是马克思主义中国化各项理论成果的逻辑起点。也就是说，实事求是体现在马克思主义中国化各个理论成果基本内容的各个方面。

（三）关于理论创新

这里重点讲清对“理论创新”问题的科学把握。

第一，为什么要不断地推进理论创新？坚持实事求是的思想路线，就要大力弘扬与时俱进精神，不断推进理论创新，不断开拓马克思主义发展的新境界。实践基础上的理论创新是社会发展和变革的先导，要通过理论创新推动制度创新、科技创新、文化创新以及其他各方面的创新，为各方面的创新提供指导。在所有的创新中，理论创新是基础、是关键；其他一切创新都是在理论创新的指导和推动下进行的。要使党和国家的事业不停顿，首先理论上不能停顿。否则，我们就会落伍，我们党就有丧失先进性和领导资格的危险。

第二，如何实现理论创新？在理论创新问题上，首先，要坚持正确的方向和思想方法，使我们的思想和行动符合社会主义初级阶段的国情和时代发展的要求。科学地对待马克思主义，坚持以马克思主义为指导，坚持马克思主义的立场、观点和方法。其次，理论创新必须服务于、落脚于实践创新。理论创新不是为新而新，而完全是为了研究新情况、解决新问题。最后，理论创新必须建立在求实的基础上，要大力弘扬求真务实的精神，大兴求真务实之风。此外，在理论创新问题上需要注意的是，并非任何标新立异的观点都是理论创新。

（四）解放思想是发展中国特色社会主义的一大法宝

1. 解放思想是党的思想路线的本质要求，是实现实事求是的前提条件

只有解放思想，坚持实事求是，一切从实际出发，理论联系实际，才能不断推进马克思主义中国化，我们的社会主义现代化建设才能顺利进行。回顾我们的奋斗历程，特别是改革开放30多年来的历程，我们在实践上的每一个重大发展，理论上的每一个重大突破，工作上的每一个重大进步，都是解放思想的结果。正因为不断地解放思想，中国特色社会主义理论体系才得以形成、发展和进一步完善。

解放思想是常提常新的事情。在当前的国际国内形势下，中国发展面临的机遇前所未有，同时面对的挑战也前所未有，在我们前进的道路上，既有许多有利的条件，也有不少不利的因素。特别是，中国社会主义的自我完善和发展还有许多重大课题需要进一步探索和回答，还有大量工作要做。这就需要我们在实践中去探索，在实践中找到解决的办法。

2. 解放思想是发展中国特色社会主义的思想保证

在新世纪，深入贯彻落实科学发展观，我们必须着力转变不符合科学发展观的思想观念，着力解决影响和制约科学发展的突出问题，把全社会的发展积极性引导到科学发展上来，把科学发展观贯彻落实到经济社会发展的各个方面。我们只有坚持解放思想，才能科学分析中国全面参与经济全球化的新机遇、新挑战，全面认识工业化、信息化、城镇化和国际化深入发展的新形势、新任务，把握我国发展面临的新课题、新矛盾，正确制定适应时代要求和人民愿望的方针政策，奋力开创中国特色社会主义事业的新局面。

总之，只要我们坚持解放思想、实事求是、与时俱进，那么，中国特色社会主义的道路就一定会越走越宽广。

三、怎么讲

（1）介绍马克思主义中国化的提出、科学内涵及其发展，马克思主义中国化两大理论成果及其关系。重点讲清马克思主义中国化的科学内涵，使学生掌握其内涵本质，以及马克思主义中国化的两大理论成果和两大理论成果的内在联系。

（2）介绍毛泽东思想的形成和发展、主要内容和活的灵魂。重点讲清毛泽东思想活的灵魂。

（3）介绍中国特色社会主义的形成和发展、主要内容以及最新成果。重点讲清并让学生掌握中国特色社会主义理论体系的主要内容，中国特色社会主义理论体系的最新成果，尤其是“四个全面”的提出、内容和特征。

（4）介绍实事求是思想路线的科学内涵，实事求是是马克思主义中国化理论成果的精髓；重点讲清解放思想、实事求是和与时俱进的关系，让学生理解实事求是是马克思主义中国化理论成果的精髓。

（作者：谷军，马克思主义中国化教研室副教授）

第二章　新民主主义革命理论

一、教学重点

（一）新民主主义革命的总路线

中国共产党在新民主主义革命时期的总路线，是在总结新民主主义革命实践经验的基础上制定的，反映了中国革命的基本规律，指明了中国革命的对象、动力、领导力量、依靠力量和发展前途。1939 年，毛泽东在《中国革命和中国共产党》一文中，第一次提出了“新民主主义革命”的科学概念和“总路线”的基本内容。1948 年，他在《在晋绥干部会议上的讲话》中完整地表述了总路线的内容，即无产阶级领导的，人民大众的，反对帝国主义、封建主义和官僚资本主义的革命。

1. 新民主主义革命的对象

近代中国社会的性质和主要矛盾，决定了中国革命的主要敌人就是帝国主义、封建主义和官僚资本主义。

帝国主义是中国革命最主要的敌人。帝国主义列强侵入中国的目的，绝不是把封建的中国变成资本主义的中国，而是把中国变成它们的半殖民地和殖民地。帝国主义列强以武力打败中国，成为近代中国一切灾难和祸害的总根源，也是阻碍中国独立发展的根本原因。

封建主义是中国革命的另一个对象。封建剥削制度是帝国主义统治中国的主要支柱和封建军阀实行专制统治的社会基础，封建主义的统治也是经济现代化和政治民主化的主要障碍，是中华民族前进的拦路虎。由于封建主义的黑暗统治和封建压迫的残酷性，使中国人民的贫困程度世界罕见。反对封建主义，从政治上讲就是要消灭地主、军阀和官僚资本主义的统治；从经济上讲就是要消灭封建剥削制度，消灭地主阶级的土地所有制。

官僚资本主义也是革命的对象之一。中国的官僚资本主义和官僚资产阶级不仅不代表中国社会中的先进生产力和生产关系，反而同外国帝国主义和本国封建阶级密切结合，具有买办性、封建性和垄断性，是社会生产力发展的最主要障碍。必须指出，新民主主义革命不是一般的反对资本主义和资产阶级，而是只反对资本主义中的官僚资本主义和资产阶级中的官僚资产阶级。没收官僚资本不仅有新民主主义革命的性质，也具有社会主义革命的性质。

2. 新民主主义革命的动力

新民主主义革命的动力是工人阶级、农民、城市小资产阶级和民族资产阶级，而根本的动力是工人和农民。中国无产阶级是中国革命最基本的动力。农民是中国革命的主力军，是无产阶级最可靠的同盟军。农民占中国人口的绝大多数，占全国人口80%的农民是人民大众的主体，是无产阶级最可靠的同盟军。农民问题是中国革命的中心问题。城市小资产阶级，包括广大的知识分子、小商人、手工业者和自由职业者，同样受帝国主义、封建主义和官僚资本主义的压迫。因此，城市小资产阶级同样是中国革命的动力之一。民族资产阶级是一个带有两面性的阶级。它虽然也是新民主主义革命的动力之一，但既不能充当革命的主要力量，更不可能是革命的领导力量。

3. 新民主主义革命的领导

无产阶级的领导权是中国革命的中心问题，也是新民主主义革命理论的核心问题。区别新旧两种不同范畴的民主主义革命，根本标志是革命的领导权掌握在无产阶级手中还是掌握在资产阶级手中。中国无产阶级同世界各国无产阶级一样，不占有任何生产资料，富于组织性和纪律性，是历史上最进步的阶级。中国无产阶级除了世界各国无产阶级的一般优点外，还有其特殊优点，这主要是：第一，中国无产阶级深受帝国主义、封建主义和资本主义的三重压迫，中国无产阶级更富于革命的彻底性和坚决性。第二，中国的产业工人大多来自于破产的农民，便于和农民结成天然的联盟。第三，中国无产阶级人数虽不多，但主要集中在沿海、沿江大中城市，易于形成强大的战斗力。中国无产阶级的这些特点必然使它成为近代中国一个特别能战斗的最革命的阶级，能够担负起领导中国革命的重任。无产阶级对中国革命的领导是通过自己的政党来实现的。

（二）新民主主义的基本纲领

1. 新民主主义的政治纲领

新民主主义的政治纲领是建立一个无产阶级领导的、以工农联盟为基础的、各革命阶级联合专政的新民主主义共和国。新民主主义共和国的国体是各个革命阶级的联合专政。国体即国家的阶级类型，是指社会各阶级在国家中的地位。新民主主义共和国的政体是民主集中制的人民代表大会制。政体即政权的组织形式，是指一定的社会阶级采取何种形式来组织反对敌人、保护自己的政权机关。

2. 新民主主义的经济纲领

新民主主义经济纲领的主要内容是：没收封建地主阶级的土地归农民所有，没收官僚资产阶级的垄断资本归新民主主义的国家所有，保护民族工商业。

农民问题是中国革命的中心问题，而农民问题首要的是土地问题，土地革命是民主革命的基本内容。在井冈山时期，中国共产党基本形成了一条正确的土地革命路线。抗日战争时期，中国共产党的土地政策是减租减息。解放战争时期明确提出了土地改革的总路线和总政策：依靠贫雇农，团结中农，有步骤、有分别地消灭封建剥削制度，发展农业生产。几亿农民消灭了封建的生产关系，获得彻底解放，完成了中国历史上的伟大变革。

以蒋、宋、孔、陈四大家族为代表的官僚资本约占全国工业资本总额的2/3，占全国工矿、交通运输业固定资产的80%，这个垄断资本和国家政权结合在一起，并同外国帝国主义、中国地主阶级结合在一起，控制着全国的金融机构，垄断了全国的经济命脉，成为买办的、封建的、垄断的资本主义，是国民党反动政权的经济基础。它不仅压迫工人、农民，而且压迫城市小资产阶级，损害中等资产阶级的利益，严重阻碍中国社会生产力的发展。没收官僚资本是新民主主义革命的目标之一。

中国共产党对民族资本主义采取保护的政策。在近代中国，民族资本主义经济是一种比较进步的生产关系，民族工商业同官僚资本有本质上的不同。民族资产阶级有着两面性，是我们团结的对象。此外，民族工商业在中国社会经济中占有重要地位，保护和发展它们，对解放区的建设、人民生活的改善和支援长期的革命战争都具有十分重要的意义。

3. 新民主主义的文化纲领

新民主主义的文化就是无产阶级领导的人民大众的反帝反封建的文化，是无产阶级领导的民族的、科学的、大众的文化。新民主主义文化具有三大特点：

第一，新民主主义文化是民族的，强调的是文化的民族形式。这种文化反对帝国主义压迫和奴化思想，主张中华民族的尊严和独立。

第二，新民主主义文化是科学的，强调的是科学的内容。这种文化反对一切封建思想和迷信思想，主张实事求是、理论和实践的统一。

第三，新民主主义文化是“大众的”，强调的是文化的大众方向。这种文化应该为全民族90%以上的工农大众服务，因此是最民主的文化。

二、教学难点

（一）新民主主义革命的性质、前途和道路

1. 新民主主义革命的性质和前途

毛泽东指出：“决定革命性质的力量，是主要的敌人和主要的革命者两方面。”中国革命的主要敌人是帝国主义和封建主义，中国革命的任务是反帝反封建，这就决定了中国革命的资产阶级民族民主革命的属性。

同样属于资产阶级民主革命，无产阶级领导的新民主主义革命和资产阶级领导的旧民主主义革命的区别在于三个“不同”：第一，领导阶级不同。五四运动之前，中国民主革命的政治指导者是中国的资产阶级。之后，中国民主革命的领导者是无产阶级。第二，时代不同。由于十月社会主义革命改变了世界历史的方向，划分了整个世界历史的时代，此后殖民地半殖民地国家发生的反对帝国主义的革命，已不再属于旧的世界资产阶级革命的范畴，而是属于世界无产阶级社会主义革命的范畴。第三，指导思想不同。五四运动之前，中国革命的指导思想主要是西方资产阶级民主思想。五四运动以后，马克思主义成为中国的革命的指导思想。

新民主主义革命的前途是社会主义。毛泽东根据中国半殖民地半封建的社会性质，认为中国革命必须分两个步骤：第一步，民主革命，先改变半殖民地半封建的社会形态，使中国成为一个独立的、民主的新民主主义国家；第二步，社会主义革命，使革命继续向前发展，建立一个消灭阶级、消灭剥削的社会主义社会。民主革命是社会主义革命的必要准备，社会主义革命是民主革命的必然趋势。只有既认清民主革命和社会主义革命的区别，又认清民主革命和社会主义革命的联系，才能正确领导中国革命。在党的历史上，“左”倾教条主义的“一次革命论”的错误在于，只看到了民主革命与社会主义革命的联系，而混淆了民主革命和社会主义革命的区别。而右的“二次革命论”的错误在于，只看到了民主革命和社会主义革命的区别，而没有看到两个革命阶段的联系。

2. 新民主主义革命的道路

中国革命必须走农村包围城市、武装夺取政权的道路，这是由中国的具体国情决定的。在近代中国半殖民地半封建的社会里，内无民主制度而受封建主义的压迫；外无民族独立而受帝国主义的压迫。中国的无产阶级根本不可能像在资本主义国家那样，先在城市经过长期的、公开

的合法斗争，然后再组织武装起义、夺取政权。中国革命的主要斗争形式只能是武装斗争，以革命的武装消灭反革命的武装。

中国走农村包围城市、武装夺取政权的道路具有现实的可靠性。近代中国是一个政治、经济、文化发展极不平衡的半殖民地半封建的大国，这是农村革命根据地能够在中国存在和发展的根本原因。红色政权首先发生和能够长期存在的地方，往往是在那些受过大革命影响，曾经有过高涨的革命群众运动的地方，为农村革命根据地的建立奠定了较好的群众基础。全国革命形势的继续向前发展，是中国红色政权能够存在和发展的又一重要的客观条件。而红军的存在，党的领导及其正确的政策，则是红色政权能够存在和发展的主观原因和条件。中国革命走农村包围城市、武装夺取政权的道路，必须处理好土地革命、武装斗争、根据地建设三者之间的关系。土地革命是民主革命的中心内容；武装斗争是中国革命的主要形式，是农村革命根据地建设和土地革命的强有力保证；农村革命根据地是中国革命的战略阵地，是进行武装斗争、开展土地革命的依据。要在中国共产党的领导下，实现土地革命、武装斗争、根据地建设三者的密切结合和有机统一。

中国革命道路理论，反映了中国革命发展的客观规律，是指导革命取得胜利的唯一正确的理论。它独创性地发展了马克思列宁主义关于革命的理论。它是解决中国革命具体问题的光辉典范，对于推进马克思主义中国化具有重要的方法论意义。

（二）新民主主义革命的基本经验

统一战线，武装斗争和党的建设，是中国共产党在中国革命中战胜敌人的三个法宝，三个主要的经验。

1. 统一战线

统一战线问题是无产阶级政党策略思想的重要内容。中国共产党领导的革命统一战线包含着两个联盟：一个是工人阶级同农民、广大知识分子及其他劳动者的联盟，主要是工农联盟；另一个是工人阶级和非劳动人民的联盟，主要是与民族资产阶级的联盟。第一个联盟是统一战线的基础和依靠，只有巩固的工农联盟，才能实现党对统一战线的领导权。新民主主义革命时期，党领导的统一战线，先后经过了第一次国共合作的统一战线、工农民主统一战线、抗日民族统一战线和人民民主统一战线等几个时期，积累了丰富的经验。其中最根本的经验就是正确处理好与资产阶级的关系。党在统一战线的实践中，必须坚持独立自主的原则，保持党在思想上、政治上和组织上的独立性。

2. **武装斗争**

在半殖民地半封建的旧中国，无产阶级和广大人民群众无议会可以利用，无组织工人举行罢工的合法权利。人民只有武装起来，以武装的革命反对武装的反革命。中国革命的胜利，主要是依靠中国共产党领导的与广大人民群众血肉相连的完全新型的人民军队，通过长期人民战争战胜强大敌人取得的。坚持武装斗争必须建立一支人民军队，没有一支人民的军队，便没有人民的一切，就不可能有人民的解放和国家的独立。坚持党对军队的绝对领导，是建设新型人民军队的根本原则，人民军队以全心全意为人民服务为唯一宗旨。

3. **党的建设**

半殖民地半封建的中国是一个以农民为主体的国度，无产阶级人数很少，农民和小资产阶级出身的党员占多数。各种非无产阶级思想，特别是小资产阶级思想必然反映到党内来。这种情况决定了中国要建设一个广大群众性的、马克思主义的无产阶级政党，是一项艰巨的任务，也是一项伟大的工程。加强党的建设，必须把思想建设始终放在首位，同时，必须加强党的组织建设和作风建设，必须把党的建设同党的政治路线紧密联系起来。党在领导新民主主义革命的过程中，逐步形成了理论和实践相结合的作风、和人民群众紧密地联系在一起的作风以及批评与自我批评的作风，这是中国共产党区别于其他政党的显著标志。

三、怎么讲

（1）讲清楚新民主主义革命总路线的由来及主要内容。

（2）讲清楚新民主主义革命的基本纲领的主要内容。

（3）重点分析新民主主义革命的性质、前途、道路和经验。

（作者：李久林，中国近现代史纲要教研室教授；
匡长福，中国近现代史纲要教研室副教授）

第三章　社会主义改造理论

一、教学重点

（一）理解新民主主义社会的过渡性质

废除半殖民地半封建社会制度的社会就是新民主主义社会，这种社会在新中国成立以前的各解放区就建立起来了，不过只是局部的。而我们通常所说的新民主主义社会是指从中华人民共和国成立到社会主义改造基本完成这一过渡时期。这一时期的新民主主义社会不是一个独立的社会形态，而是一种向社会主义社会过渡的社会。

新民主主义社会存在国营经济、合作社经济、个体经济、私人资本主义经济和国家资本主义经济五种经济成分。其中，合作社经济是个体经济向社会主义集体经济过渡的形式，国家资本主义经济是私人资本主义经济向国营经济过渡的形式，所以，主要的经济成分是三种，即社会主义经济、个体经济和私人资本主义经济。而个体经济又是处于十字路口的经济，它既可以被引导着走向社会主义，也可以自发地走向资本主义。这样，三种基本的经济成分及与之相应的三种阶级力量（工人阶级、农民及其他小资产阶级、资产阶级）之间的矛盾，就集中地表现为无产阶级与资产阶级的矛盾、社会主义与资本主义的矛盾。

二、资本主义工商业社会主义改造的具体途径

1. 国家资本主义

国家资本主义经济是在人民政府管理之下的，通过各种形式和国营社会主义经济联系着的，并受工人监督的资本主义经济。它有初级形式和高级形式的区别。初级形式的国家资本主义企业仍由资本家经营，它同国营社会主义经济通过订立合同等办法，在企业外部建立了这样那样的联系。在工业中的联系形式有收购、加工、订货、统购和包销；商业中的联系形式有经销、代销、代购代销和公私联营等。高级形式的国家资本主义就是公私合营。

2. 和平赎买

所谓赎买，就是国家有偿地将私营企业改变为国营企业，将资本主义私有制改变为社会主义公有制。赎买的具体方式不是由国家支付一笔

巨额补偿资金，而是让资本家在一定年限内从企业经营所得中获取一部分利润。中国之所以能够采取赎买的方式对资本主义工商业进行和平改造是因为：首先，民族资产阶级具有两面性。在社会主义革命阶段，民族资产阶级既有剥削工人取得利润的一面，又有拥护宪法、愿意接受社会主义改造的一面。其次，中国共产党与民族资产阶级长期保持着统一战线的关系，这就为将工人阶级和民族资产阶级的对抗性矛盾转化为非对抗性的矛盾，并按照人民内部矛盾处理提供了前提。再次，中国已经有了以工人阶级为领导、工农联盟为基础的人民民主专政的国家政权，建立了强大的社会主义国营经济并掌握了国家的经济命脉，这就造成了私人资本主义在政治上、经济上对社会主义的依赖。再加上国家对粮食和工业原料的统购统销，以及资本主义企业中工人群众对资本家的监督等因素，这样，就使私人资本主义企业只能接受社会主义改造。

三、社会主义改造的历史经验

在进行社会主义改造、向社会主义社会过渡的进程中，中国共产党积累了丰富的历史经验。

1. 坚持社会主义工业化建设与社会主义改造同时并举

实现以社会主义工业化为主体，以商业社会主义改造为两翼，对农业、手工业和资本主义工商业的社会主义改造，是党在过渡时期总路线的明确要求。实践证明，党坚持社会主义改造与社会主义工业化同时并举的方针，对于在深刻的社会变革中保持社会稳定，逐步改善人民生活，推动社会发展都具有十分重要的意义。两者并举，使社会主义工业化和社会主义改造紧密结合，体现了解放生产力与发展生产力、变革生产关系与发展生产力的有机统一。

2. 采取积极引导、逐步过渡的方式

中国对农业、手工业和资本主义工商业的改造采取了区别对象，用不同的办法积极引导、逐步过渡的方式。中国的这场巨大而深刻的社会变革，不仅没有对生产力的发展造成破坏，而且促进了生产力的发展。在农业社会主义改造方面，通过互助合作化的途径，逐步把个体农民的生产资料私有制改造成为社会主义集体所有制。在手工业改造方面，由手工业生产小组、手工业供销合作社到手工业生产合作社。在资本主义工商业改造方面：第一步是把私人资本主义企业转变为国家资本主义企业；第二步由国家资本主义企业转变为社会主义企业，两次转变都采取了由初级形式的国家资本主义到高级形式的国家资本主义逐步过渡的

方法。

3. 进行和平改造

在社会主义改造之前，无论是资本主义工商业，还是农民和手工业者的个体所有制，都具有私有制的性质。在农业社会主义改造方面，用事实向农民表明合作化的好处和给农民带来的利益，使农民拥护党的政策。手工业者的情况和农民基本相同。同时以和平赎买的方法完成了对资本主义工商业的社会主义改造，并把对资本主义企业的改造和对资本家个人的改造结合在一起进行。对资本家实行团结、教育和改造的方针，不仅稳定了资本家的思想，提高了他们的认识，保证了改造的顺利进行，而且将几十万的资本家改造成自食其力的劳动者。这不仅保证了社会的稳定，而且极大地促进了社会主义事业的发展。

在中国社会主义改造的历史上有两个罕见的历史事实：一是在一个几亿人口的大国中比较顺利地实现了如此复杂、困难和深刻的社会变革，不仅没有造成生产力的破坏，反而促进了工农业和整个国民经济的发展；二是这样的变革没有引起巨大的社会动荡，反而极大地加强了人民的团结，并且是在人民普遍拥护的情况下完成的。

二、教学难点

（一）20 世纪 50 年代的中国为什么选择社会主义

实行社会主义改造是实现国家工业化的必要条件。当时中国之所以要着力进行和可以进行社会主义改造，主要有四个方面的原因。

第一，社会主义性质的国营经济力量相对来说比较强大，它是实现国家工业化的主要基础。随着没收官僚资本工作的完成和工业建设的初步开展，中国已经有了比较强大的社会主义性质的国营经济。与私营工业相比，国营企业规模大，技术设备先进，不仅有轻工业，而且有重工业。在劳动生产率等方面，国营企业也优于私营企业。从 1953 年开始的第一个五年计划规定的大型工业建设项目，基本上是由国营经济承担的。这就是说，那时工业建设的发展，首先意味着社会主义性质的国营经济的发展和它在整个国民经济中比重的增加。这是中国选择社会主义的一个基本因素。

第二，资本主义经济力量弱小，发展困难，不可能成为中国工业起飞的基础。据新中国成立初期的统计，69.7% 的工厂只有不到 10 个工人，79.1% 的工厂是工场手工业。虽然也有一些规模比较大、技术设备比较先进的资本主义工业企业，但为数不多。不能设想，在这个基础上，通过一个时期资本主义自身的独立发展，中国就可能成为先进的工业国。

第三，对个体农业进行社会主义改造，是保证工业发展、实现国家工业化的一个必要条件。因为个体农户耕地很少，经营规模十分狭小；而且生产工具严重不足，贫雇农每户平均仅占有耕畜 0.47 头，犁 0.41 部；资金十分短缺。在土改以后，许多地区的农民从发展生产的需要出发，已经在探索组织起来的各种途径，开始有了实行互助合作的实践。这也为对个体农业进行社会主义改造积累了初步的经验。

第四，当时的国际环境也促使中国选择社会主义。中华人民共和国成立以后，长期受到美国等西方资本主义国家经济、外交和军事上的严密封锁和遏制。中国不但不可能从资本主义大国得到什么援助，而且连进行普通的贸易和交往都很困难。当时只有社会主义国家和第二次世界大战后为独立而斗争的国家同情中国。只有苏联能够援助中国。这种国际环境，也是中国选择社会主义的基本因素之一。

（二）怎样评价中国的社会主义改造及与改革的关系

中共中央历来高度评价社会主义改造。《关于建国以来党的若干历史问题的决议》明确指出：“在一个几亿人口的大国中比较顺利地实现了如此复杂、困难和深刻的社会变革，促进了工农业和整个国民经济的发展，这的确是伟大的历史性胜利。”邓小平指出：“建国头七年的成绩是大家一致公认的。我们的社会主义改造是搞得成功的，很了不起。这是毛泽东同志对马克思列宁主义的一个重大贡献。今天我们也还需要从理论上加以阐述。当然缺点也有。从工作来看，有时候在有的问题上是急了一些。”[①] 江泽民认为，全面实现社会主义改造，“消灭剥削制度和剥削阶级，确立了社会主义制度。这是我国几千年来最深刻、最伟大的社会变革”[②]。1999 年 5 月 4 日，胡锦涛在纪念五四运动 80 周年的报告中，再次重申了党对社会主义改造所做的一贯评价。

1953—1956 年，全国工业总产值平均年递增 196%，农业总产值年递增 48%，社会生活多方面明显进步，人民生活水平逐步提高。中国生产资料私有制的社会主义改造，是一场深刻的社会革命。中国共产党把科学社会主义基本原理与中国具体实际相结合，创造性地开辟了一条适

---

① 邓小平文选：第 2 卷［M］．北京：人民出版社，1994：302.

② 中共中央文献研究室．十三大以来重要文献选编：下册［M］．北京：人民出版社，1993：1630.

应中国特点的社会主义改造道路。这些情况说明，我国社会主义改造的基本完成的确是一个伟大的历史性胜利。

诚然，社会主义改造工作也有缺点和偏差。在1955年夏季以后，农业合作化以及对手工业和个体商业的改造要求过急，工作过粗，改变过快，形式也过于简单划一，以致在长时间遗留了一些问题。1956年，资本主义工商业改造基本完成以后，对于一部分原工商业者的使用和处理也不很适当。

实际上，解决这方面的遗留问题，正是改革开放以来所面临的重要任务之一。社会主义改造是社会主义改革的前提，社会主义改革是对社会主义改造的进一步完善和发展。因为没有社会主义改造就没有社会主义，没有社会主义就没有社会主义改革。社会主义改革对社会主义改造的完善主要表现在三个方面：一是发展模式从单一公有制经济到多种所有制经济共同发展；二是公有制实现形式从全民所有、集体所有到合作制、股份制、股份合作制、承包制和租赁制；三是运行方式从计划经济到市场经济。

不过，我们不应当忘记，社会主义改革是在坚持社会主义改造的主要成果即社会主义基本制度的前提下进行的。因此，绝不能把改革与改造从根本上对立起来，以后者否定前者。

三、怎么讲

（1）讲清楚新民主主义社会的性质。

（2）讲清楚社会主义改造的主要内容和历史经验。

（3）重点分析20世纪50年代中国为什么选择社会主义。

（作者：王文鸾，中国近现代史纲要教研室教授；
成林萍，中国近现代史纲要教研室副教授）

第四章 社会主义建设道路初步探索的理论成果

一、教学重点

（一）社会主义建设道路初步探索的重要理论成果和经验教训

中国共产党在初步探索社会主义建设道路的过程中，历经千辛和曲折，在理论上取得了一系列重要成果。

第一，调动一切积极因素为社会主义事业服务的思想。毛泽东在《论十大关系》报告中确定了一个基本方针，就是“努力把党内外、国内外的一切积极因素调动起来”，为社会主义建设服务。

第二，正确认识和处理社会主义社会矛盾的思想。包括社会主义社会是否还存在着矛盾，关于社会主义社会的基本矛盾；关于中国社会的主要矛盾和根本任务；关于社会主义社会存在两类不同性质矛盾的理论；关于正确处理人民内部矛盾的方针。

第三，走中国工业化道路的思想。毛泽东在《论十大关系》报告中论述的第一大关系，便是重工业、轻工业和农业的关系。在《关于正确处理人民内部矛盾的问题》一文中，毛泽东提出了中国工业化道路的问题，主要是指重工业、轻工业和农业的发展关系问题，要走一条有别于苏联的中国工业化道路。

第四，初步探索的其他理论成果。包括社会主义发展阶段，社会主义现代化建设的战略目标和步骤等。这些成果为开创中国特色社会主义提供了宝贵经验和理论准备，丰富了科学社会主义的理论与实践。

（二）社会主义建设道路初步探索的经验教训

党对社会主义建设的初步探索，积累了丰富的经验，同时也留下了深刻的教训。

第一，必须把马克思主义与中国实际相结合，探索适合中国特点的社会主义建设道路。

第二，必须正确认识社会主义社会的主要矛盾和根本任务，集中力量发展生产力。

第三，从实际出发进行社会主义建设，建设规模和速度要与国力相适应，不能急于求成。

第四，必须发展社会主义民主，健全社会主义法制。

第五，必须坚持党的民主集中制和集体领导制度，加强执政党建设。

第六，必须坚持对外开放，借鉴和吸收人类文明成果建设社会主义，不能关起门来搞建设。

总之，经验和教训都是宝贵的财富。

二、教学难点

如何全面认识党对社会主义道路的初步探索是本章的教学难点。

第一，要充分肯定改革开放前党对社会主义建设规律探索的理论成果。

第二，懂得认识社会主义建设的规律必然要经历一个过程。

第三，不能因为党在社会主义建设的探索过程中犯过包括“文化大革命”这样的错误，遭受了重大挫折，而否定“文化大革命”前17年的历史。

三、怎么讲

（1）简单介绍毛泽东的《论十大关系》和《关于正确处理人民内部矛盾的问题》

（2）简单介绍“大跃进”和“文化大革命”的错误。

（3）介绍社会主义建设初步探索的理论成果的重大意义。

（4）重点分析社会主义建设初步探索的经验教训。

（5）讨论如何全面认识党对社会主义道路的初步探索。

（作者：白习凤，马克思主义中国化教研室副教授）

第五章　建设中国特色社会主义总依据

一、教学重点

（一）为什么提出社会主义初级阶段理论

认识国情，重要的是搞清楚现实社会的性质和发展阶段，认识社会的主要矛盾及其变化。

社会主义社会发展阶段问题，是经济文化不发达的国家实现社会主义后提出的新问题，提出并科学地解决这个问题，是我们党对社会主义理论的重大创新。这个问题需要强调的是为什么要提出这个命题，什么样的实践基础使我们能够形成这个理论。

社会主义制度建立以后，如何认清国情、正确判断中国社会所处的历史方位，党一直进行着极其艰苦和有益的探索，但直到党的十一届三中全会以前，总的来说处于不完全清醒的状态。

改革开放以来，中国共产党重新开始了对社会主义发展阶段问题的探索。从党的十一届三中全会到十三大前提到初级阶段问题的有三次：第一次是党的十一届六中全会通过的《关于建国以来党的若干历史问题的决议》；第二次是党的十二大报告；第三次是党的十二届六中全会《关于社会主义精神文明建设指导方针的决议》，但是，三次都没有把社会主义初级阶段提到关系中国特色社会主义全局的基本国情的高度加以认识，没有明确指出这一问题是制定路线、方针、政策的出发点和根本依据。直到党的十三大才把这个问题作为关系全局的根本性问题提出并展开分析，初步形成系统的理论。

改革开放以来，我们之所以能够逐步形成科学的社会主义初级阶段理论，一方面是因为有了建设中国特色社会主义正反两方面的经验；另一方面是为实施改革开放的路线、方针、政策提供理论基础，进一步推进改革开放。

中国处在社会主义初级阶段，是中国共产党和邓小平对当代中国基本国情的科学判断。社会主义初级阶段的基本国情，是从实际出发建设中国特色社会主义的最大实际。

社会主义初级阶段理论是在总结世界社会主义发展，特别是中国社会主义建设曲折发展的历史经验和教训的基础上逐步形成的。提出的具有特定内涵的“社会主义初级阶段”新概念，在马克思主义发展史上是第一次。

在新的历史起点上，坚持和发展中国特色社会主义，仍然要强调总依据，就是因为社会主义初级阶段是当代中国的国情和实际。

社会主义初级阶段理论是马克思主义关于社会主义发展阶段的新论断，是中国特色社会主义理论体系的立论基础，是党制定和执行正确路线、方针、政策的基本出发点，是建设中国特色社会主义的总依据。

（二）社会主义初级阶段党的基本路线

基本路线是党在一定历史时期为解决社会主要矛盾而制定的行动纲领，是总揽全局的根本指导方针。党在社会主义初级阶段的基本路线，是在总结过去制定和贯彻基本路线的经验和教训的基础上，在改革开放和社会主义现代化建设实践的过程中逐步形成的。

党的十三大在科学阐述社会主义初级阶段理论的同时，正式提出了党在社会主义初级阶段的基本路线。党的十七大通过的党章把“和谐”与“富强、民主、文明”写入了基本路线。党的十八大进一步强调，党的基本路线是党和国家的生命线。

建设“富强民主文明和谐的社会主义现代化国家”，是基本路线规定的党在社会主义初级阶段的奋斗目标，体现了社会主义社会在经济、政治、文化和社会全面发展的要求，实现了中国特色社会主义事业总体布局与奋斗目标的有机统一。

“一个中心、两个基本点”是基本路线的主要内容，是实现社会主义现代化奋斗目标的基本途径。“以经济建设为中心”回答了社会主义的根本任务，体现了发展生产力的本质要求。以经济建设为中心的确定，是我党在新时期实现的最根本的拨乱反正。以经济建设为中心是兴国之要，是我们党和国家兴旺发达、长治久安的根本要求。能否坚持以经济建设为中心，是关系到中国社会主义现代化的成败，关系到社会主义的前途和命运的大问题。“坚持四项基本原则”，回答了解放和发展生产力的政治保证问题，体现了社会主义基本制度的要求。四项基本原则是立国之本，是我们党和国家生存发展的政治基石。“坚持改革开放”，回答了社会主义的发展动力和外部条件问题，体现了解放生产力的本质要求。改革开放是强国之路，是我们党和国家发展进步的活力源泉。“一个中心、两个基本点”是一个整体，集中体现了我国社会主义现代化建设的战略布局，揭示了中国特色社会主义的客观规律和发展道路。全面坚持和正确处理“一个中心、两个基本点”的相互关系，是正确认识和处理经济基础与上层建筑之间、生产力与生产关系之间辩证统一关系的内在要求，把以经济建设为中心与坚持四项基本原则、坚持改革开放的两个基本点统一于建设中国特色社会主义的伟大实践中。

“领导和团结全国各族人民”是实现社会主义现代化奋斗目标的领导力量和依靠力量。

“自力更生，艰苦创业”是中国共产党的优良传统，也是实现社会主义初级阶段奋斗目标的根本立足点。

党的基本路线是兴国、立国、强国的重大法宝，是实现科学发展的政治保证，是党和国家的生命线、人民群众的幸福线。

二、教学难点

（一）社会主义初级阶段的长期性

从1956年生产资料私有制的社会主义改造基本完成算起，到21世纪中叶社会主义现代化的基本实现，社会主义初级阶段至少需要100年时间。社会主义初级阶段的长期性，从根本上说是由中国进入社会主义的历史条件和建成社会主义所需要的物质基础决定的。

近代中国特殊的历史条件，决定了中国只能从半殖民地半封建的旧中国，经过新民主主义走向社会主义。历史使我们超越了资本主义充分发展并占主要地位的历史阶段，但是生产力和商品经济的充分发展是无法逾越的。我们必须在社会主义条件下用一个很长的历史阶段，去实现其他国家在资本主义条件下实现的工业化和经济的市场化、社会化、现代化的任务，发展社会主义应有的发达的生产力基础。

社会主义所要求的物质技术基础，是随着生产力的发展、经济和社会现代化水平的提高而不断提高的。现代化是一个动态的过程，现代化的水平和标准是不断提高的。中国要完成工业化和信息化的双重任务，面临着促进经济发展和节约资源、保护环境的双重压力，所有这些，都决定了中国必须经过很长的社会主义初级阶段，才能进入生产力比较发达、社会主义制度比较成熟的阶段。

（二）科学把握中国发展的阶段性特征

社会主义初级阶段是长期性与阶段性统一的动态发展过程。理解社会主义初级阶段，既要认识其发展是一个相当长的历史阶段，又要认识其在长期的发展过程中，必然要经历若干具体的阶段，不同时期会呈现出不同的阶段性特征。

新世纪以来，中国进入了全面建设小康社会、加快推进社会主义现代化建设的新的发展阶段。尽管社会主义初级阶段的基本国情、主要矛盾和中国作为世界上最大发展中国家的国际地位没有变，但是经济和社会发展出现了许多新情况、新变化，显示出了一系列新的阶段性特征。

首先，经济实力显著增强，同时发展中不平衡、不协调、不可持续的问题依然突出。这对加快转变经济发展方式提出了更高的要求。

其次，经济社会发展取得全面进步，同时发展面临新的重大结构性问题，影响发展的体制机制障碍依然存在。这对中国经济社会发展和全面深化改革提出了更高要求。

最后，对外开放日益扩大，面临的国际竞争日趋激烈。这对统筹国内发展和对外开放提出了更高的要求。

只有既牢牢把握社会主义初级阶段的发展阶段，又认真分析不同时期具体的阶段性特征，才能科学判断和准确把握中国社会的具体国情，并且据此制定正确的发展战略和政策。

三、怎么讲

（1）介绍社会主义初级阶段理论的形成和发展过程。

（2）讲清楚社会主义初级阶段理论的内容和意义。

（3）重点分析社会主义初级阶段的长期性。

（4）讲清楚社会主义初级阶段基本路线的内容，重点分析中国发展的阶段性特征。

（作者：宋恩平，马克思主义中国化教研室副教授）

第六章　社会主义本质和建设中国特色社会主义总任务

一、教学重点

（一）邓小平社会主义本质理论的含义

1992年，邓小平在南方谈话中，提出了社会主义的本质是解放生产力、发展生产力，消灭剥削，消除两极分化，最终达到共同富裕。

邓小平对社会主义本质的新概括包含两个方面：一是强调生产力在社会主义本质中的地位。二是突出消灭剥削，消除两极分化，最终达到共同富裕。这体现了社会主义社会生产力与生产关系的统一，建设社会主义的根本任务和根本目标的统一。

邓小平把解放和发展生产力纳入社会主义本质。

发展生产力还有一个解放生产力的问题。改革开放以前，中国原有的经济体制、政治体制和其他方面的体制存在着各种的弊端，束缚了生产力的发展，必须通过改革为生产力的发展开辟出广阔的前景。

突出强调消灭剥削、消除两极分化，最终达到共同富裕，是从生产关系方面来表达社会主义本质的。用共同富裕作为社会主义的目标，体现了马克思主义同当代中国实际的结合，同解放和发展生产力相比，更直接地体现了社会主义同资本主义的根本区别。要实现共同富裕，除了要解决如何解放和发展生产力，不断增加社会物质财富的问题外，从生产关系方面来说，还有一个消灭剥削，消除两极分化，使社会生产力发展的成果为全体人民所享有的问题。

最终实现共同富裕是一个动态的过程。邓小平在表达社会主义本质的时候，使用了“解放”“发展”“消灭”“消除”“达到”这样具有动态性质的概念，表明最终实现共同富裕是一个动态的过程。

社会主义的本质和优越性将伴随着社会生产力的发展和社会主义社会由低级到高级、由不完善到逐步完善的发展过程而逐步地得到充分体现。

（二）解放和发展生产力是社会主义的根本任务

中华人民共和国成立后，毛泽东曾经多次强调社会主义社会的根本任务是发展生产力。但是后来由于党的指导思想上“左”倾错误的不断发展，以阶级斗争为纲取代了发展生产力的根本任务，严重影响了社会主义建设事业的发展。改革开放以来，邓小平在总结历史经验的基础上，一再强调发展生产力的重要性。1992 年提出了“发展才是硬道理”的著名论断，明确指出发展生产力是社会主义的根本任务。

第一，高度发达的生产力是实现社会主义的物质基础。

第二，解放生产力是为促进生产力的发展开辟道路。

第三，解放和发展生产力是中国特色社会主义的根本任务。

（三）社会主义初级阶段的发展战略

中华人民共和国成立以后，以毛泽东为核心的党的第一代中央领导集体提出了在20 世纪内，分两步把中国建设成为“四个现代化”的社会主义国家的构想。但当时无论对中国社会主义所处的发展阶段，还是对现代化的内涵和水平，都缺乏科学的认识，对实现现代化的艰巨性和长期性认识不足。

党的十一届三中全会以后，邓小平开始进一步思考如何从中国具体国情出发实现四个现代化的问题。从 1979 年到 1987 年，经过 8 年的思考和探索，根据对中国社会主义发展阶段的科学分析和正确定位，不断修正、调整战略目标和战略步骤，邓小平为中国制定和完善了分三步走，经过温饱、小康到基本实现现代化的发展战略。

中国在提前实现了“三步走”战略的第一步和第二步战略目标之后，为了把第二步战略和第三步战略很好地衔接起来，党的十五大把“三步走”战略的第三步进一步具体化，提出了三个阶段性目标，从而使“三步走”的战略和步骤更加具体明确。

从“两步走”到“三步走”的发展战略的确定，突出地体现了中国共产党对中国国情认识的深化，体现了中国共产党人一切从实际出发、实事求是、坚持在实践中检验真理和发展真理的品格。

党的十六大进一步提出全面建设小康社会的奋斗目标。党的十八大根据国内外形势的变化，鲜明地提出了全面建成小康社会的主要任务。2012 年，习近平在参观“复兴之路”展览时指出：实现中华民族伟大复兴，就是中华民族近代以来最伟大的梦想。这个梦想，凝聚了几代中国人民的夙愿。

二、教学难点

邓小平提出社会主义本质理论的实践背景是本章教学难点。

第一，从根本上说是因为推进改革开放的需要。党的十一届三中全会以后，实行了改革开放的方针，但是改革开放每前进一步，都会产生一些不同的意见。原因在于实行这些新的经济政策，不仅与过去关于社会主义的传统观念，以及建设社会主义的思路和想法完全不同，而且从表面上看，也使中国的社会经济生活距离实现马克思关于社会主义的一般原理的要求越来越远，仿佛是在从社会主义阵地上向后撤退。从传统的社会主义观念出发，不能不产生一些疑问。应当说，改革开放的实践已经做出了回答。但是，要想真正统一全党的认识，以便理直气壮地把改革开放向前推进，必须从理论上对改革开放的路线和政策的正确性做出科学的说明。这就产生了究竟应当怎样认识社会主义的问题。邓小平提出社会主义本质的概念，正是为了使我们能够按照马克思主义的观点和方法去认识社会主义，以便建设一个真正能够显示出对资本主义具有优越性的社会主义。

第二，社会主义本质论断的提出，是对社会主义进行"再认识"的结果。正是在深刻总结中国社会主义建设正反两方面的历史经验，借鉴了苏联社会主义建设历史经验的基础上，邓小平提出了社会主义本质的理论。传统观念把公有制、按劳分配、计划经济看作社会主义的基本特征，并把社会主义基本特征等同于社会主义。由此必然得出的逻辑结论是：要巩固和发展社会主义，就要努力扩大社会主义公有制、按劳分配和计划经济的范围，努力提高公有化的程度和计划经济的水平，努力创造条件缩小社会主义社会中体现资本主义旧社会残余和痕迹的因素。也就是搞"一大二公"。其结果是穷过渡和以阶级斗争为纲。

三、怎么讲

（1）从什么是社会主义的讨论开始讲，引出社会主义的本质。

（2）介绍邓小平社会主义本质与传统社会主义特征的区别。

（3）重点讲怎么理解社会主义本质。

（4）重点讲社会主义的根本任务。

（5）介绍中国经济社会发展战略：从毛泽东的"两步走战略"到邓小平的"三步走战略"，再到全面小康，再到中国梦。

（作者：白习凤，马克思主义中国化教研室副教授）

第七章　社会主义改革开放理论

一、教学重点

本章教学重点包括六个问题：①改革开放是决定当代中国命运的关键抉择；②改革是一场新的伟大革命；③全面深化改革的总目标；④改革的社会主义性质和方向；⑤对外开放是中国的基本国策；⑥扩大开放要坚持互利共赢战略。其中②④⑤是本章的难点。

改革开放是决定当代中国命运的关键选择，是党的十一届三中全会以来最鲜明的特征。为什么要进行改革？怎样理解改革也是一场新的革命，是社会主义制度的自我完善和发展？如何理解对外开放是建设中国特色社会主义的一项基本国策？扩大开放为什么要坚持互利共赢战略？弄懂这些问题，对全面认识改革开放，推进社会主义现代化建设具有重要意义。

（一）改革开放是决定当代中国命运的关键抉择

改革是生产关系及其具体形式和生产力之间的关系问题，也就是社会主义社会基本矛盾问题。社会主义社会基本矛盾的理论是毛泽东思想的重要组成部分，邓小平给予高度的评价，同时，在总结国内外社会主义建设正反两方面实践经验的基础上进一步丰富和发展了这一理论。

1. 毛泽东认为社会主义社会依然存在着基本矛盾

社会主义社会的基本矛盾仍然是生产关系和生产力之间的矛盾、上层建筑和经济基础之间的矛盾。社会主义社会的基本矛盾也是推动社会主义社会不断前进的根本动力。

社会主义社会的基本矛盾具有“又相适应又相矛盾”的特点，它们之间的矛盾是在基本适应条件下的矛盾，是在人民根本利益一致基础上的矛盾，因而不是对抗性而是非对抗性的矛盾。

社会主义社会基本矛盾的解决可以依靠社会主义自身的力量，通过对生产力和生产关系、上层建筑和经济基础不相适应的方面进行调整得到解决，也就是通过社会主义制度自身解决。

2. 邓小平对社会主义社会基本矛盾理论的丰富和发展

邓小平提出：判断一种生产关系和生产力是否相适应，要从实际出发，具体问题具体分析，主要看它是否适应当时当地生产力的要求，能否推动生产力的发展；提出在社会主义社会依然有解放生产力的问题；把社会主义社会基本矛盾、主要矛盾和根本任务统一起来；指出了解决社会主义初级阶段主要矛盾的途径是改革。邓小平说："二十年的经验尤其是'文化大革命'的教训告诉我们，不改革不行，不制定新的政治的、经济的、社会的政策不行。"①

3. **习近平提出，改革开放是实现中华民族伟大复兴的关键一招**

习近平指出："改革开放是党在新的历史条件下领导人民进行的新的伟大革命，是决定当代中国命运的关键抉择。中国特色社会主义之所以具有蓬勃生命力，就在于是实行改革开放的社会主义。我国过去30多年的快速发展靠的是改革开放，我国未来发展也必须坚定不移依靠改革开放。只有改革开放才能发展中国、发展社会主义、发展马克思主义。中国特色社会主义在改革开放中产生，也必将在改革开放中发展壮大。"②

（二）全面深化改革的总目标

全面深化改革的总目标是完善和发展中国特色社会主义制度，推进国家治理体系和治理能力现代化。这是完善和发展中国特色社会主义制度的必然要求，是实现社会主义现代化的应有之义。党的十八届三中全会研究全面深化改革问题，是推进所有领域改革，是从国家治理体系和治理能力的总体角度考虑的。

国家治理体系和治理能力是一个国家制度和制度执行能力的集中体现。国家治理体系是在党领导下管理国家的制度体系，包括经济、政治、文化、社会、生态文明和党的建设等领域的体制机制、法律法规安排，是一整套紧密相连、相互协调的国家制度；国家治理能力则是运用国家制度管理社会各方面事务的能力，包括改革发展稳定、内政外交国防、治党治国治军等方面。国家治理体系和治理能力是一个有机整体，相辅相成，有了好的国家治理体系才能提高治理能力，提高国家治理能力才能充分发挥国家治理体系的效能。

改革开放以来，中国政治稳定、经济发展、社会和谐、民族团结，同世界上一些地区和国家不断出现乱局形成了鲜明对照。这说明，我们

---

① 邓小平．邓小平文选：第3卷［M］．北京：人民出版社，1993：266.

② 习近平．全面贯彻落实党的十八大精神要突出抓好六个方面工作［J］．求是，2013（1）．

的国家治理体系和治理能力总体上是好的，是适应中国国情和发展要求的。同时，我们也要看到，相比中国经济社会的发展要求，相比人民群众的期待，相比当今世界日趋激烈的国际竞争，相比实现国家长治久安，我们在国家治理体系和治理能力方面还有许多不足，有许多亟待改进的地方。真正实现社会和谐稳定、国家长治久安，还是要靠制度，靠我们在国家治理上的高超能力，靠高素质干部队伍。我们要更好地发挥中国特色社会主义制度的优越性，必须从各个领域推进国家治理体系和治理能力现代化。

（三）对外开放是中国的基本国策

对外开放是中国必须坚持的一项基本国策，是实现社会主义现代化的必要条件。

1. 当今的世界是一个开放的世界

在马克思主义看来，在资本主义时代，自从资产阶级开拓了“世界市场”以来，人类历史就从“民族历史”过渡到“世界历史”。这种历史性转变的实质内容，就是由于人类生产力和交往的普遍发展，打破了局限于狭隘地域范围的民族历史，使得历史“在越来越大的程度上成为全世界的历史”，从而构成了200多年来波澜壮阔的世界性的现代化进程。邓小平继承和发展了马克思主义关于“世界历史”的理论。他指出现在的世界是开放的世界。这是邓小平对当代世界特征的基本判断，是他制定对外开放战略的出发点。从世界近现代经济发展史看，一个国家或地区经济的成败盛衰，在很大程度上取决于能否适应世界经济形势的发展变化，能否面向世界，积极参与世界经济的交流与合作。对外开放作为世界发展的历史潮流势不可挡。世界经济全球化趋势，决定了中国只能在向世界开放中实现社会主义现代化。对外开放是中国实现社会主义现代化的必要条件，是一项长期的基本国策。

2. 中国的发展离不开世界

“中国的发展离不开世界”。首先是对中国发展历史的深刻总结。中国在西方国家产业革命以后变得落后了，一个重要的原因就是闭关自守。邓小平指出，在对外开放问题上，“我们吃过这个苦头，我们的老祖宗吃过这个苦头”。说“老祖宗吃过这个苦头”，是指从明朝中叶开始，中国封建统治者推行闭关自守政策，阻塞了中外经济文化交流，使近代中国经济、文化、科技和军事全面落后，导致遭受列强宰割的百年屈辱的局面。新中国成立后，我们也想扩大中外经济技术交流，包括同一些资本主义国家发展经济贸易关系，甚至引进外资、合资经营等。但那时没有条件，人家封锁我们。说"我们吃过这个苦头"，就是指新中国成立以后，由于国际上的敌对势力对新中国实行封锁政策，主观上我们从20世纪50年代下半叶开始，指导思想出现了"左"的偏差，使中国同世界经济的关系长期处于隔绝的状态，从而与世界先进水平的差距越拉越大。历史的经验教训一再告诉我们，关起门来搞建设是不行的，把自己孤立于世界之外是不利的。

二、教学难点

（一）改革是一场新的伟大革命

改革是一场革命。邓小平把改革称之为"第二次革命"。为什么和在什么意义上把改革称为"革命"呢?

1. 解放生产力

革命打破并消除了生产力发展的桎梏，所以革命是解放生产力。改革同样起着打破和消除生产力发展桎梏的作用，所以改革也是革命。邓小平指出，改革的性质"同过去的革命一样，也是为了扫除发展社会生产力的障碍，使中国摆脱贫穷落后的状态。从这个意义上说，改革也可以叫革命性的变革"。

2. 从引起社会变革的广度和深度来理解

改革虽然不是对社会基本制度的根本性变革，不可能也不需要采取阶级斗争和暴力革命的激烈方式，但它也不是简单的修修补补，不是原有经济体制的细枝末节的修补，而是对原有经济体制的根本性变革，是新的探索和制度的创新。从广度上讲，改革要解放生产力，就必须扫除阻碍生产力发展的所有障碍，包括生产关系和上层建筑中相互联系、相互依赖的各个方面，各个领域，包括经济体制改革、政治体制改革和相应的其他各个领域的改革，所以是全面的改革。从深度看，改革是重新调整社会各方面利益关系的过程，它必然会涉及国家、集体和个人等方面的利益，必然给经济生活、社会生活以及人们的思想方法、工作方式和生活方式等各个方面带来一系列的深刻变化。

3. 从发展的角度理解

中国的新民主主义革命和社会主义革命本来是两次性质不同的革命。为什么不说是第三次革命？邓小平是从新民主主义革命和社会主义革命的目的，是为了把一个经济、文化十分落后的半殖民地半封建的旧中国变成一个社会主义的新中国这个意义上，将它们合在一起，看作是第一次革命。他说："过去我们进行了新民主主义革命，建国后完成了土地革命，又进行了农业、手工业和资本主义工商业的社会主义改造，建立了社会主义经济基础，那是一个伟大的革命。那个革命搞了三十几年。"第一次革命是对旧的经济制度进行根本性的深刻变革，建立起社会主义基本经济政治制度。第二次革命则是在新的历史条件下，对原来的经济体制和与之相联系的政治、文化体制等方面进行的又一次全面而深刻的变革。第一次革命为社会主义的改革提供了基础；第二次革命是使经过新民主主义革命和社会主义革命建立起来的社会主义基本制度进一步完善和发展。它对中国社会主义实践的意义和作用与第一次革命一样重要，从发展的观点看可能更加重要。

（二）改革的社会主义性质和方向

改革是社会主义制度的自我完善和发展，而不是否定社会主义制度，搞资本主义。20 世纪五六十年代以来各个社会主义国家都在进行改革的探索，七八十年代开始逐步明显出现了两种不同的改革方向。今天人们谈到中国和苏东改革的不同特点时，常常用激进改革还是渐进改革来区分。这在一些研究转轨经济学或转型经济学的文章中几乎成了定论，似乎二者的目标是相同的，区别只是改革的方法和步骤问题。苏东国家搞"休克疗法"，企图毕其功于一役；而中国是摸着石头过河，走渐进式的道路。有些人甚至认为，尽管俄罗斯及东欧国家实行"休克疗法"以来经济严重衰退，但它们毕竟已经成功地实现了经济转型，目前的状况只是改革进程中暂时的阵痛；而中国的改革尽管取得了世界瞩目的成就，但因为采取渐进的方式，还没有实现苏东国家已经实现的经济转型，所以最终还是要走向他们的模式。其实，用激进还是渐进来区分中国同苏东国家的两种改革是十分肤浅的，因为它根本没有涉及问题的本质。两种改革的根本区别在于改革的性质和方向完全不同。

对苏东国家来说，改革的出发点不是因为原有的社会主义模式存在弊端，而是认为建立在公有制基础上的社会主义制度本身是注定没有效率、没有前途的。因此，他们认为，需要改革的不仅是阻碍生产力发展的原有的经济模式，而是要改掉社会主义制度本身；改革目的不是为了完善社会主义制度，而是为了用被它们看作富有效率的以私有制为基础的资本主义，取代没有效率的以公有制为基础的社会主义；改革的性质自然不是完善社会主义，而是对社会主义基本制度的根本否定。

中国改革的出发点与苏东国家根本不同。社会主义所以要进行改革，不是因为社会主义经济注定没有效率，而是认识到社会主义制度建立以后，还存在束缚生产力发展的旧的、僵化的经济体制和其他方面的体制，所以有一个通过改革建立起充满生机和活力的社会主义体制的问题。改革的性质是对原有体制的根本改革，而不是改变社会主义制度的性质。改革是社会主义制度的自我完善和发展，目的是使社会主义制度固有的优越性能够始终一贯、充分有效地发挥出来。总之，两种改革的本质区别就在于是否坚持改革的社会主义性质和方向。

中国的改革必须坚持社会主义性质和方向。一方面，中国的历史和现实都已经充分证明，只有走社会主义道路，才能实现中华民族的伟大复兴。另一方面，在社会主义初级阶段，由于社会主义本身的物质基础还没有充分建立起来，在经济技术方面与发达资本主义国家存在很大的差距，社会主义优越性还不可能充分得到体现，因此存在着产生和传播怀疑与否定社会主义思潮的条件。在中国实现四个现代化的过程中，始终存在一种想把中国拉到资本主义轨道上去的企图，这决定了在理论和实践方面都必然存在否定和改变改革的社会主义性质和方向的问题。因此，邓小平在领导中国改革开放的进程中，十分强调必须坚持社会主义方向的问题。

（三）扩大开放要坚持互利共赢战略

开放是中国经济腾飞的一个秘诀，也是中国全面建成小康社会的一件法宝。“十三五”规划建议指出：“开放是国家繁荣发展的必由之路。必须顺应我国经济深度融入世界经济的趋势，奉行互利共赢的开放战略。”

对外开放是中国经济持续繁荣的重要动力，也是中国同世界各国实现合作共赢的根本之道。随着中国不断提高市场开放程度，扩大对外贸易和投资力度，有序推进金融改革开放，积极参与全球经济治理进程，中国对世界的贡献还会持续增加。中国打开的大门不会关闭，我们正在努力构建开放型经济新体制，将为推进世界开放型经济体系做出新贡献。走和平发展道路，是我们党根据时代发展潮流和中国根本利益做出的战略抉择。加强战略思维，增强战略定力，更好统筹国内国际两个大局，坚持开放的发展、合作的发展、共赢的发展，通过争取和平国际环境发展自己，又以自身发展维护和促进世界和平，不断提高中国综合国力，不断让广大人民群众享受到和平发展带来的利益，不断夯实走和平发展道路的物质基础和社会基础。

三、怎么讲

（1）重点讲清楚改革开放是党在新的历史条件下领导人民进行的新的伟大革命，是决定当代中国命运的关键抉择。改革是一场新的革命。

（2）重点分析如何理解中国改革的性质是社会主义制度的自我完善和自我发展，全面深化改革必须坚持改革的正确方向。

（3）分析全面深化改革的总目标及如何正确处理全面深化改革的重大关系。

（4）简要讲授深刻理解对外开放是一项基本国策，扩大开放要坚持互利共赢战略，全面提高对外开放水平。

（作者：张晓萍，马克思主义中国化教研室副教授）

第八章　建设中国特色社会主义总布局

一、教学重点

（一）社会主义市场经济体制的基本特征

建设中国特色社会主义经济，就是在社会主义条件下发展市场经济，不断解放和发展生产力。正确认识和把握社会主义市场经济体制的基本特征，对于坚持中国特色社会主义道路、中国特色社会主义理论和中国特色社会主义制度，具有重要意义。

中国为什么最终选择社会主义市场经济作为经济体制改革的目标?首先要从中国传统的计划经济体制说起。在新中国成立初期形成的计划经济体制，与当时社会主义工业化初期的经济条件和经济发展要求相适应。随着社会主义工业化初期任务的完成，国民经济的规模不断扩大，国内外的经济联系日益复杂，计划经济体制发挥作用的条件已经发生很大的变化，其弊端也逐步显现出来，主要表现在忽视市场和价值规律的作用，经济效率低下。这也决定了中国的经济体制改革从一开始就是市场取向的改革，核心是正确认识和处理计划与市场的关系。1992 年，邓小平在南方谈话中指出："计划多一点还是市场多一点，不是社会主义与资本主义的本质区别。计划经济不等于社会主义，资本主义也有计划；市场经济不等于资本主义，社会主义也有市场。计划和市场都是经济手段。"① 这一重要论断，从理论上破除了把计划经济和市场经济当作社会制度范畴的思想束缚，为形成社会主义市场经济理论奠定了坚实的基础。1992 年 6 月 9 日，江泽民在中央党校省部级干部进修班上的讲话中，第一次提出社会主义市场经济的概念，他认为，关于改革目标有三种提法可以考虑，一是建立计划与市场相结合的社会主义商品经济体制，二是建立社会主义有计划的市场经济体制，三是建立社会主义的市场经济体制。上述三种提法，究竟哪一种更切合中国的经济实际，更易于为大多数同志所接受，更有利于促进经济建设的发展，还可以继续研究。同时他还指出，不管十四大报告中最后确定哪一种提法，都需要阐明中国社

---

① 邓小平．邓小平文选：第 3 卷［M］．北京：人民出版社，1993：373.

会主义的新经济体制的主要特征。1992 年 6 月 12 日，邓小平在同江泽民的谈话中赞成使用社会主义市场经济这个提法。

社会主义市场经济体制是社会主义基本制度与市场经济的结合。由这一结合而形成的市场经济体制，一方面它必然体现社会主义的制度特征，这是与资本主义市场经济相对而言的；另一方面，它又具有市场经济的一般特征，这是相对于计划经济而言的。

社会主义市场经济体制的基本特征可以从共性和个性两个方面看。

首先，从市场经济体制的共性方面看，社会主义市场经济体制既然是市场经济体制，它就具有在不同社会制度下存在的市场经济体制都会有的共性特征。可以概括为：资源配置市场化、企业行为主体化、市场体系完善化、宏观调控间接化、经济活动法制化和社会保障制度化。社会主义市场经济既然具有现代市场经济的共同特点，就应大胆吸收和借鉴当今世界实行市场经济国家的一切有用知识和成功经验。

其次，从市场经济体制的个性方面来看，现实中的市场经济总是与一个国家的社会制度、具体国情联系在一起的，这就要求实行市场经济的国家，在遵循一般规律的同时，还必须从本国实际出发，将市场经济与本国国情、社会制度结合起来，建立具有本国特色的市场经济体制。中国的市场经济体制是同社会主义基本制度结合在一起的，是具有中国特色、体现社会主义基本制度特点的社会主义市场经济体制。

具体来说，中国特色社会主义市场经济体制的特点体现在三个方面。

第一，在所有制结构上，以公有制为主体、多种所有制经济共同发展。在以公有制为主体的前提下，公有制企业与其他企业在市场经济中平等竞争，共同发展，国有经济在国民经济中发挥主导作用。此处可以引导学生思考：其他国家的市场经济都是建立在生产资料资本主义私有制基础上的，社会主义公有制与市场经济能否兼容？对此要说明的是：中国传统的“一大二公”式的公有制本身反映的是计划经济的要求。但是，随着社会主义所有制结构的调整，公有制实现形式的多样化探索，特别是股份制的施行，社会主义公有制是可以与市场经济兼容的。

第二，在分配制度上，以按劳分配为主体、多种分配方式并存。运用包括市场在内的各种调节手段，既鼓励先进，促进效率，合理拉开收入差距，又防止两极分化，注重社会公平，逐步实现共同富裕。

第三，在宏观调控上，以实现最广大人民根本利益为出发点和归宿。对此应当明确：社会主义国家能够把人民的当前利益与长远利益、局部利益与整体利益结合起来，使市场在社会主义国家宏观调控下对资源配置起决定性作用，更好地发挥计划和市场两种手段的长处，使社会主义的优势与市场经济的优势都能够得到充分发挥。

作为上述内容的总结，可以引导学生思考以下问题：“市场经济就是市场经济，没有社会主义和资本主义之分”这种说法对吗？按照对社会主义市场经济体制基本特征的理解，这种观点显然是错误的。原因在于它只看到市场经济具有的共性，没有看到中国社会主义市场经济的个性特征。离开社会主义基本制度，抽象地讲市场经济，不是中国特色的社会主义市场经济。社会主义市场经济体制本质上不同于资本主义市场经济体制。正如江泽民所指出的：“我们搞的是社会主义市场经济，‘社会主义’这几个字是不能没有的，这并非多余，并非‘画蛇添足’，而恰恰相反，这是‘画龙点睛’。所谓‘点睛’，就是点明我们的市场经济的性质。”“西方市场经济符合社会化大生产、符合市场一般规律的东西，毫无疑义，我们要积极学习和借鉴，这是共同点；但西方市场经济是在资本主义制度下搞的，我们的市场经济是在社会主义制度下搞的，这是不同点，而我们的创造性和特色也就体现在这里。”①

（二）把握经济发展新常态

2014 年 5 月，习近平在河南进行考察时第一次提及“新常态”问题。他说：“我国发展仍处于重要战略机遇期，我们要增强信心，从当前我国经济发展的阶段性特征出发，适应新常态，保持战略上的平常心态。”2014 年 11 月 9 日，在亚太经合组织工商领导人峰会开幕式上的演讲中，习近平概括了中国经济新常态的主要特点。一是从高速增长转为中高速增长。二是经济结构不断优化升级，第三产业、消费需求逐步成为主体，城乡区域差距逐步缩小，居民收入占比上升，发展成果惠及更广大民众。三是从要素驱动、投资驱动转向创新驱动。

2014 年年底召开的中央经济工作会议，首次明确了经济发展新常态的九大趋势性变化，提出“认识新常态，适应新常态，引领新常态，是当前和今后一个时期我国经济发展的大逻辑”。引领经济发展新常态，要努力实现多方面工作重点转变。推动经济发展，要更加注重提高发展质量和效益。稳定经济增长，要更加注重供给侧结构性改革。实施宏观调控，要更加注重引导市场行为和社会心理预期。调整产业结构，要更加

① 江泽民. 论社会主义市场经济［M］. 北京：中央文献出版社，2006：203.

注重加减乘除并举。推进城镇化，要更加注重以人为核心。促进区域发展，要更加注重人口经济和资源环境空间均衡。保护生态环境，要更加注重促进形成绿色生产方式和消费方式。保障改善民生，要更加注重对特定人群特殊困难的精准帮扶。进行资源配置，要更加注重使市场在资源配置中起决定性作用。扩大对外开放，要更加注重推进高水平双向开放。

2016 年是“十三五”规划的开局之年，“十三五”时期中国经济发展的显著特征就是进入新常态，谋划和推动“十三五”时期中国经济社会发展，必须把适应新常态、把握新常态、引领新常态贯穿于发展全局和全过程。“十三五”及今后一个时期，中国仍处于发展的重要战略机遇期。中国经济发展基本面是好的，潜力大，回旋余地大，但也面临着很多困难和挑战，特别是结构性产能过剩比较严重。为此必须锐意改革、大胆创新，要在适度扩大总需求的同时，着力推进供给侧结构性改革，这是适应和引领经济发展新常态的重大创新，是适应国际金融危机发生后综合国力竞争新形势的主动选择，是适应中国经济发展新常态的必然要求。推进供给侧结构性改革，重点是去产能、去库存、去杠杆、降成本、补短板，增强供给结构对需求变化的适应性和灵活性，推动中国社会生产力水平实现整体跃升。我们要牢固树立创新、协调、绿色、开放、共享的发展新理念，努力提高统筹贯彻新发展理念的能力和水平，因势而谋、因势而动、因势而进，推动“十三五”时期中国经济社会持续健康发展，确保如期实现全面建成小康社会的奋斗目标。

（三）中国特色社会主义民主政治制度

中国特色社会主义民主政治制度包括什么？为什么我们必须坚持中国特色社会主义的基本政治制度？为什么不能照搬西方议会民主、“三权分立”和多党制？

中国特色社会主义民主政治制度包括国体、政体和政党制度。人民民主专政是中国的国体。它反映了中国社会各阶级在国家中的地位，是对广大人民实行民主和对少数敌人实行专政的统一，其实质是无产阶级专政。人民代表大会制度是中国人民当家做主的根本政治制度，是中国的政体。其内容是人民通过定期选举代表组成人民代表大会，人民代表大会作为权力机关，代表人民行使管理国家的权力。中国共产党领导的多党合作和政治协商制度，是中国的一项基本政治制度，是马克思主义政党理论和统一战线学说与中国具体实际相结合的产物，是中国社会主义民主政治制度的重要形式。

中国的人民代表大会制度同资本主义国家的"三权分立"制度有根本的不同。实践证明，人民代表大会制度是符合中国国情，体现中国社会主义国家性质，能够保证中国人民当家做主的根本政治制度和最高实现形式，也是党在国家政权中充分发扬民主，贯彻群众路线的最好实现形式，是中国社会主义政治文明的重要制度载体。西方三权分立制度不适合中国国情，中国不存在三权分立制的经济基础，不存在实行三权分立的历史前提。

要求学生了解中国社会主义民主政治制度的各组成部分和基本概念是本章的起码要求。在此基础上与西方的"三权分立"制度进行对比，告诉学生为什么中国必须选择人民代表大会制度，使学生清楚地看到，所谓"三权分立"相对于封建专制统治与个人独裁是一种进步，它有利于调整资产阶级内部各党派、各利益集团之间的利益矛盾，有助于维护资产阶级的民主制度和保持资本主义社会的稳定。但这种制度是与资本主义国家的私有制经济基础、资产阶级国家性质、阶级关系和政党制度相适应的，是为维护资产阶级统治服务的。只有这样，学生才能自觉抵制西方国家实施的"和平演变"策略。

（四）全面依法治国

全面依法治国的重要性和必要性及中国特色社会主义法治道路的内涵

全面依法治国，不仅是国家治理现代化的主要内容，而且是推进国家治理现代化的重要途径和基本方式，对实现国家治理现代化具有引领、规范、促进和保障等重要作用。党的十八大把全面依法治国作为政治改革和政治发展的重要目标和重要任务。

中国特色社会主义法治道路，是在中国共产党的领导下，坚持中国特色社会主义制度，贯彻中国特色社会主义法治理论，形成完备的法律规范体系，高效的法治实施体系，严密的法治监督体系，有力的法治保障体系，形成完善的党内法规体系，坚持依法治国、依法执政、依法行政共同推进，坚持法治国家、法治政府、法治社会一体建设，实现科学立法、严格执法、公正司法、全民守法，促进国家治理体系和治理能力现代化。

通过授课教师的分析，使学生了解全面依法治国在中国现阶段的重要性和必要性，自古"奉法者强则国强，奉法者弱则国弱"。中国已进入改革发展的关键时期，也是攻坚期和深水区，任务之重前所未有，矛盾风险挑战前所未有，人民群众的期盼也达到前所未有的高度，只有“全面依法治国”，才能从法治上为解决这些问题提供制度化方案。

“四个全面”在战略布局中的任何一环，都必须在全面依法治国上做出总体部署，全面依法治国既是全面建成小康社会的内在要求，也是基本保障。

（五）积极稳步推进政治体制改革，建设社会主义政治文明

发展社会主义民主政治，建设社会主义政治文明，是全面建设小康社会的重要目标，也是构建社会主义和谐社会的根本保证。发展社会主义民主政治，最根本的是要把坚持党的领导、人民当家做主和依法治国有机统一起来。政治体制，是指政治制度的具体表现和实现形式，主要是指党和国家的领导制度、组织制度、工作制度等。中国建立的社会主义基本政治制度是好的，符合中国的国情，保证了人民以国家和社会主人的身份充分发挥建设国家、管理国家的积极性、主动性和创造性，不断推动中国的经济发展和社会全面进步。但它还很不完善，党和国家现行的具体领导制度、组织形式和工作方式还存在一些缺陷。为把中国建设成为富强民主文明和谐的社会主义现代化强国，必须进行政治体制改革。

当前的政治体制改革已经成为关系改革成败的关键因素，也是未来改革继续推进的动力，因此搞清为什么要进行政治体制改革至关重要。

（六）坚持走中国特色社会主义文化发展道路

文化是民族的血脉，是人民的精神家园，也是政党的精神旗帜。中国共产党是一个具有高度文化自觉和文化自信的马克思主义政党，在革命、建设、改革各个历史时期，都高度重视文化建设，充分运用文化引领前进方向、凝聚奋斗力量、推动事业发展。改革开放特别是党的十六大以来，我们党始终把文化建设摆在党和国家全局工作的重要战略位置，不断探索文化发展规律，在实践中走出了一条中国特色的文化发展道路，不仅丰富和发展了马克思主义文化理论，也创造了具有中国特色的社会主义新文化。

坚持中国特色社会主义文化发展道路，就是以马克思列宁主义、毛泽东思想和中国特色社会主义理论体系为指导，坚持社会主义先进文化前进方向，以科学发展为主题，以建设社会主义核心价值体系为根本任

务，以满足人民精神文化需求为出发点和落脚点，以改革创新为动力，发展面向现代化、面向世界、面向未来的，民族的、科学的、大众的社会主义文化，培养高度的文化自觉和文化自信，提高全民族文明素质，增强国家文化软实力，弘扬中华文化，努力建设社会主义文化强国。

坚持中国特色社会主义文化发展道路，必须以马克思主义为指导，这是事关文化发展全局的根本问题。必须发挥人民在文化建设中的主体作用，坚持文化发展为了人民、文化发展依靠人民、文化发展成果由人民共享。必须坚持自己的民族特色，继承和发扬中华优秀文化传统，大力弘扬中华文化，建设中华民族共有精神家园。必须积极吸收、借鉴国外优秀文化成果，抵制西方腐朽文化的影响。必须坚持一手抓文化事业，一手抓文化产业，推动文化事业和文化产业全面协调可持续发展。

（七）弘扬社会主义核心价值体系和核心价值观

建设和发展中国特色社会主义，需要有一个能够被全社会共同接受和认同的社会主义核心价值体系和核心价值观来引领。核心价值体系和核心价值观是决定文化性质和方向的最深层次要素，是一个国家的重要稳定器。

1. 社会主义核心价值体系

马克思主义指导思想，中国特色社会主义共同理想，以爱国主义为核心的民族精神和以改革创新为核心的时代精神，社会主义荣辱观，构成社会主义核心价值体系的基本内容。其中，马克思主义指导思想是社会主义核心价值体系的灵魂；中国特色社会主义共同理想，是社会主义核心价值体系的主题；以爱国主义为核心的民族精神和以改革创新为核心的时代精神，是社会主义核心价值体系的精髓；社会主义荣辱观，是社会主义核心价值体系的基础。

社会主义核心价值体系是社会主义意识形态的本质体现，是社会主义制度的内在精神和生命之魂，体现了社会主义制度的内在价值取向，反映了全国各族人民的核心利益和共同愿望。在当前经济体制深刻变革，社会结构深刻变动，利益格局深刻调整，思想观念深刻变化，思想大活跃、观念大碰撞、文化大交融的背景下，建设社会主义核心价值体系，具有重要的理论意义和现实意义。

2. 社会主义核心价值观的基本内容和意义

富强、民主、文明、和谐，自由、平等、公正、法治，爱国、敬业、诚信、友善，是对社会主义核心价值体系的凝练表达，构成社会主义核心价值观的基本内容。“富强、民主、文明、和谐”是国家层面的价值目标，是中国社会主义现代化国家的建设目标，也是从价值目标层面对社会主义核心价值观基本理念的凝练，在社会主义核心价值观中居于最高层次，对其他层次的价值理念具有统领作用。“自由、平等、公正、法治”是对美好社会的生动表述，也是从社会层面对社会主义核心价值观基本理念的凝练。它反映了中国特色社会主义的基本属性，是我们党矢志不渝、长期实践的核心价值理念。“爱国、敬业、诚信、友善”是公民基本道德规范，是从个人行为层面对社会主义核心价值观基本理念的凝练。它覆盖社会道德生活的各个领域，是公民必须恪守的基本道德准则，也是评价公民道德行为选择的基本价值标准。

面对世界范围思想文化交流、交融、交锋形势下价值观较量的新态势，面对改革开放和发展社会主义市场经济条件下思想意识多元、多样、多变的新特点，积极培育和践行社会主义核心价值观，对于巩固马克思主义在意识形态领域的指导地位，巩固全党全国人民团结奋斗的共同思想基础，对于促进人的全面发展，引领社会全面进步，对于集聚全面建成小康社会，实现中华民族伟大复兴中国梦的强大正能量，具有重要现实意义和深远历史意义。

3. 培育和践行社会主义核心价值观

培育和践行社会主义核心价值观，要在全社会深入开展理想信念教育，要使社会主义核心价值观成为人们日常工作的基本遵循，要突出道德价值的作用，要立足中华优秀传统文化，要加强革命传统教育，弘扬红色文化。

（八）建设社会主义文化强国

人类文明进步的历史充分表明，没有先进文化的引领，一个国家、一个民族不可能屹立于世界先进民族之林。当今时代，文化在综合国力竞争中的地位日益重要，谁占据了文化发展的制高点，谁就能够更好地在激烈的国际竞争中掌握主动权。实现中华民族伟大复兴，迫切要求中国由一个文化资源大国转变为一个文化强国，这是中华民族几千年文化积淀赋予我们的历史使命。

文化强国是指这个国家具有强大的文化力量。这种力量既表现为具有高度文化素养的国民，也表现为发达的文化产业，还表现为强大的文化软实力。

第一，建设社会主义文化强国，要着力推动社会主义先进文化更加深入人心，不断开创全民族文化创造活力持续迸发，社会文化生活更加丰富多彩，人民基本文化权益得到更好保障，人民思想道德素质和科学文化素质全面提高，中华文化影响力不断增强的新局面，建设中华民族共有精神家园，为人类文明进步做出更大贡献。

第二，建设社会主义文化强国，需要培养高度的文化自觉自信。文化自觉自信是建设社会主义文化强国的必要条件。当前，中国文化发展还不完全适应经济社会发展的需要，与一些文化强国相比还有很大差距，但我国有着悠久的历史传统和深厚的文化资源，已经具备了相对雄厚的物质基础，人民群众对文化的需求快速增长，使中国的文化发展面临着难得的机遇。所以，要清醒认识中国文化发展的历史和现状，增强文化的自觉自信，更好地把握文化发展的规律，以主动担当的精神加快文化发展步伐，建设社会主义文化强国。

第三，建设社会主义文化强国，要大力发展文化事业和文化产业。没有文化事业和文化产业的发展，文化资源就不可能转变为现实的文化力量。发展文化事业和文化产业，要体现社会主义的制度特色。发展文化事业，要坚持政府主导，按照公益性、基本性、均等性、便利性的要求，加强文化基础设施建设，完善公共文化服务网络，让人民群众广泛享有免费或优惠的基本公共文化服务，在满足人民群众基本文化需求的基础上，提升国民素质。发展文化产业，要按照全面协调可持续的要求，推动文化产业跨越式发展，为推动科学发展提供重要支撑，在满足人民多样化精神文化需求的基础上，使之成为国民经济支柱性产业，创造出更多的经济效益。

第四，建设社会主义文化强国，必须加快文化体制改革。改革开放以来，特别是党的十六大以来，中国文化体制改革由点到面逐步推开，取得重大突破和阶段性成果。党的十八届三中全会针对一些制约文化发展的深层次矛盾和问题，做出了全面深化文化体制改革的新的重大战略部署。即：要坚持以人民为中心的工作导向，坚持把社会效益放在首位，社会效益和经济效益相统一，以激发全民族文化创造活力为中心环节，进一步深化文化体制改革；紧紧围绕建设社会主义核心价值体系，社会主义文化强国深化文化体制改革，加快完善文化管理体制和文化生产经营机制，建立健全现代公共文化服务体系、现代文化市场体系，推动社会主义文化大发展大繁荣。

（九）构建社会主义和谐社会的目标和主要任务

社会主义民主法制更加完善，依法治国基本方略得到全面落实，人民的权益得到切实尊重和保障；城乡、区域发展差距扩大的趋势逐步扭转，合理有序的收入分配格局基本形成，家庭财产普遍增加，人民过上更加富足的生活；社会就业比较充分，覆盖城乡居民的社会保障体系基本建立；基本公共服务体系更加完备，政府管理和服务水平有较大提高；全民族的思想道德素质、科学文化素质和健康素质明显提高，良好道德风尚、和谐人际关系进一步形成；全社会创造活力显著增强，创新型国家基本建成；社会管理体系更加完善，社会秩序良好；资源利用效率显著提高，生态环境明显好转；实现全面建设惠及十几亿人口的更高水平的小康社会的目标，努力形成全体人民各尽其能、各得其所而又和谐相处的局面。

（十）进一步做好保障和改善民生的工作

大力保障和改善民生，在经济发展基础上逐步提高人民物质文化生活水平，是改革开放和社会主义现代化建设的根本目的，是全面建成小康社会的必然要求，是推动经济持续健康发展，保持社会和谐稳定的重要保证。党的十八大报告指出，加强社会建设，必须以保障和改善民生为重点，积极解决好教育、就业、收入分配、社会保障、医疗卫生和社会管理等直接关系人民群众根本利益和现实利益的问题。党的十八届三中全会进一步指出：要深化教育领域综合改革，健全促进就业创业体制机制，形成合理有序的收入分配格局，建立更加公平、可持续的社会保障制度，深化医药卫生体制改革，实现发展成果更多更公平惠及全体人民。

1. 办好人民满意的教育

全面贯彻党的教育方针，坚持立德树人，加强社会主义核心价值体系教育，完善中华优秀传统文化教育。大力促进教育公平，统筹城乡义务教育资源均衡配置，实行公办学校标准化建设和校长教师交流轮岗，破解择校难题。加快现代职业教育体系建设，构建政府学校社会新型关系，健全充满生机活力的办学体制。

2. 健全促进就业创业体制机制

要建立经济发展和扩大就业的联动机制，健全政府促进就业责任制度。规范招人用人制度，完善扶持创业的优惠政策和城乡均等的公共就业创业服务体系。增强失业保险制度功能，完善就业失业监测统计制度。

创新劳动关系协调机制，畅通职工表达合理诉求的渠道。

3. 形成合理有序的收入分配格局

着重保护劳动所得，努力实现劳动报酬增长和劳动生产率提高同步，提高劳动报酬在初次分配中的比重。完善企业工资集体协商制度。改革机关事业单位工资和津贴补贴制度，完善艰苦边远地区津贴增长机制。健全由要素市场决定的报酬机制。多渠道增加居民财产性收入，完善以税收、社会保障、转移支付为主要手段的再分配调节机制，规范收入分配秩序，完善收入分配调控体制机制和政策体系。

4. 建立更加公平可持续的社会保障制度

坚持社会统筹和个人账户相结合的基本养老保险制度。整合城乡居民基本养老保险制度、基本医疗保险制度。完善社会保险关系转移接续政策，加快健全社会保障管理体制和经办服务体系。健全符合国情的住房保障和供应体系。

5. 深化医药卫生体制改革

统筹推进医疗保障、医疗服务、公共卫生、药品供应和监管体制综合改革。

（十一）创新社会治理体制

社会治理是现代社会管理的重要活动。解决中国在社会管理领域存在的问题，必须深入认识新形势下社会治理规律，创新社会治理思路、体制机制、方法手段，提高社会管理能力。党的十八大提出，加强社会建设，必须加快形成科学有效的社会管理机制，完善社会保障体系，健全基层公共服务和社会管理网络，建立确保社会既充满活力又和谐有序的体制机制。党的十八届三中全会进一步指出：创新社会治理，必须着眼于维护最广大人民根本利益，最大限度增加和谐因素，增强社会发展活力，提高社会治理水平，全面推进平安中国建设，维护国家安全，确保人民安居乐业、社会安定有序。

第一，改进社会治理方式。坚持系统治理，坚持依法治理，坚持源头治理、坚持综合治理。

第二，激发社会组织活力。鼓励和支持社会力量参与社会治理、公共服务，发挥人民主人翁精神，最广泛地动员和组织人民群众参与社会治理，形成党领导下多方参与、共同治理的生动局面。

第三，创新有效预防、化解社会矛盾的体制。健全社会稳定风险评估机制，建立有序的诉求表达、心理干预、矛盾调处和权益保障机制，改革行政复议体制，完善人民调解、行政调解、司法调解联动工作体系，改革信访工作制度，建立涉法涉诉信访依法终结制度。

第四，健全公共安全体系。健全以国家安全、食品药品安全、安全生产、防灾减灾救灾和社会治安防控等为基本内容的公共安全体系建设。

第五，加强基层社会治理。要加强城市常态化管理，狠抓城市顽症治理；要加强人口服务管理，促进人口有序流动，控制人口总量，优化人口结构。

（十二）坚持绿色发展，建设社会主义生态文明

党的十八大的一个重要理论贡献，就是提出建设社会主义生态文明，把生态文明建设融入经济建设、政治建设、文化建设、社会建设各方面和全过程，努力建设美丽中国，实现中华民族永续发展。这样，就形成了经济建设、政治建设、文化建设、社会建设、生态文明建设五位一体、协调发展的中国特色社会主义建设总布局。

建设生态文明是关系人民福祉，关乎民族未来的长远大计。提出建设社会主义生态文明并把它纳入五位一体总布局中，有着深刻的现实背景。中国正处在工业化、城镇化、市场化、国际化程度不断提高的发展阶段，面对日益严峻的资源约束趋紧、环境污染严重、生态系统退化的形势，必须把生态文明建设放在更加突出的地位。建设生态文明，实质上就是要建设以资源环境承载力为基础，以自然规律为准则，以可持续发展为目标的资源节约型、环境友好型社会，这是根据中国国情和可持续发展要求做出的正确选择。

建设生态文明，必须树立尊重自然、顺应自然、保护自然的生态文明理念，必须认识到生态文明就是生产力。习近平在谈到环境保护问题时指出："我们既要绿水青山，也要金山银山。宁要绿水青山，不要金山银山，而且绿水青山就是金山银山。"这生动形象地诠释了生态环境保护和建设与经济建设、发展生产力之间的关系。生态环境是承载经济社会发展的基础，破坏生态环境就是破坏生产力，保护生态环境就是保护生产力，改善生态环境就是发展生产力。实践证明，哪里注重生态环境的保护、建设、合理开发和经营，哪里就会获得巨大的经济效益、环境效益和社会效益。反之，则必然受到大自然的惩罚。

建设生态文明，必须坚持节约资源和保护环境的基本国策，坚持节约优先、保护优先、自然恢复为主的方针，着力推进绿色发展、循环发展、低碳发展，形成节约资源和保护环境的空间格局、产业结构、生产方式、生活方式，从源头上扭转生态环境恶化趋势，为人民创造良好生产生活环境，为全球生态安全做出贡献。

第一，优化国土空间开发格局。国土是生态文明建设的空间载体，必须珍惜每一寸国土。要按照人口资源环境相均衡，经济社会生态效益相统一的原则，控制开发强度，调整空间结构，促进生产空间集约高效、生活空间宜居适度、生态空间山清水秀，给自然留下更多修复空间，给农业留下更多良田，给子孙后代留下天蓝、地绿、水净的美好家园。

第二，全面促进资源节约。节约资源是保护生态环境的根本之策。要节约集约利用资源，推动资源利用方式根本转变，加强全过程节约管理，大幅降低能源、水、土地消耗强度，提高利用效率和效益。

第三，加大自然生态系统和环境保护力度。随着社会发展和人民生活水平不断提高，人民群众对干净的水、清新的空气、安全的食品、优美的环境等的要求越来越高，生态环境在群众生活幸福指数中的地位不断凸显，环境问题日益成为重要的民生问题。坚持预防为主、综合治理，以解决损害群众健康的环境问题为重点，强化水、大气、土壤等污染防治。坚持共同但有区别的责任原则、公平原则、各自能力原则，同国际社会一道积极应对全球气候变化。

第四，加强生态文明制度建设。保护生态环境必须依靠制度。要把资源消耗、环境损害、生态效益纳入经济社会发展评价体系，建立体现生态文明要求的目标体系、考核办法、奖惩机制。建立国土空间开发保护制度，完善最严格的耕地保护制度、水资源管理制度、环境保护制度。党的十八届三中全会明确提出了划定生态保护红线，按照这一要求，环保部印发了《国家生态保护红线——生态功能基线划定技术指南（试行）》，提出了构建以生态功能红线、环境质量红线和资源利用红线为核心的国家生态保护红线体系。

建设生态文明，必须深化生态文明体制改革，要立足中国社会主义初级阶段的基本国情和新的阶段性特征，以建设美丽中国为目标，以正确处理人与自然关系为核心，以解决生态环境领域突出问题为导向，保障国家生态安全，改善环境质量，提高资源利用效率，推动形成人与自然和谐发展的现代化建设新格局。

推进生态文明体制改革必须要树立和落实正确的理念，包括：树立尊重自然、顺应自然、保护自然的理念；发展和保护相统一的理念；绿水青山就是金山银山的理念；自然价值和自然资本的理念；空间均衡的理念；山水林田湖是一个生命共同体的理念。生态文明体制改革的原则是，坚持正确改革方向，坚持自然资源资产的公有性质，坚持城乡环境治理体系统一，坚持激励和约束并举，坚持主动作为和国际合作相结合，坚持鼓励试点先行和整体协调推进相结合。

2015 年 9 月，中共中央、国务院印发了《生态文明体制改革总体方案》，设定了中国生态文明体制改革的目标，即到 2020 年，构建起由自然资源资产产权制度，国土空间开发保护制度，空间规划体系，资源总量管理和全面节约制度，资源有偿使用和生态补偿制度，环境治理体系，环境治理和生态保护市场体系，生态文明绩效评价考核和责任追究制度等八项制度构成的产权清晰、多元参与、激励约束并重、系统完整的生态文明制度体系，推进生态文明领域国家治理体系和治理能力现代化，努力走向社会主义生态文明新时代。

二、教学难点

（一）必须坚持公有制为主体、多种所有制经济共同发展的基本经济制度

党的十五大把公有制为主体、多种所有制经济共同发展确立为社会主义初级阶段的一项基本经济制度，是我们党在社会主义所有制理论上取得的重大突破。对于这一问题，就是要回答社会主义初级阶段基本经济制度确立的依据是什么，以及如何科学准确地认识这一基本经济制度。

把公有制为主体、多种所有制经济共同发展确立为社会主义初级阶段的一项基本经济制度，是由社会主义的性质和初级阶段的国情决定的。

第一，中国是社会主义国家，必须坚持把公有制作为社会主义经济制度的基础。历史唯物主义的基本原理告诉我们，任何一种社会经济制度都有一定的所有制基础。在任何一种社会形态中，占主体地位的所有制是决定社会性质的因素。社会主义经济制度的所有制基础是公有制，只有坚持公有制的主体地位，才能巩固和发展社会主义制度。否则就不可能建设中国特色的社会主义。

第二，我们处在社会主义初级阶段，需要在公有制为主体的条件下发展多种所有制经济。中国社会主义初级阶段生产力具有发展不平衡性和多样性的特点，与此相适应，中国社会主义初级阶段的所有制结构必然，也只能是多种所有制经济共同发展。

第三，一切符合“三个有利于”的所有制形式都可以而且应该用来为社会主义服务。社会主义初级阶段的主要矛盾决定了现阶段中国的根本任务是解放和发展生产力，因此，必须按照“三个有利于”的标准来

检验和评价所有制结构。实践证明，改革后形成的多元化所有制结构，更能适应并促进社会生产力的发展。

社会主义初级阶段的基本经济制度是一个有机结合的统一体，它既包括作为主体的公有制经济，又包括与公有制经济并存的其他所有制经济。社会主义初级阶段基本经济制度的两个方面，就其经济性质来说是有区别的：一方面，作为主体的公有制经济，是社会主义性质的经济成分，是社会主义经济制度的基础；另一方面，各种非公有制经济不属于社会主义性质的经济成分，但它们与作为主体的公有制经济相联系，是社会主义市场经济的重要组成部分。对社会主义初级阶段基本经济制度的理解，可借用经济学家董辅礽的“八宝饭”理论。没有糯米或糯米不占主要成分不成其为“八宝饭”，只有糯米而没有红枣、莲子等其他成分也不成其为“八宝饭”，社会主义经济应当像“八宝饭”一样，是公有制经济为主体、多种所有制经济共同发展的混合经济。

（二）按生产要素分配

社会主义初级阶段的分配制度是按劳分配为主体、多种分配方式并存。按劳分配以外的多种分配方式，其实质就是按对生产要素的占有状况进行分配。按生产要素分配，就是要素所有者根据其所投入的要素取得相应的报酬或收益，报酬和收益的多少取决于各要素的实际贡献大小，使收入与各要素的实际贡献紧密联系。如资产收益、经营收入、按劳动力价值和资本取得的收入等。按生产要素分配的提出，是改革实践发展的必然结果和要求，是收入分配理论的新突破。

关于按生产要素分配的一个理论难点在于：如何从理论上说明按生产要素分配在社会主义条件下存在的原因，以及按生产要素分配和劳动价值论的关系。

在社会主义初级阶段和实行市场经济体制的条件下，要实现社会资源的有效配置，调动各类生产要素所有者的积极性，让一切创造财富的源泉充分涌流，就必须在坚持按劳分配为主体的同时，积极发展多种分配方式，把按劳分配与按生产要素分配结合起来。按生产要素分配的经济基础是生产要素归不同所有者所有，其物质基础是各种生产要素都是物质财富和使用价值的源泉，是社会生产不可或缺的因素，因此，当它被排他性地占有时，必须实行按生产要素分配，才能有效地利用它来发展生产。这里，对财富的生产有用和被排他性地占有，是两个必要条件。按生产要素分配，不是说要用生产要素价值论来取代马克思的劳动价值论。这里应注意：不要混淆价值的生产和使用价值的生产，不要混淆价值的创造和价值的分配。分配方式不涉及价值是由什么创造的，它所涉及的只是由劳动创造出来的价值怎样进行分配、按什么原则进行分配。

（三）收入差距扩大问题

改革开放以来，伴随经济的快速发展，中国综合国力显著提高，人民收入和生活得到较大改善。总体上看人民群众的收入水平都是在提高的，这是纵向比，自己跟自己比。但提高的速度有快有慢，在此过程中，社会收入差距呈现扩大的趋势。2000 年以后，中国基尼系数超过 0. 4 的国际警戒线，据国家统计局提供的数据：2000 年，中国的基尼系数为 0. 412，2003 年为 0. 479，2004 年为 0. 473，2005 年为 0. 485，2006 年为 0. 487，2007 年为 0. 484，2008 年为 0. 491，2009 年为 0. 490，2010 年为 0. 481，2011 年为 0. 477，2012 年为 0. 474，收入差距问题引人注目。

应如何看待过大的收入差距？收入差距的扩大是不是意味着产生了两极分化？应当看到，由于实行按劳分配为主体、多种分配方式并存的分配制度，由于在中国经济发展过程中客观存在着区域之间、城乡之间、行业之间的差别，收入差距的出现有一定的必然性，而且这种收入差距是在人民生活总体水平有很大提高的基础上出现的。应当明确的是，不能把收入差距的扩大等同于两极分化。两极分化是以资本与劳动的对立为基础的资本主义生产关系的产物，它是资本主义积累的一般规律。只要存在资本与劳动的对立，就有产生两极分化的可能性，但只有当资本和劳动的对立普遍化，换句话说，只有资本主义私有制在社会中占主体地位时，两极分化才必然成为一种现实。因此，解决现实中存在的收入差距过大问题，一方面必须坚持公有制的主体地位，一方面要注意通过政策调节收入差距，规范分配秩序，特别注意提高低收入者的收入，扩大中等收入者的比重，将收入差距保持在合法和适度的范围。所谓合法，就是收入差距是由于诚实劳动和守法经营而产生的；所谓适度，就是使收入差距保持在可控、可接受的范围之内，不使因收入差距扩大而形成的社会矛盾发展到尖锐对立的地步。

（四）坚持中国特色社会主义法治道路

坚持中国特色社会主义法治道路，根本的是坚持中国共产党的领导，不存在所谓的“党大还是法大的问题”。因为党的领导是中国特色社会主义最本质的特征，是社会主义法治最根本的保证，坚持党的领导，是社会主义法治的根本要求，是党和国家的根本所在、命脉所在，是全国各族人民的利益所系、幸福所系，是全面依法治国的题中应有之义。党的领导是中国特色社会主义法治之魂，是我们的法治与西方资本主义国家的法治最大的区别。我们坚持党总揽全局、协调各方的领导核心作用，坚持依法治国基本方略和依法行政基本方式，善于使党的主张通过法定程序成为国家意志。

我们党的政策和国家法律都是人民根本意志的反映，在本质上是一致的。只有坚持党的领导，人民当家做主才能充分体现，国家和社会生活制度化、法治化才能有序推进。不能把坚持党的领导同人民当家做主、依法治国对立起来，更不能用人民当家做主、依法治国动摇和否定党的领导。那样做在思想上是错误的，在政治上是十分危险的。

党和法治的关系是法治建设的核心问题。全面推进依法治国的大事能不能办好，关键的是方向是不是正确，政治保证是不是坚强有力，具体讲就是要坚持党的领导，坚持中国特色社会主义制度，贯彻中国特色社会主义法治理论。在中国，法是党的主张和人民意愿的统一体现，党领导人民制定宪法法律，党领导人民实施宪法法律，党自身必须在宪法法律范围内活动，这就是党的领导力量的体现。

（五）如何推进政治体制改革，政治体制改革的目标模式

推进政治体制改革必须坚持四项基本原则，反对资产阶级自由化。四项基本原则是中国的立国之本，是改革开放和现代化建设健康发展最重要的政治保证，是我们党领导人民建设中国特色社会主义的一项基本经验。

推进政治体制改革，必须从我国国情出发，既要态度积极，又要步子稳妥。政治体制改革情况复杂，任务艰巨，每项改革涉及的人和事都很广泛。很深刻，触及很多人的利益，会遇到很多的障碍，需要审慎从事。改革的方针必须坚定，但方法要细密，步子要稳妥。要高度重视和认真做好维护社会稳定的工作，始终保持安定团结的社会政治局面，在和谐稳定的环境中有序地推进政治体制改革。

推进政治体制改革，必须坚定不移地走自己的政治发展道路，绝对不能照搬西方政治模式。但并不意味着不能和不需要批判地吸收和借鉴西方政治文明的积极成果。世界是丰富多彩的，没有也不可能有一种放之四海而皆准的政治制度模式。每个国家都有自己的历史传统和经济、社会发展的实际情况，民主应该适合自己的国情。

在当前和今后一个时期，中国政治体制改革的目标是：以保证人民当家做主为根本，坚持和完善人民代表大会制度、中国共产党领导的多党合作和政治协商制度、民族区域自治制度及基层群众自治制度，更加注重改进党的领导方式和执政方式，保证党领导人民有效治理国家；更加注重健全民主制度、丰富民主形式，保证人民依法实行民主选举、民主决策、民主管理和民主监督；更加注重发挥法治在国家治理和社会管理中的重要作用，维护国家法制统一、尊严、权威，保证人民依法享有广泛权利和自由。

（六）社会主义核心价值体系与核心价值观的关系

2006 年 10 月，党的十六届六中全会通过的《中共中央关于构建社会主义和谐社会若干重大问题的决定》，第一次明确提出了“建设社会主义核心价值体系”的重大命题和战略任务。2007 年，胡锦涛在“6·25”重要讲话中强调，要大力建设社会主义核心价值体系，巩固全党全国人民团结奋斗的共同思想基础。社会主义核心价值体系包括四个方面的基本内容，即马克思主义指导思想，中国特色社会主义共同理想，以爱国主义为核心的民族精神，以改革创新为核心的时代精神、社会主义荣辱观。建设社会主义核心价值体系，使全社会对社会主义核心价值有了更深入的认识，为凝练社会主义核心价值观提供了条件。党的十八大在建设社会主义核心价值体系的基础上，首次提出倡导富强、民主、文明、和谐，倡导自由、平等、公正、法治，倡导爱国、敬业、诚信、友善，积极培育和践行社会主义核心价值观。所以，社会主义核心价值观是在社会主义核心价值体系的基础上提出来的，是社会主义核心价值体系的内核凝练，体现着社会主义核心价值体系的根本性质和基本特征。

把握好社会主义核心价值观与核心价值体系的关系，要求做到两个方面：

第一，要充分认识两者的内在一致性。社会主义核心价值体系和社会主义核心价值观方向一致，都体现了社会主义意识形态的本质要求，体现了社会主义制度在思想和精神层面的质的规定性，凝结着社会主义先进文化的精髓，是中国特色社会主义道路、理论体系、制度的价值表达，是实现中华民族伟大复兴的中国梦的价值引领。核心价值观和核心价值体系都坚持重在建设，就是要弘扬共同理想、凝聚力量、建设道德风尚。

第二，要认识两者各有侧重，特别是要看到相比于社会主义核心价值体系，社会主义核心价值观更加突出核心要素，更加注重凝练表达，更加强化实践导向。社会主义核心价值观把涉及国家、社会、公民的价值要求融为一体，既体现了社会主义本质要求，继承了中华优秀传统文化，也吸收了世界文明有益成果，体现了时代精神，回答了我们要建设什么样的国家，建设什么样的社会，培育什么样的公民的重大问题。

（七）社会和谐是中国特色社会主义的本质属性

把构建和谐社会的问题提到中国特色社会主义本质属性的高度，是党的十六届六中全会的重大理论贡献，是《中共中央关于构建社会主义和谐社会若干重大问题的决定》的一大亮点。这个论断是中国共产党总结中国社会主义建设长期历史经验得出的基本结论，也是构建社会主义和谐社会的重要理论基础。

第一，社会和谐体现了中国特色社会主义基本经济制度的本质要求。一方面，社会主义基本经济制度为社会和谐提供了物质基础和制度保障，使社会和谐从理想的追求变为现实的可能；另一方面，社会和谐把协调利益关系、实现公平正义作为自己的基本内容和重要特征，体现了中国基本经济制度在社会建设和社会发展目标上的本质要求和价值追求。

第二，社会和谐体现了中国特色社会主义民主政治的本质要求。中国特色社会主义的基本政治制度就是党的领导、人民当家做主和依法治国有机结合的社会主义民主政治，而我们所要构建的社会主义和谐社会，则是中国共产党领导全体人民共同建设、共同享有的社会，两者在本质上是一致的。

第三，社会和谐体现了中国特色社会主义在价值取向方面的根本要求。实现人的全面自由发展，是科学社会主义的最高价值取向。而人的自由全面发展的标志是，每个人的自由发展是一切人的自由发展的条件。这是人与人和谐相处的最高境界，是社会关系和谐的最高境界。我们要通过中国特色社会主义建设，促进人的全面发展，争取人的自由和解放。其中一个重要方面，就是通过构建社会主义和谐社会，正确处理和化解各种社会矛盾，不断提高社会的公平正义水平，促进人与人之间的和睦友好关系。而且随着中国特色社会主义建设的发展，不但使人的发展与社会发展有机统一、相互促进，而且使人的发展本身也相互和谐、相互促进，让人们越来越从相互关系的和谐中获得自由和发展，让个人的自由和发展越来越有利于其他人的自由和发展，把科学社会主义的基本价值取向越来越充分地体现出来。

总之，把社会和谐明确为中国特色社会主义的本质属性，符合我们党立党为公、执政为民的本质要求，体现全党全国各族人民的共同愿望，对于推进党和人民事业发展，保证党和国家的长治久安，具有十分重要的意义。

三、怎么讲

（一）中国特色社会主义经济

在使学生了解中国社会主义市场经济体制确立过程的基础上，重点讲授社会主义市场经济体制的基本特征，着重说明社会主义市场经济体制既不同于原有的计划经济体制，也与资本主义市场经济体制有本质的区别，既要看到市场经济的一般共性，又要看到社会主义市场经济的特殊性。

关于社会主义初级阶段的基本经济制度，教师要使学生明了这个基本经济制度的内容及其确立的依据，在此基础上，重点分析为什么必须坚持公有制为主体、多种所有制经济共同发展的基本经济制度，分析这个问题的时候，要联系历史和现实说明中国为什么不能搞私有化和单一公有制，进而说明必须毫不动摇地巩固和发展公有制经济，必须毫不动摇地鼓励、支持和引导非公有制经济的发展。

关于社会主义初级阶段的分配制度，教师可以结合马克思的劳动价值论，分析按生产要素分配和劳动价值论的关系，说明按生产要素分配并没有否定劳动价值论，而是以劳动价值论为基础的；在讲如何看待收入差距扩大问题时，一定要联系中国经济生活中收入差距的现状进行具体分析，既从理论和现实的结合上，说明出现收入差距的必然性，也要具体分析收入差距扩大的各方面原因，同时说明应当如何缩小差距，体现共同富裕的要求。

（二）中国特色社会主义政治

教学重点方面，我们为什么必须坚持中国特色社会主义的基本政治制度？为什么不能照搬西方议会民主、“三权分立”和多党制？教师要从马克思主义立场出发，把握基本理论，结合实际情况，以历史纵向和国际比较横向两个维度，把问题讲解清楚，既要有理论上的分析，又要有真实的案例辅助学生理解。对于“全面依法治国”的重要性和必要性及中国特色社会主义法治道路的内涵，教师要仔细研读习近平关于全面依法治国的系列讲话，把握讲话精神，在此基础上把教材中涉及的几个要点讲解清楚。对于为什么要积极稳步推进政治体制改革，建设社会主义政治文明？教师要通过案例教学，分析当前政治体制改革滞后对全面发展的制约作用，使学生能够切实感受到政治体制改革的必要性和迫切性，而后再切入如何建设社会主义政治文明的内容，而不是空谈政体改革问题。

教学难点方面，对于为什么不存在“党大还是法大的问题”，教师要把握马克思主义基本理论作为此问题的学理支撑，一定要进行理论上的分析，再结合习近平系列讲话的内容，此间可以穿插案例，以丰富的理论内涵和极具说服力的典型案例把这个难点问题讲透讲到位。

关于政治体制改革，如果只是讲套话，学生不仅对此没有清醒的认识，而且还会引起学生的反感。而究竟如何推进政治体制改革，作为讲述的教师不仅需要与党中央保持一致，还需要讲真话、讲实话，不能回避社会的不良现象，讲好这一题目是相对比较难的地方，教师需要精心准备、认真备课，既要真实准确传达中央的精神，又要对社会上流行的具有代表性的思潮进行甄别，使学生对这个问题有一个正确的和相对深刻的认识。

（三）中国特色社会主义文化

首先重点讲授坚持中国特色社会主义文化发展道路。首先简单介绍中国特色社会主义文化发展道路的提出，然后重点分析中国特色社会主义文化发展道路的内容和如何坚持中国特色社会主义文化发展道路；其次重点讲授弘扬社会主义核心价值体系和核心价值观：先简单介绍社会主义核心价值体系和核心价值观的提出，然后重点分析社会主义核心价值体系和核心价值观的内容与关系，再重点分析培育和践行社会主义核心价值观的路径，最后分析、讨论为什么要建设社会主义文化强国，如何建设文化强国。

（四）建设社会主义和谐社会

教师首先简要讲授构建社会主义和谐社会的提出；重点讲授社会和谐是中国特色社会主义的本质属性；重点讲授构建社会主义和谐社会的目标和主要任务；分析或讨论如何做好保障和改善民生的工作；分析或讨论如何创新社会治理体制。

（五）建设社会主义生态文明

教师要从生态文明建设与经济建设、政治建设、文化建设、社会建设的相互关系的角度，从五位一体总布局的高度，分析说明建设生态文明的重要意义；要结合习近平系列重要讲话中关于大力推进生态文明建设的重要论述，分析说明生态文明建设与经济建设的关系，说明必须树立尊重自然、顺应自然、保护自然的生态文明理念；要联系中国生态环境方面的严峻形势和老百姓关心的突出环境问题，说明生态环境体制改革的重要性以及如何改革。

（作者：何绍铭，马克思主义中国化教研室副教授；
崔玲，马克思主义中国化教研室副教授；
周宇宏，马克思主义中国化教研室教授）

第九章　实现祖国完全统一的理论

一、教学重点

（一）实现祖国完全统一是中华民族的根本利益

维护国家统一是中华民族的优良传统。中国上下五千年的历史，就是一个统一的多民族国家不断发展的历史。

实现祖国完全统一是中华民族伟大复兴的历史任务。实现中华民族伟大复兴，是近代以来中华儿女的共同愿望和强烈期盼。实现祖国完全统一，是中华民族伟大复兴的重要内容和基本任务。

实现祖国完全统一是中国人民不可动摇的坚强意志。民族团结和国家统一，符合中华民族的根本利益，符合中国社会发展的历史潮流，是包括台湾同胞在内的所有海内外中华儿女的共同心愿。

（二）“和平统一、一国两制”构想的基本内容和重要意义

1. “和平统一、一国两制”构想的基本内容

第一，一个中国。这是“和平统一、一国两制”的核心，是发展两岸关系和实现和平统一的基础。

第二，两制并存。在祖国统一的前提下，国家的主体部分实行社会主义制度，同时在台湾、香港、澳门保持原有的社会制度和生活方式长期不变。

第三，高度自治。祖国完全统一后，台湾、香港、澳门作为特别行政区，享有不同于其他省、市、自治区的高度自治权，可以充分行使选择社会制度和生活方式的权利。

第四，尽最大努力争取和平统一，但不承诺放弃使用武力。坚决反对任何“台独”言行。坚决反对外国势力插手和干涉台湾问题。

第五，解决台湾问题，实现祖国完全统一，寄希望于台湾人民。

2. “和平统一、一国两制”构想的重要意义

第一，“和平统一、一国两制”构想创造性地发展了马克思主义的国家学说。

第二，“和平统一、一国两制”构想有利于争取社会主义现代化建设所需要的和平的国际环境与国内环境。“一国两制”既体现了坚持祖

国统一、维护国家主权的原则坚定性，也体现了照顾历史实际和现实可能的策略灵活性。

第三，“和平统一、一国两制”构想为解决国际争端和历史遗留问题提供了新的思路。

二、教学难点

新形势下对台湾工作方针是本章教学难点。

党的十八大以来，习近平深刻总结了两岸关系和平发展的经验和启示，提出了新形势下推进两岸关系发展的五点重要主张，回答了新形势下两岸关系未来之路应该怎么走的重大问题，也回应了当前两岸民众关心的一些切身利益问题。

第一，坚持“九二共识”，反对“台独”是两岸关系和平发展的政治基础，其核心是认同大陆和台湾同属一个中国。

第二，深化两岸利益融合，共创两岸互利共赢，增进两岸同胞福祉，是推动两岸关系和平发展的宗旨。

第三，两岸交流，归根到底是人与人的交流，最重要的是心灵沟通。两岸同胞要以心相交、尊重差异、增进理解，不断增强民族认同、文化认同、国家认同。

第四，两岸双方要着眼大局，本着相互尊重的精神，不仅要求同存异，更应努力聚同化异，不断增进政治互信。

第五，中华民族伟大复兴要大家一起来干。

两岸统一是中华民族走向伟大复兴的历史必然。只要海内外中华儿女紧密团结、共同奋斗，祖国完全统一就一定能够实现。

三、怎么讲

（1）重点讲授实现祖国完全统一是中华民族的根本利益。

（2）简单讲授“和平统一、一国两制”构想的形成和发展。

（3）重点讲授“和平统一、一国两制”构想的内容和重要意义。

（4）简单讲授“一国两制”构想在香港、澳门的成功实践。

（5）分析新形势下对台湾的工作方针。

（作者：王勇，马克思主义中国化教研室讲师）

第十章　中国特色社会主义外交和国际战略

一、教学重点

（一）坚持走和平发展道路的根据和重要意义

1. 坚持走和平发展道路的根据

第一，中国和平发展的道路，是一条统筹国内发展和对外开放的发展道路。中国的发展，既需要稳定的国内环境，也需要和平的国际环境。为此必须高举和平、发展、合作、共赢的旗帜，坚定不移地走和平发展道路。

第二，中国和平发展的道路，是一条勇于参与经济全球化而又坚持广泛合作、互利共赢的发展道路。中国不仅致力于自身发展，也强调对世界的责任和贡献。

第三，走和平发展道路，是对中华民族优秀文化传统的传承和发展，也是中国人民从近代以来的苦难遭遇中得出的必然结论。

第四，走和平发展道路，是基于新中国 60 多年历史经验总结和未来发展的需要。没有和平，中国和世界都不可能顺利发展；没有发展，中国和世界也不可能有持久和平。

第五，走和平发展道路，是基于当今世界发展潮流的必然选择。纵观世界历史，依靠武力对外侵略扩张最终都是要失败的。这就是历史规律。

中国坚持走和平发展道路，但绝不能放弃中国的正当权益。

2. 坚持走和平发展道路的重要意义

第一，中国和平发展打破了“国强必霸”的大国崛起传统模式，避免了那种建立殖民体系、争夺势力范围、对外扩张的资本主义发展的老路。

第二，中国走和平发展道路，带给世界的是更多机遇。随着国力不断增强，中国必将在力所能及范围内承担更多国际责任和义务。

第三，中国走和平发展道路，将推动国际力量对比朝着相对均衡的方向发展，引导国际格局演变和国际体系变革。

（二）独立自主和平外交政策的基本原则

第一，坚持独立自主地处理一切国际事务的原则。独立自主是马克思主义的重要原则，是中国革命和建设事业取得胜利的宝贵经验之一。中国共产党人将这一基本原则运用于国际外交领域，将它发展为正确处理国家与国家之间关系的基本外交原则和方针，形成了独立自主的和平外交方针。

第二，坚持和平共处五项原则。和平共处五项原则生动反映了联合国宪章的宗旨和原则，集中体现了主权、正义、民主、法治的价值观，其精髓就是国家主权平等。

第三，坚持同发展中国家加强团结与合作的原则。中国是发展中国家，加强与发展中国家的团结与合作是中国对外政策的基本立足点。

第四，坚持爱国主义与履行国际义务相统一的原则。在涉及中国主权、领土完整、国家利益、国家安全的问题上，决不妥协退让，同时又要注意维护世界和平和世界人民的根本利益。

二、教学难点

推动建立以合作共赢为核心的新型国际关系是本章教学难点。

维护世界和平、促进共同发展是中国外交政策的宗旨。推动建立以合作共赢为核心的新型战略关系，是党中央立足时代发展潮流和中国根本利益做出的战略选择，反映了中国人民和世界人民的共同心愿。这一战略符合中华文化的优秀传统，符合中国外交的一贯追求，符合经济全球化和国际关系民主化的时代潮流，为当今世界处理国与国关系提供了崭新思路，必将对国际关系的发展演变产生积极而深远的影响。

第一，推动建立以合作共赢为核心的新型国际关系，要把合作共赢理念体现到政治、经济、安全、文化等对外合作的各方面，推动建设人类命运共同体。

第二，推动建立以合作共赢为核心的新型国际关系，要在和平共处五项原则基础上坚定不移地发展同世界各国的友好合作。

第三，推动建立以合作共赢为核心的新型国际关系，要坚决维护国家核心利益。坚决维护国家的核心利益是中国外交的神圣使命，是我们外交工作的底线。

第四，推动建立以合作共赢为核心的新型国际关系，要加强涉外法律工作，完善涉外法律法规体系。

面对国际形势的深刻变化和世界各国同舟共济的客观要求，各国应该共同推动建立以合作共赢为核心的新型国际关系。

三、怎么讲

（1）简单讲授和平与发展是当今时代的主题。

（2）简单讲授世界多极化和经济全球化的趋势。

（3）重点讲授坚持走和平发展道路的根据和重要意义。

（4）重点讲授中国独立自主和平外交政策。

（5）分析如何推动建立以合作共赢为核心的新型国际关系。

（作者：王勇，马克思主义中国化教研室讲师）

第十一章　建设中国特色社会主义的根本目的和依靠力量

一、教学重点

（一）建设中国特色社会主义的根本目的

1. **一切为了人民**

党的十八大指出，为人民服务是党的根本宗旨，以人为本、执政为民是检验党一切执政活动的最高标准。这一论述，揭示了中国共产党执政活动的依靠力量和评价标准，揭示了中国特色社会主义建设的根本目的。

第一，一切为了人民是唯物史观的根本观点。坚持一切为了人民，是由人民群众在历史活动和历史发展中的主体地位决定的。首先，从历史发展的实际进程看，人民群众之所以能够起到决定历史发展方向的根本作用，是因为他们不仅是物质资料生产活动的主体，而且是人类社会精神生产活动的主体，还是社会变革的主体。其次，马克思主义政党代表工人阶级和劳动人民的利益，只有坚持一切为了人民，才能反映人民群众的意志和愿望，体现生产力发展的客观要求，不断推动社会向前发展，完成自己的历史使命。

第二，一切为了人民是党的根本宗旨。中国共产党是中国工人阶级的先锋队，同时是中国人民和中华民族的先锋队，党的性质决定了全心全意为人民服务的宗旨。党从成立那天起就是为了实现人民的解放和幸福，无论战争、和平还是改革开放的年代，都始终坚持人民的利益高于一切，始终把实现和维护最广大人民根本利益作为党的庄严使命。

第三，一切为了人民是坚持和发展中国特色社会主义的内在要求。建设中国特色社会主义是全国各族人民实现自己利益、创造美好生活的共同事业，是亿万人民群众广泛参与的创造性事业。人民群众既然是历史的主体、实践和认识的主体，也就理所当然地成为价值的主体。人民群众作为坚持和发展中国特色社会主义的根本力量，也应该成为中国特色社会主义发展成果的享有者。这是中国特色社会主义发展的内在逻辑。人民群众的积极性、主动性和创造性的充分发挥是社会主义事业成功的根本保证和动力源泉。

2. 实现共同富裕

共同富裕是中国特色社会主义的根本原则，体现了社会主义的本质要求，指明了社会主义发展的方向和目标。

第一，共同富裕是科学社会主义的重要价值诉求。首先，马克思主义者都非常重视共同富裕的价值目标。其次，人类发展的历史表明，在私有制的社会条件下，必然会产生贫富悬殊和两极分化，不可能实现共同富裕。最后，社会主义社会由于确立了生产资料公有制，消灭了产生剥削和两极分化的根源，最终必然会实现共同富裕的目标。

第二，共同富裕是社会主义优越性的重要体现。邓小平说，社会主义最大优越性就是实现共同富裕。中国只有达到世界中等发达国家水平，并实现了共同富裕，才能向人类表明，社会主义是必由之路，社会主义优于资本主义。只有社会主义走共同富裕的道路，才能得到人民群众的拥护和支持。

第三，共同富裕是中国特色社会主义的基本目标。共同富裕体现了中国特色社会主义始终致力于解放和发展社会生产力这一根本任务，始终致力于提高人民群众的生活水平这一内在要求，是党带领人民建设社会主义的一贯目标。新中国成立以来，特别是改革开放以来，我国生产力水平和经济社会发展水平有了一个大的跨越，实现了由基本消除贫困到总体小康再向全面小康迈进的历史性跨越，同时也出现了收入差距拉大的现象。缩小收入差距，实现共同富裕事关中国特色社会主义长远发展的重大课题和重要目标。

3. 坚持经济社会与人的全面发展的统一

第一，马克思主义的唯物史观，要求我们必须坚持经济社会发展与人的统一。马克思主义认为，社会是由人构成的，人的生存状况和社会关系状况是社会发展水平的标志。人们通过追求自己的目标创造自己的历史，通过满足自身需要而实现自身发展，推动社会进步。

第二，改革开放以来，党总结历史的经验教训，把人的全面发展放在了重要位置。

第三，经济社会发展与人的全面发展是相互促进、互为条件的。

（二）工人、农民和知识分子是建设中国特色社会主义事业的根本力量

1. 人民的概念

人民是一个历史范畴，在不同的国家和各个不同国家的不同历史时

期，有着不同的内容。在当代中国，一切赞成、支持和参加中国特色社会主义建设的阶级、阶层和社会力量都属于人民的范畴，都是建设中国特色社会主义事业的依靠力量。工人阶级和农民阶级包括知识分子始终是推动中国先进生产力、先进文化发展和社会进步的根本力量。

2. 工人阶级是国家的领导阶级

首先，中国是一个社会主义国家，工人阶级是国家的领导阶级，是党最坚实、最可靠的阶级基础。其次，中国工人阶级是中国社会发展，特别是社会化大生产发展的产物，是中国先进生产力和先进生产关系的代表。最后，工人阶级是全面建成小康社会、坚持和发展中国特色社会主义的主力军。

3. 农民阶级是基本依靠力量

中国新民主主义革命胜利的根本原因，是中国工人阶级依靠工农联盟掌握了革命的领导权。建设中国特色社会主义必须坚定不移地依靠广大农民，这是由农业、农村、农民问题的重要地位和作用决定的。依靠广大农民，调动农民的积极性和创造性，关系着改革开放和社会主义现代化事业的大局。

4. 知识分子是中国工人阶级的一部分

在中国民主革命中，先进的知识分子是首先觉悟的一部分人。没有知识分子的参加，中国革命的胜利是不可能的。在当代中国，知识分子已经成为工人阶级的一部分，是先进生产力的开拓者和发展教育科学文化的基本力量。

第一，科学技术成为第一生产力的地位和作用，决定了知识分子在经济发展和社会进步中的特殊作用。

第二，依靠知识分子推动科技进步和经济社会发展，已经成为中国改革开放和社会主义现代化建设事业发展的关键因素。

第三，发挥知识分子的推动作用，必须坚持人才发展战略，把尊重劳动、尊重知识、尊重人才和尊重创造作为一项重大方针。

（三）新时期爱国统一战线的新特点

新时期的爱国统一战线仍然是全面建设小康社会、基本实现现代化的重要法宝。

新时期的爱国统一战线的内容发生了重大变化，主要包括大陆范围内的联盟和大陆范围外的联盟。

新时期爱国统一战线的基本任务是为实现两个百年目标和伟大的中

国梦服务，为维护社会稳定维护国家主权安全服务，为实现祖国繁荣稳定和完全统一服务。

二、教学难点

（一）如何理解工人阶级的主人翁地位和领导地位

工人阶级的队伍发生了很多变化，呈现出很多新特点，如何理解工人阶级的主人翁地位和领导地位。

第一，工人阶级队伍确实发生了很多新变化。

第二，工人阶级的主人翁地位和领导地位并没有发生改变。

工人阶级仍然是社会财富的创造者，是历史的创造者；工人阶级仍然是先进生产力的代表者；工人阶级的合法权益必须得到保障。

（二）新的社会阶层是中国特色社会主义事业的建设者

新的社会阶层包括民营科技企业的创业人员和技术人员、受聘于外资企业的管理技术人员、个体经营者、私营业主、中介组织从业人员和自由职业者。

新的社会阶层产生具有合法性，都是在党和国家改革开放政策的允许下出现的，是在社会主义公有制和社会主义上层建筑主导国家政治经济生活中发展的，其经营活动在国家法律法规范围内，他们中的大多数人是从工人、农民、知识分子和干部队伍中分离出来的。

新的社会阶层的产生有客观必然性，首先，是经济体制改革中的制度创新产生的；其次，是生产力的发展和经济结构变化的产物；最后，是产业结构的变化促成就业结构、社会阶层结构的变化。

三、怎么讲

（一）建设中国特色社会主义的根本目的

详细而深入地讲。教师可以大量地联系中国自身发展的实际、联系苏联东欧社会主义国家演变以后的实际和当代资本主义社会发展新变化，特别是资本主义金融危机以来的新变化，着重讲清建设中国特色社会主义的目的和优越性。

（二）工人、农民和知识分子是建设中国特色社会主义的根本力量

从历史和现实中，各自的地位和作用的角度讲。

（三）新时期爱国统一战线仍然是改革开放和现代化建设事业的重要法宝

简单讲，主要讲清楚新时期两个联盟的内容。

（四）工人阶级的队伍发生了很多变化，呈现出很多新特点，如何理解工人阶级的主人翁地位和领导地位

新时期工人阶级队伍的新变化并没有改变工人阶级的主人翁地位和领导地位，着重讲清现实问题对工人主人翁地位提出的挑战以及应对这些挑战的重要举措。

（作者：梁玉秋，马克思主义中国化教研室副教授）

第十二章　建设中国特色社会主义的领导核心

一、教学重点

（一）全面提高党的建设科学化水平

1. *以改革创新精神推进党的建设的伟大工程*

高度重视和不断加强党的建设，是中国共产党从小到大、由弱到强、从挫折中奋起，在战胜困难中不断成熟的一大法宝，也是党领导的伟大事业不断取得胜利的根本保证。当前，世情、国情、党情都发生了深刻变化，党的建设面临许多新考验，必须以改革创新的精神推进党的建设的伟大工程，必须清醒地认识到党面临的执政考验、改革开放考验、市场经济考验和对外开放的考验。

2. *加强党的执政能力建设是党执政后的一项根本性建设*

执政能力是党治国理政的本领。具体说，是指党提出和运用正确的理论、路线、方针、政策和策略，领导制定和实施宪法和法律，采取科学的领导制度和领导方式，动员和组织人民依法治国，建设社会主义现代化国家的本领。主要包括驾驭社会主义市场经济的能力，发展社会主义民主政治的能力，建设社会主义先进文化的能力，构建社会主义和谐社会的能力，应对国际局势和处理国际事务的能力，以及拒腐防变和抵御风险的能力。

3. *加强党的先进性和纯洁性建设*

加强党的先进性和纯洁性建设，巩固党的执政基础和执政地位，是党的建设面临的根本问题和时代课题。保持党的先进性和纯洁性，最重要的是坚持党的群众路线，保持与人民群众的血肉联系。

加强党的先进性建设，就是要通过推进党的各方面建设，使党的理论和路线、方针、政策顺应时代发展的潮流和中国社会发展进步的要求，使党永葆与时俱进的品质，始终发挥先锋模范作用，始终走在时代前列。

加强党的纯洁性建设，就是要通过推进党的各方面建设，使党的各级组织和广大党员在思想和行动上符合党的宗旨要求，保持纯粹清正的状态。

先进性和纯洁性是马克思主义政党的本质属性，贯穿于党的性质、宗旨、任务和全部工作中，体现在各级党组织和全体党员的实际行动上。二者相辅相成，密不可分。

（二）全面从严治党

1. 坚持党要管党、从严治党

党要管党，从严治党，是中国共产党的一个重要经验，是中国共产党应对国际国内风险考验，完成党的执政使命的客观需要，是保持党的先进性、纯洁性、巩固党的执政地位的必然要求。全面从严治党作为“四个全面”战略布局的基本内容，对党要管党、从严治党提出了更高更全面的要求。全面从严治党是推进四个全面战略布局的关键。

2. 坚持思想建党与制度建党相结合

思想建党与制度治党紧密结合，是中国共产党自身建设的显著特点和特有优势。思想建党是无产阶级政党的基本原则，制度治党是从严治党的根本之道。只有坚持思想建党和制度治党紧密结合，才能真正把从严治党落在实处，才能使党始终成为中国特色社会主义事业的坚强领导核心。

3. 加强组织、纪律和作风建设

全面从严治党必须狠抓组织、纪律和作风建设。中国共产党之所以强大，成为得到人民衷心拥护的坚强的马克思主义政党，靠的就是党组织的先进性、铁的纪律和优良的作风。

4. 加强廉政建设和反腐败斗争

加强廉政建设和反腐败斗争，是从严治党的重中之重。第一，建立健全惩治和预防腐败体系。第二，坚持惩治不放松。第三，加强反腐倡廉教育。第四，推进反腐败体制机制创新。

二、教学难点

党的领导是社会主义现代化建设的根本保证，是由中国共产党的性质和宗旨决定的。中国共产党是中国工人阶级的先锋队，同时又是中国人民和中华民族的先锋队。两个先锋队是不可分割的统一整体。

党的性质决定了党的宗旨是全心全意为人民服务，决定了党在任何时候都要把人民的利益放在第一位。党从成立之日起，就把为人民服务作为自己的最高原则，把代表工人阶级和全国各族人民的利益，作为党的一切活动的出发点和落脚点。

中国共产党的执政地位是历史和人民的选择。第一，中国共产党的执政地位是在长期革命斗争中逐步形成的，是近现代中国历史发展的必然，是人民的选择。第二，在新的历史条件下，在中国能够团结和带领全国各族人民实现中华民族伟大复兴的政治力量只有中国共产党。

中国共产党的领导是中国特色社会主义最本质的特征。坚持党的领导就是要坚持党在建设中国特色社会主义中的领导核心地位。坚持党的领导必须不断加强和改善党的领导。坚持党的领导和改善党的领导是辩证统一的。

三、怎么讲

（一）党的领导是社会主义现代化建设的根本保证

这个问题既是教学重点，也是教学难点。针对现实中有人质疑共产党执政的合法性的问题，需要讲清坚持党的领导的必要性和重要性及其现实性。需要从历史、现实和理论、制度各方面深入展开讲，有针对性地回答问题。

（二）全面提高党的建设的科学化水平

从理论上阐述清楚什么是党的先进性、纯洁性和执政能力、执政方式，联系实际阐述加强党的建设的重要性和迫切性。

（三）全面从严治党

从严治党重在落实。根本之道是制度管党，制度治党。着重讲清党的十八大以来中国共产党从严治党的举措。

（作者：梁玉秋，马克思主义中国化教研室副教授）

“中国近现代史纲要”重点与难点①

王峻　主编

① 依据《中国近现代史纲要》编写，马克思主义理论与研究建设工程重点教材，高等教育出版社，2015年版。

上篇　风云变幻的80年

一、教学重点

（一）近代中国社会的半殖民地半封建性质和基本特征

认识中国近代社会的性质，是认识中国近代一切社会问题和革命问题的最基本的依据。中国的半殖民地半封建社会，是近代以来中国在外国资本主义势力的入侵，及外国资本主义势力与中国封建主义势力相结合的条件下，逐步形成的一种从属于资本主义世界体系的畸形的社会形态。鸦片战争前的中国社会是封建社会。鸦片战争以后，随着外国资本——帝国主义的入侵，中国社会发生了两个根本性的变化：其一，独立的中国逐步变成半殖民地的中国；其二，封建的中国逐步变成半封建的中国。近代中国半殖民地半封建社会的基本特征是：

（1）封建时代自给自足的自然经济被破坏了，但是封建剥削制度依然保持着，而且同买办资本和高利贷资本的剥削结合在一起，在中国社会经济生活中仍占着显著的优势。

（2）民族资本主义有了一定的发展，但它没有成为中国社会经济的主要形式，力量很软弱，它的大部分同外国帝国主义和国内封建主义有或多或少的联系。

（3）封建专制政权被推翻了，代之而起的先是地主阶级的军阀官僚统治，接着是地主阶级和大资产阶级联盟的专政。封建势力是中国最反动、最腐朽的势力，是帝国主义统治中国的主要工具和社会基础。

（4）帝国主义不但操纵了中国的财政和经济命脉，并且操纵了中国的政治和军事力量，是近代中国一切灾难的总根源，是中国社会发展的主要障碍。

（5）由于中国是在许多帝国主义国家的统治和半统治之下，由于中国实际上处于长期的不统一状态，又由于中国的土地广大，中国的经济、政治和文化的发展表现出极端的不平衡。

（6）由于帝国主义和封建主义的双重压迫，中国人民的贫困和不自由的程度，是世界上所少有的。

（二）近代中国的两大历史任务及其相互关系

1. 近代中国的两大历史任务

第一，争取民族独立，人民解放。

第二，实现国家富强，人民富裕。

近代中国的两大历史任务的相互关系：争取民族独立，人民解放和实现国家富强，人民富裕，是互相区别又互相紧密联系的。

2. 相互关系

近代中国两大历史任务的主题、内容不同，不可相互替代，但又是息息相关、相互关联和不可分割的。

第一，由于腐朽的社会制度束缚着生产力的发展，阻碍着经济技术的进步。必须首先改变这种制度，争取民族独立和人民解放，才能为实现国家富强和人民富裕创造前提。近代以来的历史表明，争取民族独立和人民解放，必须进行反帝反封建的民主革命。

第二，实现国家富强和人民富裕是民族独立，人民解放的最终目的和必然要求。因此，争取民族独立和人民解放完成的历史任务，是为后一个历史任务——实现国家的繁荣富强创造条件、开辟道路的。

二、教学难点

“近代中国社会的主要矛盾”是本章的教学难点。毛泽东在《中国革命和中国共产党》一文中总结出半殖民地半封建社会的主要矛盾：“帝国主义和中华民族的矛盾，封建主义和人民大众的矛盾，这些就是近代中国社会的主要的矛盾。”“而帝国主义和中华民族的矛盾，乃是各种矛盾中的最主要的矛盾。”

近代中国社会的矛盾很多且错综复杂：农民与地主、工人与资本家之间的阶级矛盾，地主阶级与资产阶级的矛盾，统治集团内部派系的矛盾，中华民族与帝国主义列强的矛盾，列强国之间争夺在华利益的矛盾等。其中，主要矛盾是帝国主义和中华民族的矛盾、封建主义和人民大众的矛盾，余者皆为次要矛盾。两大主要矛盾中，帝国主义和中华民族的矛盾是最主要的矛盾，但并非封建主义和人民大众的矛盾就降为次要矛盾了。两大矛盾是相互交织在一起的，帝国主义与封建势力勾结在一起，沆瀣一气。中国是半殖民地，列强的统治是通过中国的傀儡政府间接实现的，所以，反帝必须反封建；而中国的反动政府是依靠帝国主义的扶持赖以生存的，所以，反封建必须反帝。特殊时期主要矛盾会发生相应变化，如抗日战争时期，中华民族与日本帝国主义侵略者的矛盾尖锐、突出，不共戴天，而与英国、美国等其他列强国家形成世界反法西斯统一战线的盟友关系，封建地主阶级也成为抗日民族统一战线的组成部分。

三、怎么讲

(1) 简述近代中国社会半殖民地半封建社会的形成。
(2) 分析近代中国社会的性质。
(3) 分析近代中国的两大历史任务及其相关关系。

（作者：匡长福，中国近现代史纲要教研室副教授）

第一章　反对外国侵略的斗争

一、教学重点

（一）资本—帝国主义的入侵给中国带来了什么？

西方资本—帝国主义的入侵，造成中国近代的贫穷与落后。近代资本—帝国主义列强对中国发动一系列侵略战争，迫使中国政府签订不平等条约，勒索大量战争赔款，直接割占中国大片领土。设立租界，强占租借地，划分势力范围。列强严重破坏了中国领土完整，严重破坏了中国的主权。列强通过公使驻京直接向清政府发号施令，通过领事裁判权破坏中国司法主权，通过控制中国海关直接干预中国内政外交。他们还扶植收买代理人，共同镇压中国人民的反帝反封建斗争，从而把中国当权者变成自己的代理人和驯服工具。列强通过不平等条约的特权，迫使中国开放通商口岸，通过协定关税，使中国在对外贸易中处于被宰割的地位，通过大规模的商品倾销和资本输出，使中国逐步沦为外国侵略者的商品销售市场和原料掠夺地，并操纵了中国的主要经济命脉。列强还对中国进行文化渗透，一些传教士披着宗教的外衣，进行侵略活动。他们还宣扬“种族优劣论”“黄祸论”，目的是为帝国主义侵略有理论制造舆论。所以，资本—帝国主义的侵略和本国封建势力对人民的压迫，是中国落后、贫困的根本原因。

西方资本—帝国主义的入侵，阻滞了中国近代化的进程。虽然，列强在侵华的时候也充当了历史的不自觉的工具，把西方资本主义的技术带入中国，刺激了中国资本主义的发展。但是，其主观上并不希望中国成为独立自主富强的近代化国家。历史证明，只有推翻帝国主义和封建主义在中国的统治，中国才有可能走上独立富强的道路。

（二）中国近代历次反侵略战争失败的根本原因和教训是什么

1. 近代中国社会制度的腐败是反侵略战争失败的根本原因

1840 年以后，在中国逐渐沦为半殖民地半封建社会的过程中，清王朝统治者从皇帝到权贵昏庸愚昧，不了解世界大势，不懂得御敌之策。由于政治腐败、经济落后和文化保守，一方面使清朝统治阶级封闭自守，安自尊大，骄奢淫逸；另一方面又使统治者和清军指挥人员在战争面前完全没有应变的能力和心态，不适应近代战争，不少将帅贪生怕死，临阵脱逃，有的甚至出卖国家和民族的利益。清政府尤其害怕人民群众，担心人民群众动员起来会危及自身统治，所以不敢发动和依靠人民群众的力量。

清朝统治集团在对外战争中妥协退让、求和投降的一系列做法，已经使其失去在中国存在的理由，不推翻清朝统治集团不能取得反侵略战争的胜利。

2. 近代中国经济技术的落后是反侵略战争失败的另一个重要原因

当时的英国已经历过工业革命，资本主义生产力获得突飞猛进的发展，而中国仍停留在封建的自然经济水平上。经济技术的落后直接造成军事装备的落后，军队指挥员不了解近代军事战术，从而造成军队素质和战斗力的低下。

经济技术落后是反侵略战争失败的重要原因，但并不表明经济技术落后就一定在反侵略战争中失败。正是因为当时的中国政府不能很好地组织反侵略战争，不能发动和利用人民群众的力量，甚至压制人民群众，其失败是不可避免的。

3. 中国近代历次反侵略战争失败的教训

中国人民必须把反对帝国主义的民族斗争和反对封建主义的阶级斗争统一起来，才能完成近代中国革命的任务。

二、教学难点

“民族意识的觉醒”是本章的教学难点。鸦片战争后，中国人的民族意识开始觉醒。林则徐、魏源提出“师夷长技以制夷”的主张。19 世纪 70 年代以后，随着中国资本主义生产方式的产生、初步发展，出现了早期的维新思想，代表人物王韬、薛福成、马建忠、郑观应等人，主张在学习西方科技的同时，吸纳西方的政治经济学说。甲午战争后，中国人的民族意识普遍觉醒，救亡图存和振兴中华成为时代主旋律，代表人物有以康有为、梁启超、谭嗣同、严复为首的维新派和以孙中山为首的资产阶级革命派。

三、怎么讲

（1）简略讲述近代以来资本—帝国主义对中国的侵略。

（2）重点讲授近代以来西方列强对中国的文化渗透，并联系现实，讲授西方敌对势力对中国实施“和平演变”的图谋。

（3）分析中国近代历次反侵略战争失败的根本原因和教训。

（作者：匡长福，中国近现代史纲要教研室副教授）

第二章　对国家出路的早期探索

一、教学重点

（一）太平天国农民战争的意义和局限性

1. *太平天国农民战争的意义*

（1）建立了自己的农民政权——太平天国，定都天京，存在12年。

（2）建立了较完善的政权组织形式，一套有效的政权组织，为太平军早期的胜利打下了坚实的基础。

（3）颁布了两个革命纲领——《天朝田亩制度》《资政新篇》。

（4）在反封建的同时还肩负着反对外来侵略的使命，在对外关系上与一贯卑躬屈膝的清政府形成鲜明对照。

2. *太平天国的历史局限性*

太平天国在反封建的同时，没有认识到外国侵略势力的本质危害，没有处理好反封建与反侵略的关系，在反封建上也不彻底，没有提出超出自然经济、封建传统的社会结构，对西方资本主义的认识只处在感性阶段，这和农民不代表新的生产力是紧密联系的，以农民为主体的民众反抗运动不会自觉地成为新的生产方式的拥护者，如果不能与先进的社会力量、思想理论结合，就不可能完成民族独立、人民解放的历史重任，也不可能改变自身的命运。

（二）洋务运动的历史作用及失败原因

1. *历史作用*

第一，19世纪60年代初，以奕䜣、曾国藩、李鸿章、张之洞为代表的封建统治阶级兴办了近代工业，建立了新式海陆军，创办了新式学堂，派遣留学生等。

第二，洋务运动推动了中国近代化，以办洋务发展经济、培养新式人才、制造轮船和军火为宗旨，客观上对中国早期工业和民族资本主义发展起了促进作用，给中国带来了新知识、新气象、新价值观念。

2. *失败原因*

第一，历史上大凡变革总是有反改革的力量与之相始终，就外因讲洋务运动之所以没有实现自强求富的目的主要是“同心少，异议多”

“致多阻隔者”。

第二，就内因讲是洋务派自身的传统本能与认识的局限性所致。他们大多是饱吸儒墨的旧学者，传统东西已深入骨髓，依然有服从传统的文化情结，在感情上与本国文化紧密相连，他们的认识水平还受自我内心的约束，否则近代化的努力就不止兵工业了。洋务运动历时三十多年，在不触动腐朽的封建制度的前提下试图利用西方资本主义的某些长处来维护封建专制统治，这种手段和基础相矛盾，使洋务运动注定失败。

（三）戊戌变法

1. 戊戌变法的意义

第一，在中国民族危机加深和中国民族资本主义初步发展的时代背景下，民族资产阶级领导的一场变法运动，是一次救亡图存的爱国运动。

第二，戊戌变法是一场资产阶级性质的政治改良运动。

第三，戊戌变法是一场思想启蒙运动。

2. 戊戌变法失败原因

从客观上讲，维新运动缺乏广泛的社会基础，封建势力仍然是强大的阻碍和破坏力量。

从主观上讲，戊戌变法失败的主要原因在于中国民族资产阶级成长的不充分和先天不足。

二、教学难点

通过戊戌变法的失败，认识近代中国复兴的艰巨性是本章教学难点。

维新运动的性质：1898 年 6 月 11 日至 9 月 21 日，103 天的维新运动是近代中国资产阶级探索救亡图存之路、实现其政治理想的第一次尝试，是近代中国意义重大的一次思想启蒙运动，也是资产阶级性质的改良运动。

戊戌变法是在中国民族危机加深和中国民族资本主义初步发展的时代背景下，民族资产阶级领导的一场变法运动。它首先是一次救亡图存的爱国运动，它将变法与救亡直接联系起来，就像康有为所说的：“且法者，所以守地者也。今祖宗之地既不守，何有于祖宗之法乎！夫使能守祖宗之法，而不能守祖宗之地，与稍变祖宗之法，而能守祖宗之地，熟得熟失，孰重孰轻?”①

其次，它是近百年中国变革与社会制度的一系列伟大运动的开端。戊戌变法不仅包括政治变革，还包括经济、文化和军事变革。因此，戊戌变法不但在政治变革上是一次历史的超越，在思想文化上也是一次重大的历史转变。维新派提倡资产阶级新学，传播西方资产阶级新文化，批判封建主义旧学，是一次思想启蒙运动，在意识形态领域产生了极大的影响，为后来的“新政”和“预备立宪”以及中国政治现代化的高峰——辛亥革命奠定了基础。

再次，在中国历史上，戊戌变法是有史以来作为新的经济力量和新的政治力量代表的资产阶级第一次向封建制度和封建思想挑战。如果说在“救亡图存的爱国运动”层面，其主要特点是变法与救亡相联系，那么在“思想启蒙运动”层面，其主要特点是将制度变革与文化变革紧密联系。

戊戌变法的失败：从客观上讲，维新运动缺乏广泛的社会基础，封建势力仍然是强大的阻碍和破坏力量。从主观上讲，第一，戊戌变法失败的主要原因在于中国民族资产阶级成长的不充分和先天不足。这就决定了民族资产阶级天生就具有软弱性和妥协性，表现在政治上既是斗争的不彻底性，不敢与帝国主义和本国封建势力彻底的决裂。比如变法之初，康有为和梁启超等维新派人士在政治上曾提出设议院、颁宪法等主张，而在其后具体的变法实际中，已再无半点影子，其对封建势力妥协之意自不待言。第二，戊戌变法者在认识上也有失误。一是对光绪皇帝期望过高。二是对袁世凯等封建军阀的本质认识不清。三是对帝国主义的本质缺乏正确认识。四是对自身实力估计不足，维新派既看不到民众的力量，也不敢放手去发动民众，这是其最为严重的错误。总之它败在封建势力的相对强大和主观上维新派的软弱与妥协，而非政治上的过激。所以中国复兴之路之艰巨可想而知。

三、怎么讲

（1）简单讲述太平天国农民战争的意义和失败原因。

（2）洋务运动的历史性质及失败原因。

（3）戊戌维新运动的意义。

（4）分析戊戌维新运动的性质及失败原因。

（作者：王峻，中国近现代史纲要教研室副教授）

---

① 李侃等．中国近代史［M］．北京：中华书局，1994：253.

第三章　辛亥革命与君主专制制度的终结

一、教学重点

（一）三民主义学说和资产阶级共和国方案

1905年11月，在同盟会机关报《民报》发刊词中，孙中山将同盟会的纲领概括为民族主义、民权主义、民生主义，后被称为“三民主义”。

民族主义包括“驱除鞑虏，恢复中华”两项内容。一是要以革命手段推翻清朝政府，改变它的民族歧视和民族压迫政策；二是追求独立，建立“民族独立的国家”。但是，民族主义没有从正面鲜明地提出反对帝国主义的主张。同时，他们也没有明确地把汉族军阀、官僚、地主作为革命对象，从而给这部分人后来从内部和外部破坏革命以可乘之机。

民权主义的内容是“创立民国”，即推翻封建君主专制制度，建立资产阶级民主共和国。这就是孙中山所说的政治革命。不过，民权主义虽然强调要建立民主共和国，却忽略了广大群众在国家中的地位，因而难以使人民的民主权利得到真正的保证。

民生主义指的是“平均地权”，也就是孙中山所说的社会革命。孙中山主张核定全国土地的地价，其现有之地价，仍属原主；革命后的增价，则归国家，为国民共享。但是，孙中山的“平均地权”的主张，没有正面触及封建土地所有制，不能满足广大农民的土地要求，在革命中难以成为发动广大工农群众的理论武器。

孙中山的三民主义学说，是一个比较完整而明确的资产阶级民主革命纲领。它的提出，对推动革命的发展产生了重大而积极的影响。

（二）辛亥革命的意义

辛亥革命是资产阶级领导的以反对君主专制制度、建立资产阶级共和国为目的的革命，是一次比较完全意义上的资产阶级民主革命。正如毛泽东指出的：“中国反帝反封建的资产阶级民主革命，正规地说起来，是从孙中山先生开始的。”

第一，推翻了清王朝的统治，给予外国侵略者和本国封建势力以沉重的打击。辛亥革命推翻了封建势力的政治代表、帝国主义在中国的代理人——清王朝的统治，沉重打击了中外反动势力，使中国反动统治者在政治上乱了阵脚。

第二，结束在中国延续了两千年之久的封建君主专制制度，确立了共和政体。辛亥革命建立了中国历史上第一个资产阶级共和政府，使民主共和的观念开始深入人心，并在中国形成了“敢有帝制自为者，天下共击之”① 的民主主义观念，反动阶级的统治秩序再也无法稳定下来。

第三，辛亥革命给人们带来一次思想上的解放。自古以来，皇帝被看作是至高无上、神圣不可侵犯的绝对权威，如今连皇帝都可以被打倒，那么还有什么陈腐的东西不可以被怀疑、不可以被抛弃？辛亥革命激发了人民的爱国热情和民族觉醒，打开了思想进步的闸门。

第四，冲破了封建主义的束缚，推动了中国民族资本主义的发展。南京临时政府成立后，以振兴实业为目标，设立实业部，先后颁布了一系列有利于工商业发展的政策和措施，以推动民族资本主义经济的发展。革命政府还提倡社会新风，扫除旧时代的“风俗之害”。

第五，推动了亚洲各国民族解放运动的高涨。列宁指出：“中国人民的革命斗争具有世界意义，因为它将给亚洲带来解放并将破坏欧洲资产阶级的统治。”②

（三）辛亥革命失败的原因

毛泽东在论述辛亥革命的成败时指出：“辛亥革命有它胜利的地方，也有它失败的地方。你们看，辛亥革命把皇帝赶跑，这不是胜利了吗？说它失败，是辛亥革命只把一个皇帝赶跑了，中国仍旧在帝国主义、封建主义的压迫之下，反帝反封建的革命任务并没有完成。”

1. 客观上：中外反动势力联合镇压革命

辛亥革命发生于帝国主义时代，而帝国主义绝不容许中国建立一个独立、富强的资产阶级共和国，从而使自己失去这个占世界人口 1/4 的剥削、奴役的对象。因此，它们用政治、外交、军事、经济、财政等各种手段来破坏、干涉中国革命，扶植并支持袁世凯为代表的大地主大买办势力以及旧官僚、立宪派，从外部和内部绞杀了这场革命。

---

① 孙中山．孙中山全集：第1卷［M］．北京：中华书局，1981：297.

② 列宁．列宁全集：第21卷［M］．北京：人民出版社，1990：163.

2. 主观上：资产阶级革命派本身存在许多弱点和错误

第一，没有提出彻底的反帝反封建的革命纲领。他们没有明确提出反帝的口号，甚至幻想以妥协退让换取帝国主义对中国革命的承认和支持。他们只强调反满和建立共和政体，并没有认识到必须反对整个封建统治阶级，致使一些汉族旧官僚、旧军官混入革命营垒。受当时政治局势的左右和妥协退让思想的支配，革命党人最后甚至把政权让给了袁世凯。

第二，不能充分发动和依靠人民群众。由于中国民族资产阶级同封建势力有千丝万缕的联系，因而不敢依靠反封建的主力军农民群众。

第三，不能建立坚强的革命政党。同盟会内部的组织比较松懈，派系纷杂，缺乏一个统一和稳定的领导核心。孙中山指出：辛亥革命之所以失败，“非袁氏兵力之强，乃同党人心之涣散”①。特别是武昌起义后，面对汹涌而来的革命形势，资产阶级革命派缺乏坚强的组织领导和统一的思想认识，没有夺取全国胜利的统一部署和切实行动，行动不一，这是辛亥革命失败的一个重要因素。

资产阶级革命派的这些弱点、错误，根源于中国民族资产阶级的软弱性和妥协性。辛亥革命的失败表明，资产阶级共和国的方案没有能够救中国，中国人需要进行新的探索，为中国谋求新的出路。

二、教学难点

（一）评“告别革命论”

“告别革命论”的观点认为：辛亥革命是“激进主义思潮”的产物，“搞糟了”，“清朝的确是已经腐朽的朝廷，但是这个形式存在仍有很大意义，宁可慢慢来，通过当时立宪派所主张的改良来逼着它迈上现代化和‘救亡’的道路；而一下痛快地把它搞掉，必然军阀混战”。“革命只是一种破坏性力量，它破坏了一种政治框架之后，并没有提供新的政治框架”。他们扬言，要“告别革命”。

这种观点把革命和改良完全对立起来，用改良否定革命，反对革命。此观点的错误在于：

第一，革命是“破”和“立”的对立统一。这种“破”，不但不是“破坏一切”，而且恰恰是有效阻止和反对反动的社会力量“破坏一切”。

① 孙中山．孙中山选集［M］．北京：人民出版社，1956：96.

比如，辛亥革命破坏帝统，推翻专制，恰恰是阻止和反对腐朽的清政府对中国的破坏。由此可见，革命运动的"破"具有反破坏的性质，因而是完全必要的、正义的。革命破坏落后、腐朽的东西当然要付出代价，做出牺牲。

第二，革命和改良不是根本对立的。对于革命与改良，不能脱离具体的历史条件而作抽象的评估。在一个国家的现代化变革过程中，究竟是采取革命的方式比较好，还是采取改良的方式比较好，完全取决于该国的社会条件，而不以人们的主观意志为转移。一般来说，改良只是社会革命的准备和前奏。为什么中国近代必须走革命的道路？这是由半殖民地半封建基本的社会条件决定的。在列强侵略和清政府极端腐败的情况下，中华民族灾难深重而且陷入十分危险的境地，除了革命，别无他途。这是中国许多仁人志士的共识。

第三，革命的目的不是破坏而在于建设和创造。不破坏旧的政权和阻碍社会发展的旧事物，就不可能建设新的政权和推动社会向前发展。孙中山说得好："革命之有破坏，与革命之有建设，固相因而至，相辅而行者也"；"革命之破坏与革命之建设必相辅相行，犹人之两足，鸟之两翼也。"

在社会与课堂上，存在不少否定或批判革命的错误言论，青年学生在思想意识上也存在许多问题，需要教师正确引导，摆事实，讲道理，释疑解惑。这是一个大是大非的问题，也是我们在学习中国近代史的过程中必须正确解决的根本性问题。

（二）如何认识辛亥革命后的社会动荡局面

南京临时政府只存在了三个月便告夭折。辛亥革命失败后的几年里，中国社会交织着帝制与共和，独裁与民主，复辟与反复辟的激烈斗争。袁世凯窃夺辛亥革命的果实之后，建立了代表大地主和买办资产阶级利益的北洋军阀反动政权。

第一，政治方面，北洋政府实行军阀官僚的专制统治。袁世凯当上临时大总统后，大力扩充军队，建立特务、警察系统。他们剥夺《临时约法》规定给予人民的言论、出版、集会、结社等各种政治权利，任意逮捕、杀害革命党人和无辜民众。各系军阀为了实行专制统治，不惜投靠帝国主义。1915 年 5 月，袁世凯为了让日本支持复辟帝制，竟然基本接受日本提出的严重损害中国权益的"二十一条"要求。皖系军阀段祺瑞控制北京政府时，也投靠日本，向日本借款扩充自己的势力，准备武力统一中国。为了达到专制独裁的目的，军阀们公然进行帝制复辟活动。1915 年 12 月 31 日，袁世凯下令以 1916 年为“中华帝国洪宪元年”，准备在元旦举行登基大典。帝制复辟活动遭到举国反对，袁世凯从 1 月 1 日到 3 月 23 日只当了 83 天皇帝就被迫取消帝制。第二次帝制复辟是 1917 年 6 月张勋率辫子军拥废帝溥仪复辟，但仅仅 12 天就下台。复辟的短暂和失败表明，民主共和的观念已经深入人心。

第二，经济方面，竭力维护帝国主义、地主阶级和买办资产阶级的利益。军阀、官僚本身就是大地主，他们还以各种手段兼并土地。许多自耕农和半自耕农陷入破产和丧失土地的境地，变成佃农和雇农。北洋政府还通过“清丈地亩”、征收各种苛捐杂税等手段，对农民进行敲骨吸髓的压榨。军阀与官僚还借助于政治势力，组成官僚买办资本集团，操纵、垄断财政金融和工业、运输业。

第三，文化思想方面，尊孔复古思潮猖獗一时。1913 年 6 月，袁世凯向全国发布《通令尊崇孔圣文》。不久，又命令全国恢复祀孔、祭孔典礼，恢复跪拜礼节，中、小学恢复尊孔读经。一些帝国主义分子也鼓吹孔教是“中国独一无二之根本”，只有尊孔才能避免“人人之心皆为革命所颠倒”。

总之，北洋军阀政府从政治上、经济上和文化思想上对辛亥革命进行了全面的反攻倒算，民主共和制度一步步地被破坏，资产阶级革命派在中国建立一个独立、民主的资产阶级共和国的梦想破灭了。

三、怎么讲

（1）简单讲解革命派与改良派的论战。

（2）重点讲解辛亥革命失败的原因及经验教训。

（3）分析和讨论“告别革命”论。

（作者：成林萍，中国近现代史纲要教研室副教授）

中篇　从五四运动到新中国成立（1919—1949）

一、教学重点

（一）中国所处的时代和国际环境

第一，两次世界大战后国际格局的演变，十月革命的成功及对中国革命造成的影响。第一次世界大战后，欧洲开始走向衰落；美国、日本作为世界大国开始兴起；帝国主义国家在新的力量对比的基础上，建立了新的国际关系体系——凡尔赛—华盛顿体系。

第二，促进了各国人民的觉醒及革命运动的高涨，十月革命的胜利为反对世界帝国主义建立了新的革命战线，五四运动就是在此背景下爆发的。

第三，中国的新民主主义革命成了世界无产阶级社会主义革命的一部分。第二次世界大战后，世界政治形势出现了新情况。

（二）“三座大山”的重压

1. 外国垄断资本在中国的扩张

在近代中国，帝国主义列强通过战争强迫中国签订不平等条约，从政治、经济、文化等各方面控制、操纵中国，阻碍中国社会的发展和进步。特别是经济上，操纵中国经济命脉，垄断航运、工矿企业、铁路等行业；通过银行实施金融控制；以大量政治性贷款控制中国的经济命脉和各个方面；利用特权向中国倾销商品和输出资本，使中国民族资本无法与其竞争，阻碍中国资本主义经济的发展。帝国主义列强通过战争侵略和掠夺，给中国人民带来无法估量的物质损失和精神伤害。

2. 占优势地位的中国封建经济

在中国地主、商人、高利贷三位一体，地主占有大量土地，通过出租土地剥削农民剩余与必要劳动，使中国农村经济陷入绝境。

3. 官僚资本的急剧膨胀

中国的官僚资本主义是中国社会的一个毒瘤。它用政治与军事的强力对各层人民进行超经济的剥削掠夺，用以维持其军事政治统治，成为国民党的经济基础，严重阻碍中国社会经济的发展，所以是革命的对象。

（三）两个中国之命运

1. **三种建国方案**

第一种方案是地主阶级与买办性的大资产阶级的方案。第二种方案是资产阶级的方案。第三种方案是工人阶级和其他势力的方案。

2. **两种基本的选择**

第一个选择是继续半殖民地半封建的旧中国，第二个选择是创建新民主主义的新中国。

二、教学难点

如何理解中国社会变化过程中形成的三种主要政治力量在建国问题上所提出的不同主张及最终较量的结局？

第一，让学生了解为什么中国人民最终选择了中国共产党。

第二，三种政治力量，三种建国方案中，由于资产阶级共和国方案不具备现实性，所以中国人民选择的方案主要是两个：是继续半殖民地半封建的旧中国，还是创建新民主主义的新中国。

第三，两个中国命运的斗争最终以新民主主义革命取得了胜利，建立了新民主主义共和国。这是因为地主买办资产阶级的方案违背了中国人民的根本利益，遭到了全中国人民的反抗，最终导致了国民党溃败大陆。

三、怎么讲

（1）简述中国所处的时代和国际环境，新民主主义革命的特点。

（2）讲述“三座大山”的重压。

（3）讲述为什么中国人民最终选择了中国共产党。

（作者：王峻，中国近现代史纲要教研室副教授）

第四章 开天辟地的大事变

教学目的与要求：学生应了解中国先进分子在十月革命以后怎样经过比较、探求选择了马克思主义；理解中国共产党是马克思列宁主义与中国工人运动相结合的产物，它的创立是中国开天辟地的大事变；联系第一次工人运动高潮以及革命的历史进程；使学生认识到中国共产党一经成立，中国革命的面貌便焕然一新。

一、教学重点

（一）五四运动的历史意义

毛泽东说："五四运动的杰出的历史意义，在于它带着为辛亥革命还不曾有的姿态，这就是彻底地不妥协地反帝国主义和彻底地不妥协地反封建主义。"① 1919 年 5 月 4 日爆发的五四运动，是一场多个社会阶级、阶层参加的大规模群众运动，拉开了中国新民主主义革命的序幕。五四运动具有旧民主主义革命所不具备的一些特点。

首先，五四运动是一场真正的爱国群众运动。起初英勇站在斗争前面的是学生，支持者也主要是知识分子。但不久，这场运动就突破了知识分子的狭小范围，成为一个有工人阶级、小资产阶级和民族资产阶级参加的，以工人阶级为主体的全国范围的革命运动。原来处于被统治状态下的各种社会力量直接行动起来，干预政治，这在中国历史上还是第一次。尤其是工人阶级第一次独立登上政治舞台，显示了强大的力量，为五四运动的最终胜利奠定了基础。

其次，五四运动是一场彻底的反对帝国主义和封建主义的运动。五四运动表现出的反帝彻底性，是以前历次斗争所不具备的。巴黎和会中国外交失败的消息传到国内后，中国人一度对帝国主义抱有的幻想破灭了。五四运动旗帜鲜明地提出了"内惩国贼、外争国权"的口号，把斗争的矛头直接指向近代中国的两大敌人——帝国主义和封建主义。正是学生们大无畏的爱国精神，加上 6 月 3 日后上海等地出现了工人罢工、商人罢市，才使北洋政府被迫于 6 月 10 日下令罢免了曹、陆、章三个卖

① 毛泽东．毛泽东选集：第 2 卷［M］．北京：人民出版社，1991：659－660.

国贼的职务，表明中国人民反帝反封建的斗争提升到一个新的水平。

再次，五四运动在思想上和干部上准备了 1921 年中国共产党的成立。五四运动中，年轻的中国工人阶级第一次以独立姿态登上历史舞台，在运动后期发挥了主力军的作用，促进了运动的扩大和深入。正是由于工人阶级的参加，使五四运动跳出了单纯的学生运动的范围，迫使北洋政府很快释放被捕学生、罢免三个卖国贼、迫使北洋政府拒签巴黎和约，五四运动取得初步胜利。更为重要的是，在五四运动中涌现出的一批具有进步思想的知识分子转变为马克思主义者，并开始自觉地到工人群众中宣传马克思主义，组织和领导工人运动。先进知识分子与工人群众相结合的过程，也就是马克思主义与中国工人运动相结合的过程。正是这种结合，为中国共产党的成立提供了思想上和干部上的准备。

（二）中国共产党的成立是“开天辟地的大事变”

1921 年中国共产党的诞生，是一件具有划时代意义的大事。中国共产党的成立是中国近代社会经济、政治发展和思想演变的结果，是马克思主义与中国工人运动相结合的产物。“自从有了中国共产党，中国革命的面目就焕然一新了”①。

第一，中国共产党的成立使中国革命有了坚强的领导核心，灾难深重的中国人民有了可以依赖的组织者和领导者，中国革命不断向前发展，由民主主义革命向社会主义革命推进。

第二，中国共产党的成立，使中国革命有了科学的指导思想。中国共产党以马克思主义为指导思想，把马克思主义和中国革命的具体实践相结合，制定了正确的革命纲领和斗争策略，为中国人民指明了斗争的目标和走向胜利的道路。

第三，中国共产党的成立，使中国革命有了新的革命方法，并沟通了中国革命和世界无产阶级革命之间的联系，为中国革命获得了广泛的国际援助提供了客观可能性。

中国共产党成立后，中国革命展现出了新的面貌：

第一，在中国历史上第一次提出了反帝反封建的民主革命纲领，为中国人民指明了斗争目标。1922 年 7 月，党的“二大”提出了彻底的反帝反军阀的民主革命的纲领。不久以后，“打倒列强、除军阀”的口号，

① 毛泽东．毛泽东选集：第 4 卷［M］．北京：人民出版社，1991：1357.

就成为广大人民共同的呼声。民主革命纲领成为中国共产党团结广大人民群众的一面战斗旗帜，为后来轰轰烈烈的大革命做了准备。

第二，发动工农群众开展革命斗争，在中国掀起了第一次工人运动高潮。正是在中国共产党的领导、组织和推动下，从 1922 年 1 月香港海员罢工，到 1923 年 2 月京汉铁路工人大罢工，中国工人掀起第一次工人运动的高潮。在 13 个月里，全国发生了包括安源路矿工人罢工、开滦五矿工人罢工等在内的大小罢工 100 余次，参加者在 30 万人以上。工人群众的这种革命运动，在中国共产党成立以前是不曾有过的。以安源路矿工人罢工为例，中国劳动组合书记部先后派遣毛泽东、李立三、刘少奇到安源领导工人运动。历时五天的罢工取得完全胜利，这在中国工人运动史上是极少的事。

第三，实行国共合作，并在合作中发挥主导作用，掀起大革命高潮，推翻了北洋军阀的统治。孙中山认识到中国共产党是一支新兴的、生机勃勃的革命力量，才下决心同其进行合作。在第一次国共合作的基础上，中国在 1924—1927 年掀起了轰轰烈烈的大革命。1924—1927 年中国反帝反封建的革命，较之以往任何一次革命，包括辛亥革命和五四运动，群众的动员程度更为广泛，斗争的规模更加宏伟，革命的社会内涵更加深刻。在这场革命中，中国共产党起着独特的、不可代替的作用。

1921 年中国共产党的成立，掀起历史的巨变，彻底改变了亿万中国人的命运。在中国共产党的领导下，中国人民经过北伐战争、土地革命战争、抗日战争和解放战争，结束四分五裂、任人宰割、受人欺凌的悲惨历史，并创造性地实现由新民主主义到社会主义的转变，使占世界人口 1/4 的东方大国进入社会主义社会，实现中国历史上最深刻的社会变革。

二、教学难点

中国历史和人民为什么选择马克思主义是本章教学难点。

五四时期，多数先进分子经过不同的途径，先后聚集到马克思主义的旗帜下来。这是当时最引人注目的历史现象。

（一）资本主义共和国方案在中国的实验和破产

1840 年鸦片战争后，在一个相当长的时间里，中国的先进分子曾经历尽千辛万苦，向西方国家寻找真理。他们真诚地希望效法西方，建立资产阶级现代国家，使中国走向独立和富强。但是，中国人学习西方的努力在实践中却一而再、再而三地碰壁。

“帝国主义的侵略打破了中国人学西方的迷梦，很奇怪，为什么先生老师侵略学生呢？中国人向西方学得很不少，但是行不通，理想总是不能实现。国家的情况一天一天坏，环境迫使人们活不下去。怀疑产生了，增长了，发展了”。“这种痛苦的经历，对中国的先进分子来说是一件好事，旧的路走不通了，就会寻找新的出路”①。真正有志气的爱国者慢慢从痛苦的经验中发现此路不通，终于走上了共产主义的道路。

（二）第一次世界大战暴露出的资本主义的弊端

发生在1914年至1918年的第一次世界大战，是帝国主义两大军事侵略集团（同盟国和协约国）为重新瓜分世界而进行的不义战争，进一步暴露了资本主义制度本身固有的不可克服的矛盾。劫后的欧洲留下的是满目疮夷，是令人震惊的巨大灾难和混乱。1918年年底，梁启超启程赴欧洲游历。一年多的欧洲之行，梁启超几乎遍及西欧各国，对第一次世界大战后欧洲的政治、经济、社会和文化等进行了全面细致地考察，他的思想受到了很大的触动。事实上，当梁启超第一脚踏上欧洲的土地，就已经感受到了战后的“惨淡凄凉”。在伦敦，梁启超住的上等酒店连暖气也没有，甚至连火柴与糖也成了稀罕之物。好吸纸烟的梁启超只好强迫戒烟。梁启超不曾想到，曾经让无数中国人羡慕不已的欧洲文明，竟然在自相残杀中毁于一旦。

1919年，西方列强在“巴黎和会”上的背信弃义，与十月革命后列宁领导的苏维埃俄国两次发表宣言，表示放弃在华特权的行动，形成强烈的反差。中国的先进分子开始把学习的目光，由西方转向东方。

（三）十月革命对中国先进分子的启示

列宁领导的十月革命，为何能对中国先进青年产生如此强大的吸引力？原因在于它给他们苦苦思索的问题指出了一条新的出路。十月革命后，过去处于社会最底层的工人和农民，破天荒地成了社会的主人。初显蓬勃生机的俄国与混乱颓败的西欧之间形成鲜明反差，使正在黑暗中摸索的中国先进知识分子看到新希望和新出路。社会主义既然能够解决俄国的问题，也一定能够解决中国的问题。毛泽东说：“十月革命一声炮

---

① 毛泽东．毛泽东选集：第4卷［M］．北京：人民出版社，1991：1470.

响，给我们送来了马克思列宁主义，十月革命帮助了全世界的也帮助了中国的先进分子，用无产阶级的宇宙观作为观察国家命运的工具，重新考虑自己的问题。走俄国人的路——这就是结论。”① “十月革命对中国先进分子的最大影响，是它提供了一个将社会主义由理论转化为实践、由理想转化为现实的可操作的范式，即马克思主义的辩证唯物主义和历史唯物主义，就是阶级斗争与无产阶级专政的理论。”②

在中国率先举起马克思主义的思想旗帜的是李大钊。他首先指出这个革命开辟了人类历史的新纪元。从1918年7月到1919年2月，李大钊先后发表《法俄革命之比较观》、《庶民的胜利》、《布尔什维主义的胜利》、《新纪元》和《战后之世界潮流》等文章，表明了对马克思主义的信仰。1920年夏，陈独秀也明确表示对于马克思主义的信仰。由于他在思想文化界的巨大名声，他宣告自己信仰社会主义这个行动，在相当大的程度上壮大了社会主义思潮的声势，扩大了社会主义思想的影响。

正因为如此，在十月革命和五四运动之后，社会主义思潮开始注入当时的新文化运动，并且逐步地发展成了这个运动的主流。十月革命和五四运动后，马克思主义在中国指导地位的确立是历史的必然和人民的正确选择。

三、怎么讲

（1）简单讲五四之前新文化运动的发展。

（2）重点讲中国共产党的成立是开天辟地的大事变。

（3）重点分析五四时期的先进青年为什么选择了马克思主义。

（作者：成林萍，中国近现代史纲要教研室副教授）

① 毛泽东．毛泽东选集：第4卷［M］．北京：人民出版社，1991：1471.

② 徐奉臻等．“中国近现代史纲要”重点难点理论与实践问题析微［M］．北京：中国社会科学出版社，2010：90.

第五章　中国革命的新道路

一、教学重点

在蒋介石发动“四一二”反革命政变，大批屠杀共产党人和进步群众的白色恐怖之下，中国人民要不要继续革命？怎么进行革命？从理论及实践上如何探索革命的新道路。为了坚持中国革命，在当时的条件下，必须进行武装斗争。但是，中国共产党领导的武装斗争的主攻方向究竟是应当指向城市，还是指向农村呢？这个问题，只有遵循马克思列宁主义与中国实际相结合的原则，依靠实践经验的积累才能做出回答。

第一，国民革命失败后，国民党建立的南京国民政府的性质。

1927 年大革命失败以后，国民党已经不再是工人、农民、城市小资产阶级和民族资产阶级的革命联盟，而变成了一个代表地主阶级、买办性的大资产阶级利益的反动集团。国民党所控制的国民党政府的统治依然是地主阶级和买办性的大资产阶级的统治，同北洋军阀的统治没有本质的区别。国民党所实行的是代表地主阶级、买办性的大资产阶级利益的一党专政和军事独裁统治。

第二，中国革命新道路的开辟与毛泽东的艰难探索。

最早关注农民问题。1925 年，毛泽东先后写出了《中国社会各阶级的分析》《中国农民中各阶级的分析及其对于革命的态度》《中国农民问题》《国民革命与农民运动》《湖南农民运动考察报告》，系统地分析了农民问题。

最早提出进行农村武装斗争。1927 年蒋介石发动政变后，毛泽东在一次中共中央会议上指出：“靠山的上山，滨湖的上船”“上山可以造成军事势力的基础。”

明确提出工农武装割据的思想和以农村为中心的思想。毛泽东不仅在实践中首先把革命的进攻方向指向了农村，而且从理论上阐明了武装斗争的极端重要性。早在 1928 年 10 月和 11 月，毛泽东就写了《中国的红色政权为什么能够存在?》和《井冈山的斗争》两篇文章，明确地指出以农业为主要经济的中国革命，以军事发展暴动是一种特征；同时还科学地阐述了共产党领导的土地革命、武装斗争与根据地建设三者之间的辩证统一关系，强调工农武装割据的思想，是共产党和根据地的工农群众必须树立的一个重要思想。

毛泽东率领的秋收起义部队及时转移到井冈山地区创建农村革命根据地。随着红军的发展和根据地的扩大，1930 年 1 月，毛泽东在《星星之火，可以燎原》中指出，红军、游击队和红色区域的建立和发展，是半殖民地中国在无产阶级领导之下的农民斗争的最高形式，是半殖民地农民斗争发展的必然结果，并且无疑义的是促进全国革命高潮的最重要因素。以毛泽东为书记的红四军前敌委员会还明确提出“‘农村工作是第一步，城市工作是第二步’的理论”。

第三，王明“左”倾教条主义的危害及根源。

王明“左”倾教条主义，给中国革命造成了极其严重的危害。其最大的恶果，就是使红军在第五次反“围剿”作战中遭到失败，不得不退出南方根据地实行战略转移——长征。“左”倾教条主义错误使红军和根据地损失了 90%，国民党统治区党的力量几乎损失了 100%，其教训是极其惨痛而又深刻的。

出现错误的主要原因在于：全党的马克思主义理论准备不足，理论素养不高，实践经验缺乏，对于中国的历史状况和社会状况、中国革命的特点、中国革命的规律不了解，对于马克思列宁主义的理论和中国革命的实践没有统一的理解。一句话，不善于把马克思列宁主义与中国实际全面地、正确地结合起来。王明等人虽然读了不少马克思主义的书，但是不懂得中国的实际。他们颠倒实践和认识的关系，以为只要照抄照搬马克思主义书本上的词句和共产国际的决议、指示，就可以指挥中国革命。王明甚至提出过“对共产国际百分之百的忠诚，是中国革命走向胜利的唯一保证”这样的口号。按照这种主观主义的思想路线办事，就不能不在实践中碰壁。

第四，遵义会议及长征精神。

中共中央政治局于 1935 年 1 月 15 日至 17 日在遵义召开了扩大会议（史称遵义会议）。遵义会议集中解决了当时具有决定意义的军事问题和组织问题。遵义会议开始确立以毛泽东为代表的马克思主义的正确路线在中共中央的领导地位，从而在极其危急的情况下挽救了中国共产党、挽救了中国工农红军、挽救了中国革命，成为中国共产党历史上一个生死攸关的转折点。

中国工农红军的长征是一部伟大的革命英雄主义的史诗。它向全中国和全世界宣告，中国共产党及其领导的人民军队，是一支不可战胜的力量。红军长征，铸就了伟大的长征精神。长征精神，就是把全国人民和中华民族的根本利益看得高于一切，坚定革命的理想和信念，坚信正义事业必然胜利的精神；就是为了救国救民，不怕任何艰难险阻，不惜付出一切的牺牲精神；就是坚持独立自主、实事求是，一切从实际出发的精神；就是顾全大局、严守纪律、紧密团结的精神；就是紧紧依靠人民群众，同人民群众生死相依、患难与共、艰苦奋斗的精神。长征精神为中国革命不断从胜利走向胜利提供了强大的精神动力。

二、教学难点

其一，从国际共产主义运动的历史看，无论中外都找不到农村包围城市的经验。近代无产阶级革命都发生在大城市。无论是欧洲无产阶级三大革命运动、1871 年的巴黎公社革命，还是 1917 年的俄国十月革命，都是发生在中心城市，中国近代革命也曾在大城市进行。无论是农民阶级领导的太平天国运动、资产阶级领导的辛亥革命，还是国共两党合作进行的北伐战争，也都是发生在中心城市。而中国共产党领导的革命却将重心放在农村，原因何在?

其二，“实事求是作为党的思想路线的极端重要性”。20 世纪 30 年代前期、中期，中国共产党内屡次出现严重的“左”倾错误，其原因是多方面的：①八七会议以后党内一直存在着的浓厚的“左”倾情绪始终没有得到认真的清理；②共产国际对中国共产党内部事务的错误干预和瞎指挥；③全党的马克思主义理论准备不足，理论素养不高，实践经验也很缺乏。对于中国的历史状况和社会状况、中国革命的特点和规律不了解，对于马克思列宁主义的理论和中国革命的实践没有统一的理解，一句话，不善于把马克思列宁主义与中国实际全面地、正确地结合起来。王明等人虽然读了不少马克思主义的书，但是不懂得中国的实际。他们颠倒实践和认识的关系，以为只要照抄照搬马克思主义书本上的词句和共产国际的决议、指示，就可以指挥中国革命。王明甚至提出过“对共产国际百分之百的忠诚，是中国革命走向胜利的唯一保证”的口号。按照这种主观主义的思想路线办事，就不能不在实践中碰壁。

王明等人的“左”倾教条主义错误，对中国革命造成了极其严重的危害，最大的恶果，就是使红军在第五次反“围剿”作战中遭到失败，不得不退出南方根据地，实行战略转移——长征。这次错误使红军和根据地损失了 90%，国民党统治区党的力量几乎损失了 100%，其教训是极其惨痛而又深刻的。

三、怎么讲

（1）讲清探索中国革命新道路的艰难和曲折。

（2）重点讲述中国革命新道路的理论内涵。

（作者：匡长福，中国近现代史纲要教研室副教授）

第六章　中华民族的抗日战争

一、教学重点

（一）中国共产党是中国人民抗日战争的中流砥柱

第一，中国共产党积极倡导、促成、维护抗日民族统一战线，最大限度动员全国军民共同抗战，成为凝聚全民族抗战力量的杰出组织者和鼓舞着。

第二，以毛泽东为首的中国共产党人，把马克思列宁主义基本原理同中国具体实践相结合，创立和发展了毛泽东思想。制定、实施了一套完整的抗战策略和方针，提出了持久抗战的战略思想，对抗战胜利发挥了重要作用。

第三，中国共产党通过游击战开辟敌后战场，建立抗日根据地，牵制和消灭了日军大量有生力量，减轻了正面战场的压力，也为抗日战争的战略反攻准备了条件。

第四，中国共产党人以自己最富于献身的爱国主义、不怕流血牺牲的模范行动，支撑起全民族救亡图存的希望，成为夺取抗战胜利的民族先锋。

（二）中国人民抗日战争在世界反法西斯战争中的地位

中国抗日战争是世界反法西斯战争不可分割的重要组成部分，中国抗日战争为夺取世界反法西斯战争的最后胜利做出了巨大的历史贡献。

第一，中国人民的抗日战争揭开了世界反法西斯战争的序幕，开辟了世界第一个大规模的反法西斯战场。“九一八事变”后，日本侵华局部战争不断扩大。从“七七事变”全面侵华到太平洋战争爆发，不仅给中国人民带来了深重的灾难，而且对世界和平构成严重威胁。以“九一八事变”为起点，在东北兴起的中国人民的局部抗战，揭开了世界反法西斯战争的序幕。以“七七事变”为第二次世界大战东方战场的起点，中国开始全国性抗战，首先在世界东方开辟了第一个大规模反法西斯的战场。

第二，中国战场是抗击日本法西斯的主战场，也是第二次世界大战亚洲抗击法西斯的主战场。

1939年9月，第二次世界大战在欧洲展开后，由于中国坚持持久抗战，始终抗击和牵制着日本陆军主力，打破了日本的“北进”计划，遏制和迟滞了日本“南进”的侵略步伐，使日本不能在德军需要战略配合之时采取必要的军事行动，进而使德国企图勾结日本东西夹击苏联、德日两军会师中东的计划无法达成。

第三，中国战场是世界反法西斯战争的重要组成部分，抗日战争为世界反法西斯战争的胜利做出了重要贡献。中国战场牵制日军主力最多。1937年“七七事变”以后，中国战场始终牢牢牵制着100万左右的日本陆军主力。中国始终是抗击日本法西斯的主战场。1945年8月，日军向中国战区投降的兵力为128万余人，这个数目超过了在东南亚及太平洋各岛的日军总和，大约相当于全部海外日军（不含向苏联投降的日军数）的50%以上。中国抗日战争在世界反法西斯战争中的时间最长。从1931年“九一八”算起，前后达14年之久，它是苏联、美国进行反法西斯战争时间的3.5倍，是英国进行反法西斯战争时间的2.5倍。

中国抗日战争的胜利是中华民族由衰败走向复兴的重要转折。抗日战争的胜利，彻底改变了中国近代以来因外敌入侵而割地、赔款、出让国家主权的屈辱历史；中国成为世界反法西斯战争的四大国之一和联合国安理会五个常任理事国之一，赢得了应有的国际地位。抗日战争的胜利对中国革命的发展、对亚洲乃至世界的和平都具有重大的影响。

（三）为什么说中国的抗日战争是伟大的民族解放战争？

从世界意义上看，世界反法西斯战争是人类历史上规模空前的战争，战火遍及亚洲、欧洲、非洲、大洋洲，有80多个国家和地区，约20亿人口卷入其中。中国的抗日战争是世界反法西斯战争的重要组成部分，是世界反法西斯战争的东方主战场。中国人民抗日战争的胜利，对世界各国夺取反法西斯战争胜利、维护世界和平的伟大事业产生了巨大影响。

从战争的性质看，抗日战争是半殖民地半封建的中国与日本帝国主义在20世纪30年代展开的一个决死战争，是一个民族反对另一个民族侵略、压迫、奴役的战争。中国是正义的、进步的反侵略战争，是得道的；日本是非正义的、野蛮的、侵略战争，是失道的。日本侵略者肆意践踏中国的大好河山，屠杀中国军民，强行掠夺中国劳工，蹂躏和摧残妇女，进行细菌战和化学战，制造了南京大屠杀等一系列灭绝人性的惨案，犯下了令人发指的罪行，使源远流长的中华文明遭到了惨重破坏，使中华民族蒙受了巨大损失。

从战争的结果上看，中国人民抗日战争，是近代以来中华民族反抗外敌入侵第一次取得完全胜利的民族解放战争，是20世纪中国和人类历史上的重大事件。中国人民彻底打败了日本侵略者，捍卫了中国的国家主权和领土完整，使中华民族避免遭受殖民奴役的厄运。

二、教学难点

“正面战场与敌后战场的关系及评价”是本章的教学难点。抗日战争期间国民党正面战场和共产党敌后战场的关系是一个复杂的、充满矛盾的历史现象。尽管两个战场存在着对立和斗争，但相互配合、互为依存的关系，也贯穿在整个抗战期间，始终占据主导地位。两个战场的配合作战，成为抗日战争取得胜利的关键因素。教学中，要使学生正确把握国民党正面战场和共产党的敌后战场在整个抗日战争三个阶段中的相互关系和地位的作用，充分认识到中国共产党开辟的敌后战场的中流砥柱作用。既不能夸大国民党正面战场的地位和作用，也不能忽视其在战略防御阶段的意义。

三、怎么讲

（1）讲述日本帝国主义发动侵华战争的原因及给全中华民族造成的深重灾难。

（2）重点讲清中国共产党是中国人民抗日战争的中流砥柱。

（3）讲清中国人民抗日战争在世界反法西斯战争中的地位及抗日战争胜利的原因。

（作者：匡长福，中国近现代史纲要教研室副教授）

第七章　为新中国而奋斗

一、教学重点

（一）中国共产党执政地位的确立是历史和人民的选择

中国共产党获得执政地位绝不是偶然的，是近现代中国历史发展的必然，是中国共产党领导人民革命取得胜利的结果。

1. 国民党政权的灭亡

1946年6月底，国民党军队以进攻中原解放区为起点，挑起了全国性的内战。全面内战爆发时，中国共产党面临的形势是极为严峻的。当时，国民党军队的总兵力为430万人，控制着几乎所有的大城市和绝大部分铁路交通线；它不仅接收了100余万日军和数十万伪军的装备，而且美国还为它训练和装备了50万军队。人民解放军的总兵力为127万人，装备落后，在物质上得不到任何外援。正是凭着军力和经济力的优势，蒋介石声称，这场战争“一定能速战速决”。但是，国民党发动内战使国民党遭遇深刻的政治经济危机。在政治上失去民心，经济上也逐步走向崩溃，在军事上走向失败。随着内战的持续，国民党的军费开支猛长，其数额竟占其财政支出的80%。1946年，国民党政府财政赤字为4.7万亿元，1948年上半年就高达435万亿元。广大农村饥民遍地，饿殍载道。各地饥民达1亿人以上。广大群众的生活也陷入极度的困境。反饥饿、反内战的学生运动首先在南京、北平掀起，随后扩大到全国许多主要城市。“抢米”风潮“几乎席卷了天下”。一方面，解放区军民坚决以革命战争反对蒋介石发动的反革命战争；另一方面，国民党统治区以学生运动为先导的人民运动广泛兴起，形成了配合人民革命战争的第二条战线。蒋介石反动政府终于陷入了全民的包围之中。

在党中央和毛泽东的领导下，在人民群众的热烈支援下，中国人民解放军先后取得了辽沈、淮海、平津三大战役的胜利。三大战役从1948年9月12日开始至1949年1月31日结束，历时4个月零19天，共歼灭国民党精锐部队154万余人。国民党赖以维持其反动统治的主要军事力量基本上被摧毁。三大战役，无论是战争的规模还是取得的成果，在中国战争史上是空前的，在世界战争史上也是罕见的。由于国共和谈失败，1949年4月21日，毛泽东、朱德发布《向全国进军的命令》。人民解放军举行渡江战役，百万雄师过长江。4月23日，人民解放军占领南京，宣告延续了二十二年之久的国民党反动统治的覆灭。随后，解放军各路大军继续向中南、西北、西南各省举行胜利的大进军，解放广大国土。国民党蒋介石集团被人民赶出中国大陆。

2. 新中国的建立

1949年3月召开的中共七届二中全会，提出了党的工作重心由农村转向城市。规定了党在全国胜利后在政治、经济、外交方面应当采取的基本政策，指出了中国由农业国转变为工业国、由新民主主义社会转变为社会主义社会的发展方向。毛泽东提出了“两个务必”的思想，即“务必使同志们继续地保持谦虚、谨慎、不骄、不躁的作风，务必使同志们继续地保持艰苦奋斗的作风”。

1949年6月30日，毛泽东写了《论人民民主专政》一文，明确指出，人民民主专政需要工人阶级的领导。人民民主专政的基础是工人阶级、农民阶级和城市小资产阶级的联盟，而主要是工人和农民的联盟。我们还必须团结民族资产阶级，但是民族资产阶级不能充当革命的领导者，也不应当在国家政权中占主要的地位。这为新中国的成立做了政治上和理论上的准备。

完成创建新中国的任务，是由中国人民政治协商会议来承担的。1949年9月21日，中国人民政治协商会议第一届全体会议在中南海怀仁堂隆重开幕，毛泽东在开幕词中向全世界豪迈地宣告：“我们的工作将写在人类的历史上，它将表明：占人类总数四分之一的中国人从此站立起来了。”

会议通过了《中国人民政治协商会议共同纲领》（以下简称《共同纲领》），《共同纲领》规定：中华人民共和国实行工人阶级领导的、以工农联盟为基础的人民民主专政。中华人民共和国的国家政权属于人民。《共同纲领》还规定了新中国的经济、文化、外交、民族等政策，在当时是全国人民的大宪章，起着临时宪法的作用。

会议通过了中央人民政府组织法，一致选举毛泽东为中央人民政府主席，朱德、刘少奇、宋庆龄、李济深、张澜、高岗为副主席，随后，由中央人民政府委员会任命周恩来为政务院总理兼外交部部长。

1949年10月1日中华人民共和国的成立，标志着中国新民主主义革命的基本胜利。近代以来中国面临的第一项基本任务，即争取民族独立、人民解放的任务基本完成，从而为集中力量进行建设、实现国家的繁荣富强和人民的共同富裕创造了前提。新中国的成立，标志着历史和人民最终选择了中国共产党。

3. 人民为什么抛弃国民党，选择共产党

第一，国民党违背全国人民迫切要求和平、民主的意愿，执行反人民的内战政策，这使它迅速失去民心；中国共产党始终考虑到广大人民对和平、民主的强烈愿望，一直努力争取和平民主。

第二，国民党政府和官员贪污腐败、大发国难财；中国共产党及其领导的革命队伍清正廉洁，绝大部分共产党人都是为革命献身、为人民服务的忠诚志士。

第三，国民党坚持独裁统治，拒绝实施社会改革，对广大人民横征暴敛；中国共产党代表全国人民的利益，在解放区广泛实行了民主，而且实行了轰轰烈烈的土地改革运动和其他改革。

第四，国民党政府不仅不敢反对帝国主义，而且严重依附帝国主义，损害中国主权与尊严；中国共产党为了维护中华民族的根本利益，敢于坚决反对帝国主义，坚决维护中国主权与尊严。

（二）中国革命胜利的原因和基本经验

1. 中国革命胜利的原因

第一，中国革命的胜利是中国共产党正确领导的结果。中国人民是在中国共产党的领导下，在它所提出的新民主主义的基本理论、基本纲领、基本路线的指引下，经过长期的艰苦、曲折的斗争，逐步取得胜利的。中国共产党人在革命过程中始终英勇地站在斗争的最前线。自1921年中国共产党创建至1949年中华人民共和国成立这28年的时间里，它的许多优秀战士为中国人民的解放事业英勇地献出了自己的生命。中国共产党人以行动表明了自己是最有远见，最富于牺牲精神的坚强的革命者，从而赢得了广大中国人民的衷心拥护。中国共产党作为工人阶级的政党，不仅代表着中国工人阶级的利益，而且代表着整个中华民族和全中国人民的利益。“没有共产党，就没有新中国”，这是中国人民基于自己的切身体验所确认的历史结论。

第二，广大人民群众是中国革命取得胜利的主要力量。工人、农民、城市小资产阶级群众是中国革命的主要力量。民族资产阶级也逐步向共产党靠拢，成为人民的一部分。各民主党派和无党派民主人士、各少数民族、爱国的知识分子和海外华侨等都为中国革命的胜利发挥了积极作用。全国各族人民在中国共产党领导下，为建立新中国不惜流血牺牲，最终取得中国革命的胜利。

第三，中国革命之所以能够赢得胜利，同国际无产阶级和世界各国人民的支持也是分不开的。毛泽东说过，假如没有苏联的存在和人民民主国家的出现，没有被压迫民族的斗争和资本主义国家人民的斗争，压在中国人民头上的国际反动势力不知要大多少倍，在这种情况下，我们是不可能胜利的；胜利了，要巩固，也不可能。为了中国人民的解放事业，一些国际友人还直接参加了中国的革命斗争，有的已经长眠在中国的土地上。

2. 中国革命胜利的基本经验

中国共产党在领导人民革命的过程中积累了丰富的经验，锻造出了有效的克敌制胜的武器。毛泽东指出：“统一战线，武装斗争，党的建设，是中国共产党在中国革命中战胜敌人的三个法宝，三个主要的法宝。”

第一，建立广泛的统一战线。要取得革命胜利，必须建立广泛的统一战线，这是坚持和发展革命的政治基础。统一战线中存在着两个联盟：一个是劳动者的联盟，主要是工人、农民和城市小资产阶级的联盟。一个是劳动者与非劳动者的联盟，主要是劳动者与民族资产阶级的联盟，有时还包括与一部分大资产阶级的暂时的联盟。前者是基本的、主要的；后者是辅助的、同时又是重要的。必须坚决依靠第一个联盟，争取建立和扩大第二个联盟。巩固和扩大统一战线的关键，是坚持工人阶级及其政党的领导权。对资产阶级必须采取又联合、又斗争的政策。

第二，坚持革命的武装斗争。武装斗争是中国革命的主要形式。离开了武装斗争，就没有共产党的地位，就不能完成任何革命任务。中国的武装斗争实质上是工人阶级领导的农民战争。中国共产党必须深入农村，发动和武装农民，在农村建立革命根据地，以武装的农村包围被反动派占据的城市，才能逐步地争取革命的胜利。

第三，加强共产党自身的建设。在工人阶级较少，农民和其他小资产阶级占人口大多数的中国建设一个工人阶级先锋队的党，是极其艰巨的任务。毛泽东的建党学说成功地解决了这个难题。他强调首先着重党的思想建设，要求党员用工人阶级思想克服资产阶级、小资产阶级思想，解决思想上入党的问题。中国共产党在长期的斗争实践中，把自己锻炼成了一个有纪律的、有马克思列宁主义理论武装的党，实行理论与实际相结合、密切联系群众和自我批评的作风，成为掌握统一战线和武装斗争这两个武器对敌冲锋陷阵的英勇战士，成为受全国各族人民拥戴的领导核心。

人民民主专政的新中国的创建，标志着近代以来中国面临的争取民族独立、人民解放这个历史任务的基本完成，这就为中国人民集中力量进行建设，以实现国家的繁荣富强和人民的共同富裕，创造了前提，开辟了道路。

二、教学难点

为什么第三条道路在中国走不通是本章教学难点。

在国内，当时的中国，存在着三种主要的政治力量，他们分别提出了三种政治主张，即三种不同的建国方案。第一种政治力量是以国民党统治集团为代表的大地主和买办性的大资产阶级，他们主张继续实行地主买办资产阶级的军事独裁统治。第二种政治力量是以民主党派和中间人士为代表的民族资产阶级，他们主张建立一个名副其实的资产阶级共和国。第三种政治力量是以中国共产党为代表的工人阶级和广大革命人民，他们主张中国建立一个工人阶级领导的人民共和国，即人民民主专政的国家；并逐步到达社会主义和共产主义。第三条道路走不通，因为近代中国面临错综复杂的原因。

第一，帝国主义不允许中国走资本主义发展道路。近代以来的历史充分证明了这一点。戊戌变法、辛亥革命都遭到帝国主义的破坏。

第二，封建主义不允许中国走资本主义发展道路。太平天国、戊戌变法、辛亥革命都遭到封建主义的无情镇压。

第三，官僚资本主义不允许中国走资本主义发展道路。以国民党统治集团为代表的大地主和买办性的大资产阶级，他们在经济上和军事上占有优势，主张继续实行地主买办资产阶级的独裁统治。以武力消灭共产党及其领导的人民军队和解放区政权，是国民党当局准备采取的主要手段。问题的严重性在于，国民党的反共方针得到了美国政府的支持。美国在战后实施了“扶蒋反共”政策。

第四，最重要的是民族资产阶级的力量过于软弱，它没有勇气和能力去领导人民进行彻底反帝反封建的革命斗争，建立名副其实的资产阶级共和国。中国的民主党派，少数成立于大革命时期和10年内战时期，多数成立于抗日战争和解放战争时期。中国的主要民主党派有：中国国民党革命委员会（简称民革）、中国民主同盟（简称民盟）、中国民主建国会（简称民建）、中国民主促进会（简称民进）、中国农工民主党（亦称第三党）、中国致公党、九三学社、台湾民主自治同盟（简称台盟）等。中国各民主党派形成时的社会基础，主要是民族资产阶级、城市小资产阶级及其知识分子，以及其他爱国民主分子。他们主张中间路线：在政治上“实现英美式的民主政治”；在经济上，“实行改良的资本主义”。而实行的方法，则是走和平的改良的道路。他们所提倡的，是资产阶级共和国的方案。由于中国民族资产阶级自身存在软弱性和妥协性，中国不具备走第三条道路（中间路线）的实际可能性。因此，中国当时主要是两种命运、两个前途的选择与较量。

1947 年 10 月，国民党当局宣布民盟“为非法团体”，明令对该组织及其成员的一切活动“严加取缔”。同年 11 月 6 日，民盟总部被迫在上海发表公告：一律停止政治活动，总部即日解散。民盟被迫解散，宣告第三条道路的破产。

民族资产阶级是真诚地希望中国通过建立资产阶级共和国走上独立、富强之路的。但是，它的力量过于软弱。它没有勇气和能力去领导人民进行彻底反帝反封建的革命斗争，从而为建立资产阶级共和国扫清障碍。民族资产阶级及其政治代表，由于同封建土地所有制关系密切，提不出彻底的土地革命的纲领，这就决定了他们无法动员农民这个中国最广大的群众；由于他们主张进行和平的改良的合法的活动，不准备也没有能力建立自己的强有力的军队，不敢进行革命的斗争，这就决定了他们在没有民主制度的半殖民地半封建中国的政治斗争中，不可能发挥决定性的作用。新华社在为民盟被解散而发表的评论中说：“民主同盟是一个赤手空拳的组织，他们连‘一支枪也没有’，并且不打算有，他们的凭借是言论、出版，而这样的武器也早已被蒋介石没收了。”他们把实现民主政治的希望，寄托在统治阶级让步这种幻想之上的第三条道路是注定走不通的。

第五，社会主义阵营也不主张中国走第三条道路。苏联等社会主义国家希望中国建立共产党领导的社会主义国家。

三、怎么讲

（1）简单讲授抗战胜利后的国内外形势。
（2）简单讲授解放战争的历史进程。
（3）重点讲授历史和人民怎样选择了中国共产党。
（4）重点讲授中国革命胜利原因和基本经验。
（5）分析或讨论第三条道路在中国为什么走不通。

（作者：李久林，中国近现代史纲要教研室教授）

下篇　从新中国成立到社会主义现代化新时期（1949—2015）

一、教学重点

（一）中华人民共和国成立

1. 中华人民共和国成立的伟大意义

（1）帝国主义列强压迫中国奴役中国人民的历史从此结束，中国人从此站起来了。

（2）本国封建主义、官僚资本主义统治的历史从此结束，中国人民第一次成为国家的主人。

（3）军阀割据、战乱频仍、匪患不断的历史从此结束，国家基本统一、民族团结，社会政治局面趋向稳定，各族人民开始过上安居乐业的生活。

（4）为实现由新民主主义向社会主义的过渡，并在社会主义道路上实现中华民族的伟大复兴，创造了前提条件。

（5）中国共产党成为全国范围内的执政党。

总之中华人民共和国的成立，标志着中国新民主主义革命取得了基本的胜利，标志着半殖民地半封建社会的结束和新民主主义社会在全国范围内的建立。

2. 新中国成立初期面临的严峻考验

（1）能不能保卫住人民胜利的成果，巩固新生的人民政权。

（2）能不能战胜严重的经济困难，迅速恢复和发展国民经济。

（3）能不能巩固民族独立，维护国家主权和安全。

（4）能不能经受住执政的考验，继续保持谦虚谨慎、不骄不躁的作风和艰苦奋斗的作风。

3. 主要工作

（1）完成民主革命的遗留任务。

（2）领导国民经济恢复工作。

（3）巩固民族独立，维护国家主权和安全。

（4）加强一国共产党的自身建设。

中华人民共和国成立初期所进行的上述工作及其取得的显著成就，有力地证明，中国共产党和人民政府是能够经受住执政考验的。

（二）中华人民共和国发展经历的历史阶段

1. 基本完成社会主义改造的时期

从1949年10月1日中华人民共和国成立到1956年，是基本完成社会主义改造的七年。

基本情况：在新中国成立后的头三年，全国人民集中力量完成民主革命的遗留任务，并进行恢复国民经济、争取国家财政经济状况基本好转的工作，同时开始进行某些带有社会主义革命性质的工作。1953年，中国共产党提出了过渡时期的总路线，开始制定和实施第一个五年计划，并在1956年基本完成了对农业、手工业和资本主义工商业的社会主义改造，实现了中国历史上最伟大、最深刻的社会变革。社会主义基本制度在中国的确立，为中国的发展和进步奠定了基础。

2. 开始全面建设社会主义的时期

从1956年社会主义改造基本完成到1966年“文化大革命”前夕，开始全面建设社会主义的十年。

基本情况：中国共产党开始了对适合中国情况的社会主义建设道路的艰辛探索。在这十年中，中国的社会主义建设事业取得了很大成就。这是此期间党和国家工作的主导方面。但是，在这十年中，中国共产党的工作在指导方针上也有过重大失误，经历了曲折的发展过程，尤其是1958年以后发动的“大跃进”和人民公社化运动，更造成了严重的消极后果。

3. “文化大革命”时期

从1966年到1976年10月。“文化大革命”的十年。

基本情况：“文化大革命”使党、国家和人民遭到中华人民共和国成立以来最严重的挫折和损失。中国共产党和中国人民在“文化大革命”中同“左”倾错误和林彪、江青反革命集团进行了艰难曲折的斗争，使“文化大革命”的破坏受到了一定程度的限制。国民经济虽然遭到巨大损失，但仍然取得了进展。

4. 改革开放和社会主义现代化建设的时期

1978年12月中共十一届三中全会召开以来至今，改革开放和社会主义现代化建设的新时期。

基本情况：1978年12月召开的中共十一届三中全会，实现了中华人民共和国成立以来党的历史上具有深远意义的伟大转折。党和国家的工作重点转移到社会主义现代化建设上来，改革开放的序幕由此揭开。改革开放以来，我们开辟了中国特色社会主义道路，形成了中国特色社会主义理论体系，社会主义现代化建设在稳步发展中取得举世瞩目的成就。

二、教学难点

中国特色社会主义是怎样接续奋斗的是本章教学难点。

第一，以毛泽东为核心的中国共产党人带领全国人民完成了新民主主义革命，进行了社会主义改造，确立了社会主义基本制度。

第二，以邓小平为核心的中国共产党人深刻总结中国社会主义建设正反两方面经验，借鉴世界社会主义历史经验，做出实行改革开放的历史性决策。

第三，以江泽民为核心的中国共产党人带领全国人民坚持改革开放，确立了社会主义市场经济体制，开创全面改革开放新局面。

第四，以胡锦涛为总书记的中国共产党人提出构建社会主义和谐社会、加快生态文明建设，形成中国特色社会主义事业总体布局。

第五，党的十八大以来，以习近平为核心的党中央从时代和全局高度，围绕改革发展稳定、内政外交国防、治党治国治军，发表了一系列重要讲话，形成了四个全面的战略布局，开拓了马克思主义发展的新境界。

三、怎么讲

（1）中华人民共和国的成立开创了中国历史新纪元。

（2）新中国发展的两个历史时期及相互关系。

（3）中国特色社会主义是怎样接续奋斗的。

（作者：王峻，中国近现代史纲要教研室副教授）

第八章　社会主义基本制度在中国的确立

一、教学重点

（一）理解新民主主义社会

废除半殖民地半封建社会制度的社会就是新民主主义社会，这种社会在中华人民共和国成立以前的各解放区就建立起来了，不过这只是局部的。而我们通常所说的新民主主义社会是指从中华人民共和国成立到社会主义改造基本完成，这一过渡时期。这一时期的新民主主义社会不是一个独立的社会形态，而是一种向社会主义社会过渡的社会。

新民主主义社会存在国营经济、合作社经济、个体经济、私人资本主义经济和国家资本主义经济五种经济成分。而其中，合作社经济是个体经济向社会主义集体经济过渡的形式，国家资本主义经济是私人资本主义经济向国营经济过渡的形式，所以，主要的经济成分是三种，即社会主义经济、个体经济和私人资本主义经济。而个体经济又是处于十字路口的经济，它既可以被引导着走向社会主义，也可以自发地走向资本主义。这样，三种基本的经济成分及与之相应的三种阶级力量（工人阶级、农民及其他小资产阶级、资产阶级）之间的矛盾，就集中地表现为无产阶级与资产阶级的矛盾、社会主义与资本主义的矛盾。

（二）资本主义工商业社会主义改造的具体途径

1. 国家资本主义

国家资本主义经济是在人民政府管理之下的，用各种形式和国营社会主义经济联系着的，并受工人监督的资本主义经济。它有初级形式和高级形式的区别。初级形式的国家资本主义企业仍由资本家经营，它同国营社会主义经济通过订立合同等办法，在企业外部建立这样那样的联系。其形式，在工业中有收购、加工、订货、统购、包销；商业中有经销、代销、代购代销和公私联营等。高级形式的国家资本主义就是公私合营。

2. 和平赎买

所谓赎买，就是国家有偿地将私营企业改变为国营企业，将资本主义私有制改变为社会主义公有制。赎买的具体方式不是由国家支付一笔巨额补偿资金，而是让资本家在一定年限内从企业经营所得中获取一部分利润。我国之所以能够采取赎买的方式对资本主义工商业进行和平改造，首先是因为，民族资产阶级具有两面性。在社会主义革命阶段，民族资产阶级既有剥削工人取得利润的一面，又有拥护宪法、愿意接受社会主义改造的一面。其次，中国共产党与民族资产阶级长期保持着统一战线的关系，这就为将工人阶级和民族资产阶级之间的对抗性的矛盾转化为非对抗性的矛盾并按照人民内部矛盾来处理提供了前提。再次，我国已经有了以工人阶级为领导、工农联盟为基础的人民民主专政的国家政权，建立了强大的社会主义国营经济并掌握了国家的经济命脉，这就造成了私人资本主义在政治上、经济上对社会主义的依赖。再加上当时国家对粮食和工业原料的统购统销，以及资本主义企业中工人群众对资本家的监督等因素，这样，就使私人资本主义企业只能接受社会主义改造。

二、教学难点

（一）20 世纪 50 年代的中国为什么选择社会主义

实行社会主义改造是实现国家工业化的必要条件。当时中国之所以要着力进行和可能进行社会主义改造，主要原因有：

第一，社会主义性质的国营经济力量相对来说比较强大，它是实现国家工业化的主要基础。随着没收官僚资本工作的完成和工业建设的初步开展，中国已经有了比较强大的社会主义性质的国营经济。与私营工业相比，国营企业规模大，技术设备先进，不仅有轻工业，而且有重工业。在劳动生产率等方面，国营企业也优于私营企业。从 1953 年开始的第一个五年计划规定的大型工业建设项目，基本上是由国营经济来承担的。这就是说，那时工业建设的发展，首先就意味着社会主义性质的国营经济的发展和它在整个国民经济中比重的增加。这是中国选择社会主义的一个基本因素。

第二，资本主义经济力量弱小，发展困难，不可能成为中国工业起飞的基础。据新中国成立初期的统计，69.7% 的工厂只有不到 10 个工人，79.1% 的工厂是工场手工业。虽然也有一些规模比较大、技术设备比较先进的资本主义工业企业，但为数不多。不能设想，在这个基础上，通过一个时期资本主义自身的独立发展，中国就可能成为先进的工业国。

第三，对个体农业进行社会主义改造，是保证工业发展、实现国家工业化的一个必要条件。因为个体农户耕地很少，经营规模十分狭小；生产工具严重不足，贫雇农每户平均仅占有耕畜 0.47 头，犁 0.41 部；资金十分短缺。在土改以后，许多地区的农民从发展生产的需要出发，已经在探索组织起来的各种途径，开始有了实行互助合作的实践。这也为对个体农业进行社会主义改造积累了初步的经验。

第四，当时的国际环境也促使中国选择社会主义。中华人民共和国成立以后，长期受到美国等西方资本主义国家经济上、外交上和军事上的严密封锁和遏制。中国不但不可能从资本主义大国得到什么援助，而且连进行普通的贸易和交往都很困难。当时只有社会主义国家和第二次世界大战后为独立而斗争的国家同情中国。只有苏联能够援助中国。这种国际环境，也是中国选择社会主义的基本因素之一。

（二）社会主义改革与社会主义改造到底是什么关系

社会主义改造是社会主义改革的前提，社会主义改革是对社会主义改造的进一步完善和发展。因为没有社会主义改造就没有社会主义，没有社会主义就没有社会主义改革。社会主义改革对社会主义改造的完善主要表现在三个方面：一是发展模式从单一公有制经济到多种所有制经济共同发展；二是公有制实现形式从全民所有集体所有到合作制、股份制、股份合作制、承包制和租赁制；三是运行方式从计划经济到市场经济。

三、怎么讲

（1）讲清楚社会主义基本制度确立的历史必然性。

（2）分析社会主义改造的历史经验。

（3）理论联系实际，比较社会主义改造与改革的异同。

（作者：王文鸾，中国近现代史纲要教研室教授）

第九章　社会主义在探索中曲折发展

一、教学重点

（一）探索中形成的建设社会主义的若干重要原则有哪些？

探索刚刚起步时，毛泽东就论述了必须实行马克思主义与中国实际“第二次结合”的基本思想，提出了社会主义社会矛盾学说，阐明了调动一切积极因素建设社会主义的基本方针。关于社会主义的发展阶段，毛泽东指出，社会主义这个阶段，又可能分为两个阶段，第一个阶段是不发达的社会主义，第二个阶段是比较发达的社会主义。后一阶段可能比前一阶段需要更长的时间。

毛泽东强调：社会主义现代化建设的战略目标，是要把中国建设成为一个具有现代农业、现代工业、现代国防和现代科学技术的强国。为此，应当采取“两步走”的发展战略，第一步，建成一个独立的比较完整的工业体系和国民经济体系；第二步，全面实现农业、工业、国防和科学技术的现代化，使中国的经济走在世界前列。

在社会主义经济建设方面，毛泽东提出，要实行以农业为基础、以工业为主导的方针，发展社会主义商品生产，利用价值规律；正确解决好综合平衡的问题。

在社会主义民主政治建设方面，毛泽东提出，要把“造成一个又有集中又有民主，又有纪律又有自由，又有统一意志、又有个人心情舒畅、生动活泼，那样一种政治局面”作为努力的目标；把正确处理人民内部矛盾作为国家政治生活的主题，尽可能团结一切可以团结的力量；处理好中国共产党同各民主党派的关系，坚持长期共存、互相监督的方针；切实保障人民当家做主的各项权利，社会主义法制要保护劳动人民利益，保护社会主义经济基础，保护社会生产力。

在社会主义文化建设方面，毛泽东提出，要坚持马克思主义的指导地位，实行“百花齐放、百家争鸣”的方针，对古今中外的优秀文化实行“古为今用、洋为中用、百花齐放、推陈出新”的方针；思想政治工作是经济工作和其他一切工作的生命线，要建设一支宏大的工人阶级知识分子队伍，要向科学进军。

在国防建设和军队建设方面，毛泽东提出必须加强国防、建设现代化、正规化国防军和发展现代化国防技术的重要指导思想。

在执政条件下加强共产党自身建设方面，毛泽东最早觉察到帝国主义的“和平演变”战略的危险，号召共产党人提高警惕，同这种危险做斗争。同时，他又十分警惕党在执政以后可能产生的种种消极现象。为此，他提出：共产党员必须坚持共产主义的远大理想，务必继续地保持谦虚、谨慎、不骄、不躁的作风，继续地保持艰苦奋斗的作风；各级领导干部必须自觉运用人民赋予的权力为人民服务，依靠人民群众行使这个权力，并接受人民群众的监督。

以毛泽东为主要代表的中国共产党人所阐明的这些重要思想，为党继续进行探索并系统形成中国特色社会主义理论体系提供了重要的基础。

（二）“文化大革命”之所以会发生并且持续十年之久的原因是什么？

由于社会主义运动的历史不长，社会主义国家的历史更短，中国的社会主义建设刚处于起始阶段。中国共产党过去长期处于战争和激烈的阶级斗争的环境中，对于迅速到来的新生的社会主义社会和全国规模的社会主义建设事业，缺乏充分的思想准备和科学研究。因此，对于“什么是社会主义、怎样建设社会主义”的问题，并没有完全搞清楚。

由于中国共产党的历史特点，在社会主义改造基本完成以后，在观察和处理社会主义社会发展进程中出现的政治、经济、文化等新矛盾、新问题时，容易把已经不属于阶级斗争的问题仍然看作是阶级斗争，并且面对新条件下的阶级斗争，又习惯于沿用过去熟悉而这时已不能照搬的大规模急风暴雨式的群众性斗争的旧方法和旧经验，从而导致阶级斗争的严重扩大化。同时，由于把马克思、恩格斯、列宁、斯大林著作中的某些设想和论点加以误解或教条化，反而显得有“理论根据”。这就造成把社会主义国家实行的某些具体制度和具体政策当作社会主义本质来坚持，把阶级斗争扩大化的理论失误当成对马克思列宁主义的所谓继承和发展，把党内不同意见的正常争论当作两条路线的斗争，甚至直接说成是阶级斗争。

在探索中出现的一些失误，本来是应当通过发扬民主、总结经验教训，及时发现并加以克服的。党也确实发现并纠正了一些错误，但是阶级斗争扩大化的错误却在继续发展，并最终演变成“文化大革命”这样全局性的严重错误。一个原因，就是党的民主集中制和集体领导制度遭到了严重破坏，致使党无法依靠制度的和集体的力量及时地发现并纠正错误。

三、怎么讲

（1）简述社会主义在探索中曲折发展的过程及表现。
（2）对社会主义在探索中曲折发展进行具体分析。
（3）分析社会主义在探索中曲折发展的历史教训。

（作者：王文鸾，中国近现代史纲要教研室教授）

第十章　改革开放与现代化建设新时期

一、教学重点

（一）全面准确理解把握十一届三中全会的贡献，客观地评价这次全会的历史地位和作用

第一，历史性的伟大转折，十一届三中全会成为新中国历史的界标。

第二，中共十一届三中全会的内容及其伟大意义。

（二）为什么说改革开放是新时期的时代特征

“新时期”这个概念，特指1978年12月党的十一届三中全会召开以来的这段时间。到目前为止，已有近40年了。新时期最主要的特点有三：一是改革开放；二是快速发展；三是与时俱进。

第一，拨乱反正的推进和国民经济的调整。

第二，农村改革的突破性进展。

第三，调整外交政策。

（三）十一届三中全会以来中国特色社会主义事业取得的主要成就及根本原因

1. **主要成就**

第一，综合国力和国际竞争力显著提高，人民生活总体达到小康。

第二，社会主义市场经济体制不断完善，各项改革取得重大进展。

第三，形成全方位、多层次、宽领域的对外开放格局。

第四，社会主义民主政治建设取得重要进展。

第五，社会主义文化建设成效显著。

第六，民族政策和宗教政策得到全面贯彻。

第七，国防和军队建设取得历史性成就。

第八，祖国统一大业取得重大进展。

第九，积极开展全方位外交。

第十，全面推进党的建设新的伟大工程。

2. **根本原因**

开辟了中国特色社会主义道路、形成了中国特色社会主义理论体系、确立了中国特色社会主义制度。

二、教学难点

在当代中国坚持中国特色社会主义道路就是坚持社会主义和马克思主义是本章教学难点。

第一，在当代中国，坚持中国特色社会主义道路就是真正坚持社会主义。这是因为任何国家要取得革命、建设和改革的胜利都必须从本国的实际出发把马克思主义基本原理与本国实际结合起来、走一条适合本国特点的正确道路。虽然无产阶级领导的社会主义事业是国际性的事业，但是革命、建设和改革总是在本国范围内进行的，所以各国的革命、建设和改革都应当主要依靠本国人民的力量，探索适合本国国情的革命、建设和道路。中国革命、建设和改革必须在中国共产党的领导下，团结和带领各族人民，依靠自己的智慧和力量，从中国的实际出发坚持马克思主义与中国具体实际相结合，走适合中国国情的革命、建设和改革道路，才能正确解决中国革命、建设和改革的问题。中国特色社会主义道路既坚持了科学社会主义基本原则，又根据我国实际和时代特征赋予其鲜明的中国特色，因而能够引领当代中国不断发展进步，取得了举世瞩目的光辉成就，使社会主义事业在中国焕发出勃勃生机。实践证明，中国特色社会主义道路是完全正确的。

第二，中国特色社会主义理论体系，是在和平与发展成为时代主题的历史条件下，在我国改革开放和社会主义现代化建设的伟大实践中，在总结我国社会主义建设正反两方面的历史经验和改革开放以来的新鲜经验，并借鉴其他社会主义国家兴衰成败经验教训的基础上逐步形成和发展起来的。这个理论体系在建设中国特色社会主义的思想路线、发展道路、发展阶段、发展战略、根本任务、发展动力、依靠力量、国际战略、领导力量和根本目的等问题上，形成了一系列独创性的重大理论观点，系统回答了在中国这样一个十几亿人口的发展中大国，如何摆脱贫困、加快实现现代化、巩固和发展社会主义的一系列重大问题。这个理论体系内容贯通哲学、政治经济学、科学社会主义等学科，涵盖社会主义经济建设、政治建设、文化建设、社会建设和党的建设以及国防和军队现代化建设，祖国统一、国际战略和外交工作等各个领域，涉及改革发展稳定、内政外交国防、治党治国治军等各方面，是内涵丰富、思想深刻、系统科学的理论体系。

第三，党的十八大后中国经济发展进入新常态。即从高速增长转为中高速增长；经济结构不断优化升级；从要素驱动、投资驱动转向创新驱动，为进入创新国家行列提供保障。

第四，党的十八大提出要倡导富强、民主、文明、和谐，倡导自由、平等、公正、法治，倡导爱国、敬业、诚信、友善，积极培育和践行社会主义核心价值观；明确提出马克思主义在意识形态领域的指导地位。

第五，建设和发展中国特色社会主义，最根本的是要清醒认识和科学回答三大基本问题，这就是“什么是社会主义、怎样建设社会主义”“建设什么样的党、怎样建设党”“实现什么样的发展，怎样发展”。对这三大基本问题的认识程度和把握程度，决定着中国特色社会主义实践和理论的创新程度、丰富程度和深刻程度，中国特色社会主义理论体系紧紧围绕探索和回答这三大基本问题展开，从实践到理论进行了卓有成效的创造，用一系列紧密联系相互贯通的新思想、新观点、新论断，深化和丰富了对共产党执政规律、社会主义建设规律、人类社会发展规律的认识。

第六，中国特色社会主义理论体系，坚持和发展了马克思列宁主义、毛泽东思想，凝结了几代中国共产党人带领人民不懈探索实践的智慧和心血，是马克思主义中国化的最新成果，是党最可宝贵的政治和精神财富，是全国各族人民团结奋斗的共同思想基础。

第七，中国特色社会主义理论体系是不断发展的开放的理论体系。随着改革开放和现代化建设的不断发展，又以不断创新的理论成果指导实践，从而推动中国特色社会主义事业不断前进。《共产党宣言》发表160年的实践证明，马克思主义只有与本国国情相结合，与时代发展同进步，与人民群众共命运，才能焕发出强大的生命力、创造力、感召力。马克思主义与当代中国实际和时代特征相结合，才有了中国特色社会主义理论体系这一马克思主义中国化的最新成果。而这一成果也以新的内容丰富和发展了马克思主义。实践永无止境，创新永无止境。中国特色社会主义理论体系将会不断创新、继续发展。正是在这个意义上，我们说，在当代中国，坚持中国特色社会主义理论体系，就是真正坚持马克思主义。

三、怎么讲

（1）如何认识党的十一届三中全会是党和国家历史上具有深远历史意义的伟大历史性转折。

（2）党的十八大后党中央提出的一系列重大战略思想。

（3）讲述中国特色社会主义道路、理论体系和制度的关系。

改革开放以来，我们取得的一切成绩和进步的根本原因，归结起来就是：开辟了中国特色社会主义道路，形成了中国特色社会主义理论体系。高举中国特色社会主义伟大旗帜，最根本的就是要坚持这条道路和这个理论体系。我们要倍加珍惜、长期坚持和不断发展党历经艰辛开创的中国特色社会主义道路和中国特色社会主义理论体系，坚持解放思想、实事求是、与时俱进，勇于变革、勇于创新、永不停滞，不为任何风险所惧，不被任何干扰所惑，使中国特色社会主义道路越走越宽广，让当代中国马克思主义放射出更加灿烂的真理光芒。

（作者：王峻，中国近现代史纲要教研室副教授）

“思想道德修养与法律基础”重点与难点[①]

王小莹　主编

---

① 依据《思想道德修养与法律基础》编写，马克思主义理论研究与建设工程重点教材，高等教育出版社，2015 年版。

绪论　珍惜大学生活　开拓新的境界

一、教学重点

（一）适应人生的新阶段

1. 认识与适应大学生活

第一，大学中相对独立的生活环境，需要大学生结合自身实际情况，不断提升适应能力和自理能力。

第二，与中学生活相比，大学生活发生了显著变化，大学生应适应灵活的学习方式，探索正确的学习方法。

第三，大学阶段是人生发展的重要阶段，大学生应不断提升自身综合素质，提高明辨是非善恶的能力，积累生活经验，树立正确的世界观、人生观、价值观。

第四，大学学习难度和深度不断增加，社会交往更加广泛，大学生应合理安排自己的学习时间和课余生活，树立自立自律的生活意识。

2. 更新学习理念

学习是大学阶段的主要任务，更是大学生活的中心内容。大学生要树立自主学习、全面学习、创新学习、合作学习和终身学习的理念。

（二）提升思想道德素质与法律素质

1. 道德与法律的含义

道德与法律是一个社会赖以发展和稳定的两大基本、重要的行为准则，也是调节人们思想行为、协调人际关系、维护社会秩序的重要手段。

道德是以善恶为评价标准，主要依靠社会舆论、传统习俗和内心信念来发挥作用的行为规范的总和。

法律是由国家制定或认可并依靠国家强制力保证实施的，反映由特定社会物质生活条件所决定的统治阶级意志，规定权利和义务，以确认、保护和发展有利于统治阶级的社会关系和社会秩序为目的的行为规范体系。

2. 道德和法律的联系与区别

道德和法律的联系表现为：

第一，道德与法律作为两种不同的社会调节手段，在社会规范体系中发挥着各自的作用，以各自的角度扮演着调整各种社会关系、维系社会正常秩序的角色。

第二，道德和法律在规范体系中的功能是互为补充的，道德往往成为法律的基础材料，而法律往往又巩固着某种道德。道德所不及的地方由法律调整，法律所不及的地方由道德调整。

道德和法律的区别表现为：道德和法律在调节领域、调节方式、调节目标等方面发挥的作用和方式存在很大不同。

坚持和发展中国特色社会主义，既要发挥法律的规范和强制作用，又要发挥道德的教化和引领作用。中国特色社会主义思想道德为中国特色社会主义法律提供价值基础；中国特色社会主义法律为中国特色社会主义思想道德建设提供制度保障。

（三）培育和践行社会主义核心价值观

1. 社会主义核心价值观的基本内容

党的十八大明确提出了培育和践行社会主义核心价值观的根本任务，强调要倡导富强、民主、文明、和谐，倡导自由、平等、公正、法治，倡导爱国、敬业、诚信、友善。其中，富强、民主、文明、和谐是国家层面的价值目标；自由、平等、公正、法治是社会层面的价值取向；爱国、敬业、诚信、友善是公民个人层面的价值准则，这 12 个范畴是社会主义核心价值观的基本内容。

2. 培育和践行社会主义核心价值观的重大意义

第一，积极培育和践行社会主义核心价值观，有利于巩固马克思主义在意识形态领域的指导地位，有利于巩固全党全国人民团结奋斗的共同思想基础，有利于团结全党、全国人民振奋精神、凝聚力量，是实现中华民族伟大复兴的中国梦的价值支撑。

第二，积极培育和践行社会主义核心价值观，有利于更好地整合社会思想文化和价值观念，为协调推进全面建成小康社会、全面深化改革、全面依法治国、全面从严治党的战略布局提供有力的思想保证和精神动力。

第三，积极培育和践行社会主义核心价值观，有利于引导大学生形成正确的价值取向，把“知”与“行”统一起来，自觉融入社会。

二、教学难点

帮助大学生在理解社会主义核心价值观的基础上，确立成才目标。

第一，成为德智体美全面发展的社会主义事业合格建设者和可靠接班人，是当代大学生需要确立的成才目标。

第二，明确当代大学生成才应具备的素质，增强服务国家人民的社会责任感。

三、怎么讲

（1）简单介绍中国大学生思想政治理论课程设置的历史沿革。

（2）简单讲授学习“思想道德修养与法律基础”课程的意义与方法。

（3）重点讲授大学生活的新变化和如何树立新的学习理念。

（4）重点讲授道德与法律的关系，以及提升大学生思想道德素质与法律素质的重要性。

（5）重点讲授社会主义核心价值观的基本内容，以及培育和践行社会主义核心价值观的重大意义。

（6）分析或讨论如何确立大学生的成才目标。

（作者：连欢，思想道德修养与法律基础教研室讲师）

第一章　追求远大理想　坚定崇高信念

一、教学重点

（一）理想和信念的科学内涵及其在人生发展中的重要作用

1. 理想与信念

理想与信念是人类特有的精神现象。理想是人们在实践中形成的、有实现可能性的、对未来社会和自身发展目标的向往和追求，是人们的世界观、人生观和价值观在奋斗目标上的集中体现。

信念是认知、情感和意志的有机统一体，是人们在一定的认识基础上确立的对某种思想或事物坚信不疑并身体力行的心理态度和精神状态。

理想与信念密切相关，相互依存。理想是信念的根据和前提，信念是实现理想的重要保障。在很多时候，理想也是信念，信念就是理想。当理想作为信念时，它指的是人们确信的一种观点和主张；当信念作为理想时，是与奋斗目标相联系的一种向往和追求。

2. 理想信念的重大意义

人的理想信念是人生目的的最高体现，是人生发展的内在动力。

第一，理想信念对人生历程起着导向作用，是人的思想和行为的定向器。理想信念一旦确立，能使人永不迷失前进的方向。

第二，理想信念是激励人们向既定人生目标奋斗前进的动力。理想信念是人生前行的力量源泉，像火车头一样牵引人们前进，一个人有了崇高坚定的理想信念，才会以惊人的毅力和不懈的努力成就事业。

第三，理想信念是人精神世界的核心。理想信念统领人精神生活的各个方面，使人的精神生活丰富而健康，内心充实而安宁，避免空虚和迷茫。理想信念引导人们不断追求更高的人生目标，提升精神境界，塑造高尚人格。

（二）确立马克思主义的科学信仰

马克思主义作为我们立党立国的根本指导思想，是由马克思主义严密的科学体系、鲜明的阶级立场和巨大的实践指导作用决定的，是近代以来中国历史发展的必然结果，是中国人民长期探索的历史选择。

第一，马克思主义既是关于人类社会发展规律的科学，又是工人阶级和人民群众争取自身解放的思想体系。它为人类的进步和解放指明了正确方向，也为人们认识世界和改造世界提供了科学的立场、观点和方法。

第二，马克思主义具有与时俱进的理论品格和持久生命力。《共产党宣言》发表以来的实践证明，马克思主义只有与本国国情相结合、与时代发展同步、与人民群众共命运，才能焕发出强大的生命力和创造力。

第三，马克思主义是认识世界、改造世界的科学理论。虽然苏东剧变使世界社会主义运动受到严重挫折，但是历史发展的总趋势并没有改变，特别是中国特色社会主义的成功实践，无可辩驳地证明，社会主义具有光明的未来。

第四，马克思主义指明人类历史必然走向社会主义并最终走向共产主义。共产主义是一种理想、一种学说、一种制度，更是一种实践，需要一代代人不懈地努力。

当代大学生只有确立马克思主义科学信仰，才能深刻认识人类社会的发展规律，深刻认识中国走社会主义道路的历史必然性，在中国特色社会主义事业中积极贡献自己的智慧和力量。

（三）树立中国特色社会主义共同理想

中国特色社会主义共同理想即在中国共产党的领导下，坚持和发展中国特色社会主义，实现中华民族的伟大复兴。

1. 坚定对中国共产党的信任

坚持中国特色社会主义道路，推进社会主义现代化，实现中华民族的伟大复兴，必须毫不动摇地坚持中国共产党的领导。

第一，中国共产党是中国工人阶级的先锋队，是中国人民和中华民族的先锋队，是中国特色社会主义事业的领导核心。

第二，中国共产党的领导地位不是自封的，而是历史形成的，是中国人民在长期的艰苦斗争中做出的正确选择。

第三，虽然中国共产党曾出现过失误，但党能够依靠自身力量和人民群众的帮助解决自身存在的问题。

第四，在当今中国，只有中国共产党，才能领导中国人民建设和发展中国特色社会主义，才能承担实现中华民族伟大复兴的历史任务。

2. 坚定中国特色社会主义信念

第一，改革开放以来，中国经济社会发展所取得的辉煌成就雄辩地证明，中国特色社会主义符合中国国情，符合人民的利益，是发展中国、稳定中国的必由之路。中国特色社会主义由道路、理论体系、制度构成。

第二，中国特色社会主义道路是实现途径，中国特色社会主义理论体系是行动指南，中国特色社会主义制度是根本保障，三者统一于中国特色社会主义伟大实践。

3. 坚定实现中华民族伟大复兴的信心

第一，中国共产党团结和带领全国各族人民完成了民族独立、人民解放的历史任务，为实现中华民族伟大复兴奠定了重要的基础。社会主义制度的确立，开启了在社会主义道路上实现中华民族伟大复兴的历史征程。党的十一届三中全会以来，我们找到了建设中国特色社会主义的道路，中华民族的伟大复兴展现出前所未有的光明前景。

第二，对共产主义的信仰，必然包括对当下中国，特别是中国特色社会主义建设事业的信心。我们比历史上任何时期都更接近实现中华民族伟大复兴的目标，比历史上任何时期都更有信心、更有能力实现这个目标。

当代大学生，要树立为中国特色社会主义事业贡献青春力量的远大志向，在为实现中华民族伟大复兴的实践中谱写壮美的青春之歌。

二、教学难点

（一）实现理想的长期性、艰巨性和曲折性

第一，理想的实现并非易事，在实现理想的道路上必然会遇到各种各样的苦难和挫折。一般来说，理想越高远，实现的过程越复杂，需要的时间越长。

第二，在实现理想的过程中，不可能一帆风顺，会充满坎坷曲折。顺境可能使人松懈，而逆境只是增大人们向理想目标前进的难度，并没有消解实现理想目标的可能性。在逆境中向理想目标奋斗，可能会有顺境中难以得到的收获。

（二）个人理想与社会理想的统一

第一，个人理想与社会理想是相互联系、相互依赖、相互渗透、相互制约和辩证统一的两个方面。同时，个人理想与社会理想又相互区别，各有自身的规定性。

第二，社会理想起着主导作用，如果个人理想脱离了社会理想，就会失去正确的方向。只有把社会理想与个人理想结合起来，个人理想才有深厚的社会基础和持久的生命力。

第三，个人理想体现社会理想，社会理想的实现依赖于社会成员个体的努力奋斗，离开了个人理想，社会理想就成为空谈。

当代大学生在确立个人理想时，不能脱离当代中国的社会现实。坚持和发展中国特色社会主义，实现中华民族的伟大复兴，这是当代中国最大的现实，也是全体中国人民共同的社会理想。它具有明确的方向性和指导性，同时也具有极大的包容性。在这个大的社会理想的框架中，每个人可以根据自己的特点和需要，形成自己在生活、职业、道德等方面的理想信念。大学生要在社会理想的指引下，勇于追求个人理想，在实现社会理想的过程中努力实现个人理想。

三、怎么讲

（1）简单讲授大学生的历史使命及理想与现实的关系。

（2）重点讲授理想信念的科学内涵及其在人生发展中的重要作用。

（3）重点讲授确立马克思主义的科学信仰及其重要意义。

（4）重点讲授中国特色社会主义共同理想的内涵。

（5）分析个人理想和社会理想的辩证统一关系，讨论在实现中华民族伟大复兴的中国梦历史使命中大学生肩负的责任。

（作者：连欢，思想道德修养与法律基础教研室讲师）

第二章　弘扬中国精神　共筑精神家园

一、教学重点

（一）关于爱国主义的概念问题

这是本章第二节的一个重点问题，也是本章的一个亮点。这个概念与以往教材关于爱国主义的概念相比，有多方面的发展。

第一，这个概念说明了爱国主义的调节对象，个人与祖国之间的关系，过去教材中的爱国主义多没有提出调节对象问题。

第二，这个概念对爱国主义的实质阐述得更加全面和科学。它从多个侧面、多个学科的视角阐述爱国主义的实质，将爱国主义界定为调节个人与祖国之间关系的重要道德要求、政治原则和法律规范。过去的教材大多认为是道德规范，虽正确但不全面，因为爱国主义同时还是团结全国各族人民的政治基础和衡量每个中国人政治态度的重要政治原则，是我国宪法和法律规定的重要规范，这样的界定更为准确、全面和科学。

第三，本教材对爱国主义的解释增加了一个质的规定，即是民族精神的核心。中华民族精神是中华民族团结奋斗，克服万难，绵延数千年而不衰，创造人类历史奇迹的精神支柱，而这个精神支柱的核心是爱国主义。这个本质界定更加明确了爱国主义在民族精神中的极其重要的地位和价值。

第四，本教材关于爱国主义所包含的对祖国的深厚情感，说得更为具体和透彻，既说明了人民对祖国深厚感情产生的基础，个人对祖国的依存关系，同时也进一步阐述了人民对祖国深厚感情的内涵，即归属感、尊严感与荣誉感的统一，这样的概括更深入更全面更完整，也更加符合实际。深入理解爱国主义的概念，是深入理解本章全部内容的前提和基础。只有深刻理解爱国主义的调节对象、爱国主义的实质、爱国主义所包含的深刻丰富的情感，才能深刻理解爱国主义的传统，新时期的爱国主义和怎样做个忠诚的爱国者。

（二）爱国主义是民族精神的核心与弘扬和培育民族精神

1. 爱国主义是民族精神的核心

这是第一个重要问题的延伸，也是一个理论创新。爱国主义是中华民族精神的核心，表现为：

第一，团结统一、爱好和平、勤劳勇敢、自强不息的精神是贯穿爱国主义的主线，并共同服务于爱国兴邦这一主题。在中华民族的辉煌历程中，爱国主义在观念和实践中都发挥了作为民族精神的作用。爱国主义是中华民族精神的共同价值基础，这主要表现在自觉维护国家民族整体利益是中华民族精神文化的共同价值基础。对国家民族整体利益的自觉认同和维护是贯穿中华民族精神、文化的一根主线，在儒家道家法家墨家的主张里，都蕴涵着正确处理个人与国家、个人与民族以及国家与国家的理念和态度，并且最终成为中华民族的共同价值基础。

第二，爱国主义是中华民族精神的最高政治原则。这主要表现为自觉维护国家和民族的整体利益始终是中华民族精神的最高行为准则。

第三，爱国主义是中华民族精神的动力源泉。这主要表现为对祖国的崇高的自尊心、荣誉感、义务感和责任感始终是中华民族精神中取之不尽用之不竭的力量源泉。

2. *弘扬和培育民族精神*

对当代有为青年来说，弘扬和培育民族精神，始终保持昂扬向上的精神状态，是自身健康成长、成就事业和理想的重要保障。要以宽阔的眼光看待弘扬民族精神，既要弘扬中国古代，更要弘扬中国共产党领导人民在革命建设和改革的伟大事业中所不断发扬光大的民族精神。要以实践的眼光看待弘扬民族精神，以社会主义现代化建设的伟大实践作为参考系，确定弘扬和培育民族精神的基本立足点，坚持古为今用，洋为中用，以我为主，为我所用的原则等。

要以创新的眼光弘扬民族精神。弘扬要立足创新，创新必须反映中国特色社会主义现代化建设事业的根本要求。建立社会主义市场经济体制的现实需要，要着眼于世界文化发展的前沿，批判地吸取世界各民族文化的长处。

（三）弘扬以改革创新精神为核心的时代精神

1. *弘扬时代精神是弘扬爱国主义的必然要求*

爱国主义是时代精神的历史基础，时代精神是爱国主义的当代发展。爱国主义为时代精神提供了基础和源泉，而时代精神则通过解决时代性课题推动历史前进。没有时代精神就无法回应和解决时代课题，也就没有民族的生存和发展。因此，继承和弘扬爱国主义传统，必须大力弘扬时代精神。

爱国主义是时代精神的本质，时代精神是爱国主义的本质在当代的表现。爱国主义具体表现为不同历史条件下的时代精神。今天，爱国主义主要表现为以改革创新精神为核心的时代精神，它是当代中华民族爱国主义的时代要求和最新体现。

2. *改革创新是时代精神的核心*

改革创新是进一步解放和发展生产力的必然要求，改革创新是实干兴邦的行动，是按照客观规律改造主观世界和客观世界的创造性活动。它是时代精神的本质，体现了时代精神的灵魂，体现了发展生产力的必然要求。

改革创新是建设创新型国家的根本保障。中国特定的国情和需求，决定了不可能选择资源型和依附型的发展模式。中国只有走创新型国家的发展道路，全面提高民族的自主创新能力，才能在日趋激烈的国际竞争中立于不败之地。

弘扬改革创新精神是大学生成长成才的迫切需要。创造性是知识经济时代的本质特征，也是知识经济时代人才的典型特征。

认识和掌握弘扬改革创新的基本要求，努力做到提倡理论创新，鼓励制度创新，强化科技创新，推进文化创新，努力塑造创新型人格。

二、教学难点

（一）经济全球化条件下必须弘扬爱国主义精神

这个问题是本章第二节中的尖锐问题，也是一个难点。

1. *必须弘扬爱国主义精神*

必须弘扬爱国主义精神的依据有三点。

第一，经济全球化条件下，国家仍然是本民族整体利益最具权威的代表者，人们所处的时代仍然是经济全球化趋势与民族国家并存的时代。只要国家还存在，爱国主义就有它坚实的基础和丰富的意义。所以只有继续高举爱国主义旗帜，才能使每个民族国家，乃至整个世界获得共同发展。

第二，尽管经济全球化使国家的部分职能处于变革中，但国家作为民族存在的最高组织形式未变，代表本民族最权威的地位和功能未变。在今天，哪个民族削弱国家的地位和能力，就会面临毁灭性的生存危机，这已被当代世界历史所证明。

第三，在经济全球化的条件下，民族国家仍然是国际社会最强大的独立体，无论是区域性的经济联盟，还是跨国公司，都不具备民族国家的主体地位。无论与一个国家内的任何组织和个人做何种交往互动，都必须首先与这个国家打交道并征得认可，否则一切都不可能。另外，在经济全球化条件下，国家是促进经济全球化正常发展的最具实力的制约力量。经济全球化是一种世界的客观趋势，经济全球化的进程和事件都不可避免地受大国的影响和控制。在这种情况下，国家仍然是维持本民族权益，抗衡大国控制和掠夺的最具实力的权威力量。这种力量是任何其他组织和个人所完全不具备的。

2. **提高国力应对挑战**

经济全球化条件下，国外敌对势力妄图西化和分化中国的战略并未改变。上述情况告诉我们，在经济全球化背景下，为建设中国特色社会主义，实现中华民族复兴，并为世界和平、正义与发展做出贡献，我们必须弘扬爱国主义精神，努力使中国强大起来。怎样弘扬：一是加速提高中国的国力，二是积极应对挑战和风险，三是要以更宽广的眼界看待世界。

（二）为什么经济全球化不等于政治一体化和文化一体化

（1）经济全球化与政治一体化和文化一体化是截然不同的概念。经济全球化是指跨国经济活动、跨国经济组织、跨国经济规则普遍化的客观发展趋势。这对发展中国家既是一个发展机会，同时又是一个经济、政治、文化等方面的挑战。政治和文化一体化是指政治制度和文化价值观念的单一化、同一化和无差别化，其实质就是西方大国在经济全球化背景下，利用其经济、军事等优势，采用经济、政治、文化甚至军事手段，阻挠世界各国政治和文化的多样性选择和发展，推行全球政治制度和文化价值观念的全盘西化。

（2）推行政治一体化和文化一体化是一种强权政治和霸权主义行为。

（3）推行政治一体化和文化一体化是违背人类文明发展规律的，必然不能得逞。

（4）坚决反对政治一体化和文化一体化的阴谋。

三、怎么讲

（1）结合中国历史和传统文化，讲解弘扬中国精神的时代价值。

（2）详细讲解爱国主义的多层内涵和民族精神的丰富含义。

（3）直面新时期经济全球化的爱国主义，多与学生交流。

（4）强调改革创新的重要意义。

（5）结合视频资料等，激励学生作忠诚的爱国者。

（作者：黄芩，思想道德修养与法律基础教研室讲师）

第三章　领悟人生真谛　创造人生价值

一、教学重点

（一）树立为人民服务的人生观

人生不仅是一种自然过程，还包含着丰富的社会内容。人不仅活着，还生产、交往、创造，形成一定的人生价值目标，以一定的人生观指导自己的行为，赋予人生这样或那样的意义。人与人不同的人生轨迹，除了客观历史条件的外部制约外，在很大程度上，取决于个体选择什么样的人生观、价值观，追求什么样的人生目的。

在马克思主义发展史上，从马克思和恩格斯提出的“为绝大多数人谋利益”，到列宁提出的“为千千万万劳动人民服务”，再到毛泽东精辟概括的“为人民服务”，反映了无产阶级的人生观、道德观形成和发展的过程。为人民服务的人生观、道德观，不论在革命战争年代还是和平建设时期，都产生了广泛而深远的影响，熏陶感染了一代又一代革命者。当代大学生同样应当自觉以为人民服务的人生观指引人生，在服务人民、奉献社会的实践中创造人生价值。

（二）促进个人与他人的和谐

在社会生活中，每个人都要和他人交往，与他人结成各种各样的关系。个人和他人的关系，是人与社会关系直接而具体的体现。明确个人在与他人关系中的定位，处理好个人与他人的关系才能为人生价值的实现创造良好的人际环境。

个人与他人的关系，在本质上是社会关系尤其是社会利益的表现。人类要生存，就必须满足各种需要，而作为社会的人，任何需要必须通过一定的社会关系才能实现。因此，处理个人与他人的关系，关键是处理个人与他人的利益关系。

个人与他人关系的和谐，有赖于人际交往中遵循平等、诚信、宽容、互助的原则。首先从自己做起，给他人以爱自己的理由，然后争取达到互惠互利，最后力争上升到全心全意为人民服务的高尚境界。

（三）促进个人与社会的和谐

人生的内容是由复杂多样的社会关系和社会活动构成的，社会是个人生存和发展的基础，个人是构成社会的前提，两者不可分离。正如马克思所说："人是最名副其实的政治动物，不仅是一种合群的动物，而且是只有在社会中才能独立的动物。"个人与社会既是对立的又是统一的。只有科学地把握个人与社会的辩证关系，协调好个人与社会的关系，才能为人生价值的实现创造良好的社会环境，促进个人和社会的和谐，关键在于把握个人在社会中的定位。

二、教学难点

（一）坚决抵制各种错误人生观的影响和侵蚀

树立为人民服务的人生观，要坚决抵制错误人生观的影响。由于受国内外各种错误思潮的影响，社会上还存在拜金主义、享乐主义及极端个人主义等错误人生观。大学生正处于人生的过渡阶段，思想认识水平尚未成熟定型，对于真善美和假丑恶的辨析能力还有待进一步提高，所以错误的思想观念在青年学生中间有一定的市场。这些错误观念非常不利于大学生树立科学、崇高的人生观和价值观。学生要认清这些错误思想观念的本质，警惕和自觉抵制其侵蚀。

（二）促进自我身心的和谐

人生价值的实现，有赖于各种人生环境，所谓天时地利人和。和谐的首要之处，是个体内在的和谐。人有身心两个基本方面，不仅要有健康的生理，还要有健康的心理。身心关系，以及身心与外部环境的关系，是保证人自身系统的健康和活力、身心健康和谐的关键所在。身心关系历来是哲学、心理学、教育学和医学等学科的关注课题，在社会生活中，其重要性人们也深有体会，是美好人生的内在基础。一个人自觉调适心理，促进自我身心和谐，保持良好的心理健康水平，才能为美好人生的实现创造基本条件。

（三）正确认识和处理竞争与合作的关系

众人拾柴火焰高，个体的力量是有限的，真正伟大的力量在于团结协作。团结有力量，团结能致胜。社会越发展，人们合作的范围越大，合作的形式也越多。在当今社会竞争日益加剧的形势下，如何进行合作也日益成为一个突出的问题。为了适应形势的需要，当代大学生应当高度重视合作精神的自觉养成。在学习过程中要讲究合作，在日常生活中也要讲究合作，在学生工作中更要讲究合作，把与人共事的能力和合作精神建立起来。一个大学生如果只是掌握某些文化知识和技能，而没有合作的能力和精神，那么他的文化学识和技能，将面临无法在工作中充分施展的可能。

竞争与合作在形式上是对立的，在本质上又是相互伴随相互统一的。竞争离不开合作，竞争获得的胜利，通常是一个或多个群体之间通力合作的结果。合作也离不开竞争，没有竞争的合作是缺乏活力的。竞争促进合作的深度和广度，合作增强竞争的实力，正是这种关系推动着人类社会不断发展和进步。所以要鼓励竞争、提倡竞争、保护竞争，同时又要提倡合作、提倡相互关心、相互帮助。

三、怎么讲

（1）站在辩证唯物主义立场上，重温人的本质是什么，是人生哲学的起点问题。

（2）结合实践案例，反对各种错误的人生观，强化为人民服务的正确人生观。

（3）结合视频资料，详细讲解创造怎样的人生价值才有意义。

（4）让学生充分参与，联系实际讲解自我心理健康和人际交往主题。

（作者：黄芩，思想道德修养与法律基础教研室讲师）

第四章　注重道德传承　加强道德实践

一、教学重点

（一）继承与弘扬中国的革命道德

中国革命道德萌芽于五四运动前后，孕育于中国共产党成立后蓬勃发展的工人运动和农民运动之中，形成于第二次国内革命战争时期，发展于新中国成立以后社会主义建设和改革时期。中国革命道德继承了中国传统道德的精华部分，超越并打破了中华民族传统美德的时代局限。可以说，中国革命道德是中国革命时期传下来的宝贵财富，革命道德传统需代代相传。它是博古通今，实现中国梦的强有力的精神力量。

1. 中国革命道德的主要内容

中国革命道德的内涵丰富而又独特，可概括为五个方面。

（1）为实现社会主义和共产主义理想而奋斗。坚持社会主义并实现共产主义的理想信念是中国革命道德的价值目标。中国革命的历史进程已经证明，社会主义和共产主义是最科学、最先进的、与中国国情最为匹配的社会制度。为了实现这一革命理想，无数革命先烈前仆后继、奋勇拼搏。夏明翰在《就义诗》中写下“砍头不要紧，只要主义真。杀了夏明翰，还有后来人”的豪言壮语。

（2）全心全意为人民服务。全心全意为人民服务是中国共产党的根本宗旨，是中国革命道德的核心内容。1939 年毛泽东就提出，是否“为人民服务”是区别革命道德和一切剥削阶级道德的根本分界线。全心全意为人民服务体现了社会主义道德的根本需求，是建立和发展社会主义市场经济的需要。

（3）始终把革命利益放在首位。中国革命道德强调当个人利益与革命利益发生矛盾时，要始终把革命利益放在首位。邓小平强调，“为了国家和集体的利益，为了人民大众的利益，一切有革命觉悟的先进分子必要时都应当牺牲自己的利益”。

（4）树立社会新风，建立新型人际关系。这方面体现了中国革命道德在社会生活层面上的要求。弘扬中国革命道德，应树立平等的观念，摒弃以往旧社会那些错误的道德观念，如鄙视劳动和劳动人民等。

（5）修身自律，保持节操。中国革命道德最为重要的一环就是加强共产党人的个人道德修养。具体来说，就是以中国革命事业为重，做一个自律的人，在各种考验中磨炼自己，真正做到素心为人，操履严明，德居人前，利在人后，淡泊名利，高风亮节。

2. 弘扬中国革命道德的现实意义

（1）弘扬中国革命道德有利于加强和巩固社会主义和共产主义的理想与信念。中国革命道德帮助人们树立和培养人民群众的社会主义与共产主义的理想和信念，充实人们的精神生活。同时坚定共产主义信念，有利于提高党对当前阶段的路线和政策的自觉性；有利于保持共产党员的先进性，自觉抵制腐朽的资本主义思想和生活方式。在人民生活水平日益提高的今天，部分党政领导干部动摇了共产主义信念，损害了国家的根本利益。

（2）弘扬中国革命道德有利于培育和践行社会主义核心价值观。习近平指出，核心价值观是文化软实力的灵魂，培育和弘扬社会主义核心价值观必须立足于中华优秀传统文化。中国的传统文化是其发展与赖以生存的土壤。弘扬中国革命道德，有利于人们的文化自信和价值观认同，有利于中国特色社会主义的建设事业顺利进行。

（3）弘扬中国革命道德有利于引导人们树立正确的道德观，积极投身于社会主义建设事业。章太炎非常重视道德的作用。他提出“道德衰亡诚亡国灭种之根极也”。道德兴则国家兴，道德衰则国家衰，因此，树立正确的道德观对于社会主义的建设事业是十分必要的。

（4）弘扬中国革命道德有利于培育良好的社会道德风尚，抵制腐朽思想的侵蚀。弘扬革命传统道德，有利于改变社会中“告别革命”的消极意识，改善社会风尚，自觉抵制腐朽思想。

（二）弘扬中华传统美德

1. 中华传统美德的主要内容

中华民族的优良道德传统概括起来主要有：重视整体利益、国家利益和民族利益，强调对社会、民族、国家的责任意识和奉献精神；推崇“仁爱”原则，追求人际和谐；讲求谦敬礼让，强调克骄防矜；倡导言行一致，强调恪守诚信；追求精神境界，把道德理想的实现看作是一切精神需要中最高尚的需要；强调道德修养，塑造理想人格；注重社会环境对人道德品质的影响。此外，还有如廉洁自律、宽厚待人、艰苦朴素、勤劳节俭、孝敬父母、尊老爱幼、尊师敬业，以及刚健有为、自强不息、舍生取义、见义勇为和奋发图强等，也是中华民族优良道德传统的重要内容。在长期的历史发展中，中华民族优良道德传统已经深入到全民族的思维方式、价值观念、行为方式和风俗习惯之中。中华民族虽然历经无数磨难与困苦，但始终能屹立于世界民族之林，应当说，是同中国的优良传统文化，特别是优良的道德传统的作用分不开的。

2. 中华传统美德的创造性转化

为了充分发挥中华传统美德对现代中国国家建设的资源性作用，使之成为社会主义核心价值观的思想源泉，必须结合现代生活赋予其新的时代内涵，实现中华传统美德的创造性转换。中华传统道德与现代社会两者之间既存在联系，又不可避免地存在冲突与隔阂。中华传统美德的转化指的是在保留二者正向性联系的基础上，化解二者之间的矛盾与冲突，最终使中华传统美德符合现代社会的发展需要。矛盾双方需在一定条件下方可以相互转化，因此要想实现中华传统美德的创造性转化，还需探讨转化的基本原则与方法。

首先，转化要立足于面向大众、服务人民。把德性培育融于个体的日常生活之中。《陆九渊集·卷三十五·语录下》写道："圣人教人，只是就人日用处开端。"中华传统美德的弘扬要真正结合人民群众的精神文化需求，符合大众的利益，在传播方式上尽可能采取人民群众喜闻乐见和通俗易懂的方式。

其次，要以开放的胸怀和视野吸收借鉴人类文明的有益道德成果。人类社会发展的一个特征是文化的多样性。中华传统美德的创新型转化，需要着眼于世界文化发展的前沿，需要与不同的文化碰撞出火花，取长补短，实现自我更新。

二、教学难点

第一，道德的本质。关于道德的本质，古今中外有不同理解，需要通过各种角度探讨，从而让学生掌握马克思主义关于道德本质的理论。

第二，中华传统美德。传统美德哪些需要继承，哪些需要扬弃，需要认真辨析。

第三，如何看待发展社会主义市场经济与道德建设两者之间的关系。市场经济主要是以利益为导向，而道德主要是利他的，两者之间的关系需要厘清。

三、怎么讲

（1）介绍古今中外各派道德哲学家关于道德本质的说法，进行辨析，然后说明马克思主义道德哲学的独特之处。

（2）分析社会主义集体主义道德与西方个人主义道德的本质区别，让学生充分明白集体主义的本质特质。

（3）对中华传统美德进行全面介绍，然后根据社会主义道德原则，对其进行分析取舍。

（4）关于市场经济与道德建设，可以从人的需求层次进行分析。两者是人生和社会的不同层面，市场经济是解决物质发展和需要的问题，道德是精神需要方面的问题，两者不能互相否定，也不能互相代替。

（作者：王瑞昌，思想道德修养与法律基础教研室教授）

第五章　遵守道德规范　锤炼高尚品格

一、教学重点

（一）网络生活中的道德要求

1. **网络交往的特点**

（1）网络交往的秘密性和隐蔽性；

（2）网络交往的神秘性和刺激性；

（3）网络交往的平等性和随意性。

2. **网络生活中存在的问题**

（1）网络色情信息泛滥；

（2）知识产权受到盗版行为的严重侵犯；

（3）电子商务活动中的欺诈与失信现象不断升级；

（4）病毒和黑客对网络的破坏日益严重。

3. **当代大学生网络法规自律意识的基本特征**

（1）明确与含糊共生；

（2）浓烈与淡薄共存；

（3）牢固与薄弱共生。

4. **网络生活中的道德要求**

（1）正确使用网络工具；

（2）进行健康网络交往；

（3）自觉避免沉迷网络；

（4）养成网络自律精神。

（二）加强大学生网络自律意识

进入自媒体时代后，网络成为大学生获取知识的必不可少的重要途径。但网络自身特有的虚拟性、隐蔽性、开放性和无约束性等特点，以及缺乏完善的网络监督机制，减弱了传统社会道德规范在网上的约束力。相对应的大学生的道德规范和自律意识也会逐渐地淡化。因此，加强大学生的网络自律意识显得尤为必要。

首先，加强大学生的自我道德教育。自我教育指的是“教育客体在其主体意识的基础上，把自身作为教育对象，根据教育主体的规范和自身发展的需要，以主体的自主性，通过自我选择、自我内化、自我控制等过程，有意识地改造和提高个体的主动性，使自己成为一定社会所需要的人的一种高度自省自律的教育活动"。一方面，大学生需要明确自己的学习目的和自身价值，在没人监督的情况下，自觉完成学习任务，不放弃学习，严格要求自己。另一方面，学校需要完善大学生的思想政治教育机制，帮助大学生树立正确的价值观、人生观。比如在学校设置心理咨询室，开设心理健康讲座，帮助解决大学生在日常生活中遇到的难题。

其次，加强大学生的网络道德教育。一方面，学校可以增设相关课程。如美国杜克大学就开设了"伦理学和国际互联网"的课程。学校除了开设基础的计算机课程对学生讲解专业的计算机知识外，还应开设网络伦理道德的课程。另一方面，积极发挥大学生宿舍在道德教育中的作用，如在大学生的宿舍内铺设教育网等绿色网络，正如李岚清同志所说的那样："学生公寓是学生日常生活与学习的重要场所，是课堂之外学生进行思想政治工作和素质教育的重要阵地。"

最后，对网络成瘾严重影响学业的学生应加强其心理辅导，有针对性地进行思想政治教育，一对一的聊天开导，向其说明网瘾的严重性。另外，发挥党员干部的带头作用，组成网络监督小组，及时向学校反映网瘾的学生，制止其进入网吧。继而使网瘾学生树立网络道德规范，改正不良的道德规范，逐步摆脱网瘾，开始健康的学习生活。

（三）恋爱、婚姻家庭中的道德规范

1. 恋爱中的道德规范

（1）尊重人格平等；

（2）自觉承担责任；

（3）文明相亲相爱。

2. 婚姻家庭中的道德规范

（1）尊老爱幼；

（2）男女平等；

（3）夫妻和睦；

（4）勤俭持家；

（5）邻里团结。

（四）大学生应树立正确的择业观

大学生择业观是在读书学习和社会实践的过程中，形成的对工作的

选择与发展的目的、意义和途径的稳定看法，是大学生价值观、人生观的直接体现。作为一名大学生面对新形势、新情况应从三个方面树立正确的择业观。

第一，树立崇高的职业理想和坚定的职业信念。大学生不应该只是单纯地从物质性与工具性的角度，把职业看作是一种谋生的手段，而应把职业看作是奉献社会、完善自身的一种正确的途径。

第二，职业的选择应符合社会发展的需要。职业的选择是一个双向性的选择。在现实社会中并不是每个人都可以按照自己的真实意愿选择自己想要的工作。大学生在择业时，除了个人兴趣之外，还应考虑社会的需要，研究各个专业的人才供需情况，了解每个岗位的职责、要求，针对性地增强自身的实力，把对职业的期望与社会的需要有机地结合起来，既不好高骛远，也不消极被动。

第三，打下坚实的基础，为以后的择业做充分的准备。在步入社会之前，除了学好大学的课程之外，还应加强对专业知识和专业技能的学习，为自己充电，增强自己今后择业的成功率。

（五）大学生应树立正确的创业观

择业只是大学生今后发展的一个起点，创业才是大学生今后发展的重要保证。在大学，要培育大学生的创业意识，培养学生坚忍不拔、勇于开拓的精神，引导大学生做好创业的心理准备。此外，大学生要有敢于创业的勇气以及不怕失败的信心，克服依赖心理与胆怯心理。学校要积极营造有利于学生创业的环境，开展相关讲座与比赛，加大创业的实践力度。

二、教学难点

（一）如何加强社会公德修养

现代社会是高度负责的，公共领域中需要公民具有良好的社会公德。这个需要要从理论上讲透彻。

（二）同性恋的问题

现代社会，同性恋问题比较突出，在国际大环境下，还有同性婚姻问题。许多学生在这方面没有明确认识，需要讲清楚。

（三）如何加强大学生的个人品德

个人品德是道德的基础，究竟需要培养哪些基本的个人品德，个人品德与社会公德、家庭美德和职业道德的关系是什么，是需要重点讲授的问题。

三、怎么讲

（1）关于社会公德，通过进行课堂讨论，明确究竟哪些是社会公德，如何培养社会公德。同时，讨论目前在社会公德领域存在着哪些问题，如何解决。

（2）关于家庭美德，介绍传统儒家“齐家”的智慧和方法，让学生明白传统家庭美德的内容和意义。

（3）讨论同性恋的问题，认识到同性恋虽然不是违法的，甚至也不能说严重违反道德的，但是从爱恋是婚姻的基础的角度看，同性恋可能会引起社会问题，不值得提倡。而且，同性恋和同性婚姻，也不能相提并论，后者会带来更严重的社会问题。可以对国外的案例进行分析，进一步认识同性恋不值得肯定。

（4）研读中国经典中关于修身的文献，让学生充分认识个人品德修养的内容、方法和重要性。同时，列举现实中的案例，说明加强个人品德修养的紧迫性。具体可以在两方面展开讲授：

第一，在日常生活中，首先要树立以“仁义”为本的道德行为规范，使自己的言行举止符合礼的要求，继而建立协调有序的人际关系。

第二，大学生通过“学思并重”“躬身力行”，内化道德认知并外化为行为。

其一，孔子曰：“吾尝终日不食，终夜不寝，以思，无益，不如学也。”学与思需并重，不可以偏废两者中的任何一个。在认真学习，占有大量知识材料的同时，要学会思考与分析问题。孔子认为，“学而不思则罔，思而不学则怠”。在日常生活中必须要学思结合，只知道读书而不思考，则会迷惘；只知道空想而不学习则会神思疲怠。

其二，孔子曰：“听其言而观其行”，判断一个人的德行，不能只从他平时的言论去判断，还要观察他的所作所为，比较分析其是否做到了言行一致。除此之外，孔子还提出“言行一致”的另外一个表现是“言必信，行必果”。要言而有信，信守承诺，做事果断，说出去的话要落到实处。

从上述观点看，个人道德品德的养成，需从自身做起，既要加强个人道德修养的自觉性，更要采取正确有效的方法，即“学思并重”“躬身力行”，从而做到知行合一，在实践中培养和锻炼自己。

（作者：王瑞昌，思想道德修养与法律基础教研室教授）

第六章　学习宪法法律　建设法治体系

一、教学重点

（一）法律的概念

根据中国法学界通说，法律是由国家制定或认可并依靠国家强制力保证实施的，反映由特定社会物质生活条件所决定的统治阶级意志，规定权利和义务，以确认、保护和发展有利于统治阶级的社会关系和社会秩序为目的的行为规范体系。

就中国现行法律而论，“法律”一词有广义和狭义两种用法。广义的法律是指法律的整体，主要包括宪法，全国人民代表大会及其常务委员会制定的法律，国务院制定的行政法规，中央军事委员会制定的军事法规，地方国家权力机关制定的地方性法规，民族自治地方人民代表大会制定的自治条例和单行条例，以及国务院部门规章和地方政府规章等。狭义的法律仅指全国人民代表大会及其常务委员会制定的法律。在社会生活中，人们所讲的法律通常是指广义的法律。

（二）中国社会主义法律的本质和作用

1. 中国社会主义法律的本质

从体现的意志看，中国社会主义法律是党的主张和人民共同意志的体现，是阶级性与人民性的统一。中国是中国共产党领导的人民民主专政的社会主义国家，人民是国家的主人，制定法律的权力属于人民。社会主义法律体现党的主张和人民共同意志，维护人民的共同利益，巩固中国共产党的执政地位。在中国，剥削阶级作为阶级已经消灭，因此，社会主义法律体现了阶级性与人民性的统一。

从实质内容看，中国社会主义法律是社会历史发展规律、自然规律的反映，是科学性和先进性的统一。社会主义法律维护的是全体人民的共同利益，其具体内容是随着经济社会的发展而调整完善的，也是与历史发展的基本方向一致的。因此，社会主义法律能够反映人民的共同期盼，遵循社会发展规律，具有科学性和先进性。中国社会主义法律的科学性和先进性主要体现在三个方面：一是坚持以辩证唯物主义和历史唯物主义的世界观、方法论，以及中国特色社会主义法治理论为指导；二是善于借鉴中国传统法律和外国法律的成功经验；三是立法体制、立法程序和立法技术能适应时代发展而不断改革与创新，确保立法的质量和水平。

2. 社会主义法律的作用

中国社会主义法律最重要的作用表现为确立和维护社会主义的政治制度、经济制度、社会秩序以及推动社会改革与进步。此外，社会主义法律还有指引、预测、评价、教育和强制等重要作用。

（1）指引作用。法律的指引作用是引导人们选择合法的行为、约束非法的行为，主要是通过授权性规范、禁止性规范和义务性规范实现的。授权性规范指引人们可以做什么或者有权做什么；禁止性规范指引人们不得做什么；义务性规范指引人们应当或者必须做什么。

（2）预测作用。法律通过对某种行为做出肯定或否定的判断，使人们能够预见自己行为的性质和后果，从而自觉地实施合法的行为，预防和减少违法犯罪行为。

（3）评价作用。法律具有评价行为法律意义的作用。自然人、法人和其他社会组织实施的行为，可以根据法律做出合法与非法、正当与不当的评价。法律的评价作用能够向社会昭示法律崇尚什么、贬斥什么，鼓励什么、禁止什么，从而影响法律主体的行为。

（4）教育作用。法律的教育作用主要有三种实现方式：一是通过法治宣传教育，引导人们尊法、学法、守法、用法，树立对社会主义法律的信仰；二是通过制裁各种违法犯罪行为，使违法犯罪者和一般社会成员受到警示；三是通过表彰法治建设先进人物，弘扬法治精神，营造法治环境。

（5）强制作用。法律是以国家强制力为后盾实施的。法律的强制作用主要表现为公民等法律主体必须实施某种行为或者不实施某种行为，以及公民等法律主体实施违法行为后应当受到的惩罚。法律的强制作用有利于促使公民等法律主体依法行使权利，依法履行义务，树立法律权威，促进社会公平正义，维护良好社会秩序。

（三）中国宪法确立的基本制度

1. 中国宪法确立的国体

国体即国家性质，是国家的阶级本质，是指社会各阶级在国家生活中的地位和作用。人民民主专政是中国的国体。中国《宪法》规定："中华人民共和国是工人阶级领导的，以工农联盟为基础的人民民主专政的社会主义国家。”

为了保证人民当家做主，中国宪法规定了人民代表大会制度是根本政治制度。依照中国宪法，人民行使国家权力的机关是全国人民代表大会和地方各级人民代表大会。国家机构实行民主集中制原则，通过民主选举组成全国人民代表大会和地方各级人民代表大会，并以人民代表大会为基础，建立全部国家机构，对人民负责，受人民监督，以实现人民当家做主的制度。行政机关、审判机关、检察机关由人民代表大会产生，对它负责，受它监督。

2. **中国宪法确立的基本政治制度**

中国宪法确立的基本政治制度，主要有中国共产党领导的多党合作和政治协商制度、民族区域自治制度和基层群众自治制度。

（1）中国共产党领导的多党合作和政治协商制度。共产党领导、多党派合作，共产党执政、多党派参政是中国共产党领导的政党制度的基本特色，也是中国政治制度的一大优势。中国人民政治协商会议是中国共产党领导的多党合作和政治协商的重要机构，是中国政治生活中发扬社会主义民主的重要形式。

（2）民族区域自治制度。中国《宪法》规定：“中华人民共和国是全国各族人民共同缔造的统一的多民族国家。”民族区域自治制度体现了国家的集中统一和民族区域自治的正确结合，体现了全国各族人民的共同利益和少数民族特殊利益的正确结合。它可以保证少数民族当家做主，更好地管理本民族的内部事务；它可以促进少数民族地区尽快地发展，促进全国各民族的共同繁荣昌盛；它可以促进民族团结，保证国家的统一，有利于加强边疆建设和巩固国防。

（3）基层群众自治制度。基层群众自治制度是城乡基层群众在党的领导下，依法直接行使民主权利，管理基层公共事务和公益事业，实行自我管理、自我服务、自我教育、自我监督的一项基本政治制度。中国宪法规定，城市和农村按居民居住地区设立的居民委员会或者村民委员会是基层群众性自治组织。基层群众自治是基层民主的主要实现形式，是人民当家做主最有效、最广泛的途径。

3. **中国宪法确立的基本经济制度**

基本经济制度是指一国通过宪法和法律调整，以生产资料所有制为核心的各种基本经济关系的规则、原则和政策的总和。中国《宪法》规定：“中华人民共和国的社会主义经济制度的基础是生产资料的社会主义公有制，即全民所有制和劳动群众集体所有制。社会主义公有制消灭人剥削人的制度，实行各尽所能、按劳分配的原则。”同时还规定：“国家在社会主义初级阶段，坚持公有制为主体、多种所有制经济共同发展的基本经济制度，坚持按劳分配为主体、多种分配方式并存的分配制度。”

社会主义公有制是中国经济制度的基础。全民所有制和劳动群众集体所有制是中国社会主义公有制的两种基本形式。全民所有制经济即国有经济，是国民经济中的主导力量，控制着国家的经济命脉，决定着国民经济的社会主义性质。中国宪法规定，国家保障国有经济的巩固和发展。国家保护城乡集体经济组织合法的权利和利益，鼓励、指导和帮助集体经济的发展。个体、私营等各种形式的非公有制经济是社会主义市场经济的重要组成部分，对充分调动社会各方面的积极性、加快生产力发展具有重要作用。国家保护个体经济、私营经济等非公有制经济的合法权利和利益。国家鼓励、支持和引导非公有制经济的发展，并对非公有制经济依法实行监督和管理。坚持平等保护物权，形成各种所有制经济平等竞争、相互促进的新格局。

二、教学难点

“如何理解全面依法治国的基本格局”是本章教学难点。

党的十八大提出了“科学立法、严格执法、公正司法、全民守法”的十六字方针，党的十八届四中全会将其作为全面依法治国的基本格局，并做出了更加明确具体的部署。

（一）科学立法

法律是治国之重器，立法是法治的龙头环节。科学立法以完善宪法为核心的中国特色社会主义法律体系，加强宪法实施为目标。要坚持以民为本、立法为民的理念，使每项立法都符合宪法精神，反映人民意志，得到人民拥护。要把公正、公平、公开原则贯穿立法全过程，完善立法体制机制，增强法律法规的及时性、系统性、针对性、有效性。加强党对立法工作的领导，完善党对立法工作中重大问题决策的程序，健全有立法权的人大主导立法工作的体制机制，依法赋予设区的市地方立法权。深入推进科学立法、民主立法，完善立法项目征集和论证制度，健全立法机关主导、社会各方面有序参与立法的途径和方式，拓宽公民有序参与立法的途径。加强重点领域立法，加快完善体现权利公平、机会公平、规则公平的法律制度，编纂民法典，保障公民人身权、财产权、基本政治权利等各项权利不受侵犯，保障公民各方面权利得到落实。实现立法和改革决策相衔接，做到重大改革于法有据、立法主动适应改革和经济社会发展需要。

（二）严格执法

法律的生命力在于实施，法律的权威也在于实施。严格执法以深入推进依法行政，加快建设法治政府为目标。要加快建设职能科学、权责法定、执法严明、公开公正、廉洁高效、守法诚信的法治政府，推进各级政府机构、职能、权限、程序、责任法定化，推行政府权力清单制度。健全依法决策机制，把公众参与、专家论证、风险评估、合法性审查和集体讨论决定确定为重大行政决策法定程序，建立行政机关内部重大决策合法性审查机制，建立重大决策终身责任追究制度及责任倒查机制。深化行政执法体制改革，坚持严格规范公正文明执法，依法惩处各类违法行为，加大关系群众切身利益的重点领域执法力度，建立健全行政裁量权基准制度，全面落实行政执法责任制。全面推进政务公开，推进决策公开、执行公开、管理公开、服务公开、结果公开。

（三）公正司法

公正是法治的生命线，是司法活动最高的价值追求。公正司法是维护社会公平正义的最后一道防线。要保证公正司法，提高司法公信力，努力让人民群众在每个司法案件中都能感受到公平正义。要确保依法独立公正行使审判权和检察权的制度，建立领导干部干预司法活动、插手具体案件处理的记录、通报和责任追究制度，建立健全司法人员履行法定职责保护机制。要优化司法职权配置，推动实行审判权和执行权相分离的体制改革试点，最高人民法院设立巡回法庭，探索设立跨行政区划的人民法院和人民检察院，探索建立检察机关提起公益诉讼制度。要坚持严格司法，推进以审判为中心的诉讼制度改革，确保侦查、审查起诉的案件证据经得起法庭的检验，保证庭审在查明事实、认定证据、保护诉权和公正裁判中发挥决定性作用。要保障人民群众参与司法，完善人民陪审员制度，构建开放、动态、透明、便民的阳光司法机制。加强人权司法保障，强化诉讼权利保障，健全落实罪刑法定、疑罪从无和非法证据排除等法律原则的法律制度，加强对刑讯逼供和非法取证源头的预防，健全冤假错案有效防范和及时纠正机制。加强对司法活动的监督，完善人民监督员制度，重点监督检察机关查办职务犯罪的立案、羁押、扣押及冻结财物、起诉等环节的执法活动。规范媒体对案件的报道，防止舆论影响司法公正。对因违法违纪被开除公职的司法人员、吊销执业证书的律师和公证员，终身禁止从事法律职业。

（四）全民守法

法律的权威源自人民的内心拥护和真诚信仰。全民守法以增强全民法治观念，推进法治社会建设为目标。要弘扬社会主义法治精神，建设社会主义法治文化，增强全社会厉行法治的积极性和主动性，形成守法光荣、违法可耻的社会氛围。推动全社会树立法治意识，深入开展法治宣传教育，把法治教育纳入国民教育体系和精神文明创建内容。要推进多层次、多领域依法治理，坚持系统治理、依法治理、综合治理和源头治理，深化基层组织和部门、行业依法治理，支持各类社会主体自我约束、自我管理，发挥市民公约、乡规民约、行业规章和团体章程等社会规范在社会治理中的积极作用。要建设完备的法律服务体系，推进覆盖城乡居民的公共法律服务体系建设，完善法律援助制度，健全司法救助体系。健全依法维权和化解纠纷机制，建立健全社会矛盾预警机制、利益表达机制、协商沟通机制、救济救助机制，畅通群众利益协调、权益保障的法律渠道。完善立体化社会治安防控体系，保障人民生命财产安全。

三、怎么讲

（1）重点讲述法律的概念和本质。

（2）简单讲述法律的发展史和法律的运行过程。

（3）重点讲述中国社会主义法律的本质和作用。

（4）重点讲述中国宪法确立的基本原则与制度。

（5）简单讲述建设中国特色社会主义法治体系的重要意义。

（6）分析或讨论中国特色社会主义法治体系的内容和基本格局。

（作者：王颖，思想道德修养与法律基础教研室副教授）

第七章　树立法治观念　尊重法律权威

一、教学重点

（一）树立社会主义法治观念

个人的法治观念，是从事法治实践和其他社会活动的思想基础。法治观念是在实践中逐渐形成的，并指导人们的社会实践。大学生树立社会主义法治观念，必须积极投身全面依法治国的伟大实践，关心社会主义法治国家建设的历史进程，要在这一进程中牢固树立正确的法治观念，增强坚持走中国特色社会主义法治道路，坚持党的领导、人民当家做主与依法治国相统一，坚持依法治国与以德治国相结合的自觉性。

1. 坚持走中国特色社会主义法治道路

党的十八届四中全会提出全面依法治国，必须坚持走中国特色社会主义法治道路，进一步明确了建设社会主义法治国家的性质和方向。中国特色社会主义法治道路，是社会主义法治建设成就和经验的集中体现，是建设社会主义法治国家的唯一正确道路。它包括坚持党的领导、坚持中国特色社会主义制度、贯彻中国特色社会主义法治理论三个方面的核心要义。

2. 坚持党的领导、人民当家做主与依法治国相统一

坚持党的领导、人民当家做主、依法治国相统一，是中国社会主义法治建设的一条基本经验。党的领导、人民当家做主和依法治国三者是一个统一整体，不可分割，它们相互依存、相互作用，共同体现社会主义法治国家的中国特色、中国风格和中国气派。离开了党的领导，人民当家做主和依法治国就没有领导核心；离开了人民当家做主，党的领导和依法治国就失去了目标和内在依据；离开了依法治国，党的领导和人民当家做主就不能有序进行。

3. 坚持依法治国和以德治国相结合

社会主义法律和社会主义道德在性质、作用和目标上的一致性，决定了建设中国特色社会主义法治国家，必须一手抓法治、一手抓德治，坚持依法治国和以德治国相结合。中华人民共和国成立以来 60 多年的实践证明，法治和德治是治国理政不可或缺的两种方式，如车之两轮或鸟之两翼，忽视其中任何一个，都将难以实现国家的长治久安。只有让法

治和德治共同发挥作用，才能使法律与道德相辅相成，法治与德治相得益彰，做到法安天下，德润人心。

4. *加强宪法实施，落实依宪治国*

坚持依法治国首先要坚持依宪治国，坚持依法执政首先要坚持依宪执政，要把推进宪法实施、落实依宪治国作为全面依法治国的首要任务。具体包括：深刻认识宪法实施和依宪治国的重大意义，全面实施宪法的基本要求，准确把握宪法实施的正确方向。

（二）树立社会主义法治思维

法治思维是指以法治价值和法治精神为导向，运用法律原则、法律规则、法律方法思考和处理问题的思维模式。

法治思维包含以下几层含义：第一，法治思维以法治价值精神为指导，蕴含着公正、平等、民主、人权等法治理念，是一种正当性思维；第二，法治思维以法律原则和法律规则为依据指导人们的社会行为，是一种规范性思维；第三，法治思维以法律手段与法律方法为依托分析问题、处理问题、解决纠纷，是一种可靠的逻辑思维；第四，法治思维是一种符合规律、尊重事实的科学思维。因此，法治思维是一种融法律的价值属性和工具理性于一体的特殊的高级法律意识。

培养法治思维，必须抛弃人治思维。法治思维与人治思维的区别集中体现在四个方面：一是在依据上，法治思维认为国家的法律是治国理政的基本依据，处理法律问题要以事实为根据、以法律为准绳；而人治思维的本质是人高于法或权大于法，它主张凭借个人尤其是掌权者、领导人的个人魅力、德性和才智来治国平天下。二是在方式上，法治思维以一般性、普遍性的平等对待方式调节社会关系，解决矛盾纠纷，坚持法律面前人人平等原则，具有稳定性和一贯性；而人治思维漠视规则的普遍适用性，按照个人意志和感情进行治理，治人者以言代法、言出法随、朝令夕改，具有极大的任意性和非理性。三是在价值上，法治思维强调集中社会大众的意志来进行决策和判断，是一种“多数人之治”的思维，避免陷入无政府主义或以民主之名搞乱社会；而人治思维是个人说了算的专断思维，虽然有时也强调集思广益进行治理或做出决定，但主要表现为少数个人的集权专断。四是在标准上，法治思维与人治思维的分水岭不在于有没有法律或者法律的多寡与好坏，而在于最高的权威究竟是法律还是个人。法治思维以法律为最高权威，强调“必须使民主制度化、法律化，使这种制度和法律不因领导人的改变而改变，不因领导人的看法和注意力的改变而改变”；人治思维则奉领导者个人的意志为最高权威，当法律的权威与个人的权威发生矛盾时，强调服从个人权威而非服从法律的权威。

对公民而言，法治思维就是当自己的理想目标、思想感情、行为方式、权利诉求和利益关系等与法律的价值、规则或要求发生冲突时，能够服从法律即做出符合法律的选择，按照法律的指引实施自己的行为。大学生应当在加强自身思想、道德和文化修养的同时，不断强化自己的法律修养，做一个尊法、学法、守法、用法的人。

（三）树立社会主义法律权威

法律权威是指法律在社会生活中的作用力、影响力和公信力，是法律应有的尊严和生命。每个公民都要深刻认识尊重社会主义法律权威的重要意义，都有义务和责任维护社会主义法律权威。尊重法律权威，既要尊重一般法律的权威，更要尊重宪法至上的权威。

人民是国家的主人翁，是法治国家的建设者和捍卫者，尊重法律权威是其法定义务和必备素质。就大学生而言，作为一个公民，要在尊重法律权威方面加强砥砺，在学习和生活中积极作为，养成敬畏法律的良好品质，努力成为尊重法律权威、信仰宪法法律的先锋。

1. 信仰法律

应当相信法律、信奉法律，树立崇尚法律、信仰法律的牢固观念，增强对法律的信任感、认同感。对法律常怀敬畏之心，常思敬重之情。法律必须被信仰，否则形同虚设。法律要发生作用，全社会都要信仰法律。如果对法律不信任，认为靠法律解决不了问题，而总是想找门路、托关系，或者采取极端行为，那就不可能建成法治社会。

2. 遵守法律

要用实际行动捍卫法律尊严，保障法律实施。参与社会活动，实施个人行为，都要以法律为依据，不得违反法律规范。处理问题、做出决定时，要先问问在法律上“是什么”和“为什么”，是否合法可行。在处理守法与违法的关系时，要防微杜渐，防止因小失大。在面临选择的重大关头，要依法冷静权衡，防止头脑发热或心存侥幸而铸成大错。在创新创业活动中，要树立法治意识，学习和掌握工商企业法律规范、知识产权法律规范等，运用法律推进创新，转化成果，保护产权。在处理矛盾和冲突时，要法字当头，依法化解，谨防采取非法方式导致关系的紧张与事态的恶化。

3. 服从法律

应当拥护法律的规定，接受法律的约束，履行法定的义务，服从依法进行的管理，承担相应的法律责任。对一切依据法律和事实做出的决定，真心接受与认可，自觉予以执行。如，因违法受到行政处罚或者被依法采取行政强制措施的，要认真履行；对人民法院依法公正做出的生效裁判，要主动履行，维护法律权威；对学校依据法律和校纪校规做出的各种奖惩决定，要严格执行，在日常生活中逐步培养尊重法律权威的习惯。

维护法律，争当法律权威的守望者、公平正义的守护者，具有良知的护法者。对违法犯罪行为，要敢于揭露，敢于抵制；坚决克服事不关己、高高挂起的消极心态，消除袖手旁观、畏缩不前的恐惧心理，抵制遇事回避、私下了之的惧法现象。

二、教学难点

（一）学习法律知识

学习和掌握基本的法律知识，是培养法治思维的前提。一个对法律知识一无所知的人，不可能形成法治思维。法律知识通常包括法律法规方面的知识和法律原理方面的知识，这两部分法律知识对于培养法治思维都很重要。人只有既了解法律法规在某个问题上的具体规定，又了解法律的原理、原则，才能更好地领会法律精神，养成法治思维。学生除了从书本上获取法律知识外，还可以通过收听收看法制广播电视节目、阅读法律类报纸杂志，尤其是运用新媒体等途径学习法律知识。

掌握法律方法。法律方法是法治思维的基本要素，法治思维的过程就是运用法律方法思考、分析和解决法律问题的过程。法律方法主要包括两个方面：一是正确理解法律的方法，包括理解法律条文的含义、内容和精神等；二是正确运用法律的方法。法律是调整生产生活各个方面的规范，涉及的专门领域和专业问题较多，法律本身也是一门专业学科，因此，了解并掌握理解和运用法律的基本方法，有助于培养法治思维。

参与法律实践。法治思维是在丰富的法治实践中训练、培养和应用的思维方式。脱离法治建设的生动实践，难以养成法治思维方式。只有通过参与各种法律活动，在法律实践中运用法律知识和方法思考、分析、解决法律问题，才能养成自觉的法治思维习惯。一是参与立法讨论。中国国家或地方的很多立法都要广泛征求意见或者进行听证，大学生可以参与这些立法的讨论，发表自己的有关意见。二是依法行使监督权。宪法和法律赋予公民对国家机关及其工作人员的行为是否合法进行监督的权利，包括提出批评、建议和申诉、控告、检举。大学生可以通过行使这些权利，进行法律监督。三是旁听司法审判。凡是人民法院公开审判的案件，都允许公民旁听，大学生可以向人民法院申请旁听法院庭审，了解案件的审判过程。四是参与模拟法庭、法律诊所、法律辩论等活动，增长法律知识，锻炼法治思维。

养成守法习惯。法治思维是一种习惯性思维，与长期自觉养成的生活习惯有很大关系。如，公民从小养成的不横穿马路、不闯红灯等遵守交通规则的习惯，就是法治思维的一种具体表现；公民在生产生活中养成遇到冲突不使用武力、遇到纠纷去查找法律的习惯，同样是法治思维的一种具体表现。因此，公民只有自觉遵守宪法和法律，坚持从我做起，从身边做起，从具体问题做起，才能养成守法的习惯和法治思维。

三、怎么讲

（1）简单讲述法治、社会主义法治观念的基本概念、基本特征。
（2）重点讲述社会主义法治观念的本质属性、地位及作用。
（3）简单讲述社会主义法治思维方式的基本含义和特征。
（4）分析或讨论培养社会主义法治思维方式。
（5）重点讲述尊重社会主义法律权威的要求。
（6）简单讲述维护社会主义法律权威的意义。

（作者：王颖，思想道德修养与法律基础教研室副教授）

第八章 行使法律权利 履行法律义务

一、教学重点

（一）法律权利及其特征

法律权利可以概括为权利主体依法要求义务主体做出某种行为或者不做出某种行为的资格。其特征有：①法律权利的内容、种类和实现程度受社会物质生活条件的制约。②法律权利的内容、分配和实现方式因社会制度和国家法律的不同而存在差异。③法律权利不仅由法律规定或认可，而且受法律维护或保障，具有不可侵犯性。④法律权利必须依法行使，不能不择手段地行使法律权利。

（二）法律义务及其特征

法律义务是指法律规定的、以作为或者不作为的方式履行的对他人的责任。其特征有：①法律义务是历史的。②法律义务源于现实需要。③法律义务必须依法设定。④法律义务可能发生变化。

（三）法律权利与法律义务的关系

法律权利和法律义务的关系密不可分，相互依存，互利共赢。没有权利，义务的设定就失去了目的和根据；没有义务，权利的实现也就成为空话。

在社会生活中，每个人既是享受各种法律权利的主体，又是承担各种法律义务的主体。首先，法律权利和法律义务是相互依存的关系。其次，法律权利和法律义务是目的与手段的关系。离开了法律权利，法律义务就失去了履行的价值和动力。同样，离开了法律义务，法律权利也形同虚设。最后，法律权利和法律义务还具有二重性的关系，即一个行为可以同时是权利行为和义务行为。

二、教学难点

如何依法行使权利与履行义务。

（一）依法行使权利

（1）公民在行使法律权利时，不仅要在形式上符合相关法律的规定，也要符合立法意图和精神，不得违反宪法法律确定的基本原则，保障权利行使的正当性。此外，行使权利不得破坏公序良俗，妨碍法律的社会功能和法律价值的实现。

（2）任何权利的行使都不是绝对的，都有其相应的限度，必须依照法律规定的限度来行使权利。

（3）权利行使的方式分为口头方式、书面方式和行为方式，有时口头方式和书面方式可以兼用。

（4）通常情况下，行使权利的程序是法律规定的。

（二）依法救济权利

当公民的权益受到损害时，中国法律鼓励公民在法律允许的框架内，通过各种途径和方式合理表达诉求，维护自身权益。

（1）司法救济。公民可以通过行使诉权，依据刑事诉讼法、民事诉讼法和行政诉讼法，实现权利救济。司法救济一般由人民法院主导并通过公正的审判实现。相对于其他性质的救济，司法救济在职能上具有其他救济不可替代的终局性地位。申请国家赔偿也是司法救济的重要组成部分。

（2）行政救济。公民可以通过行使听证、复议等权利，以国家行政机关裁决的形式实现对权利的救济。

（3）政治救济。公民依法以游行、示威、结社和请愿等方式，要求或实现合法权益的权利救济。

（4）社会救济。公民通过人民调解、行业调解、民商事仲裁、劳动人事仲裁等渠道，对受到损害的权利施以救济，其特点是第三方参与、当事人自愿和程序便捷等。

（5）自力救济。权利人可以依靠自己的力量实施救济行为。

（三）尊重他人权利

（1）尊重他人权利是公民权利意识的重要内容。

（2）尊重他人权利既是一项法律义务，也是一项道德义务。

（3）不尊重他人权利，就会丧失自己的权利。

（四）依法履行义务

（1）维护国家统一与全国各民族团结的义务。

（2）遵守宪法和法律的义务。

（3）维护祖国安全、荣誉和利益的义务。

（4）依法服兵役的义务。

（5）依法纳税的义务。

三、怎么样

（一）法律权利及其特征的讲授

从权利的由来，引出马克思主义权利观，形成法律权利的概念。西方学者素来重视权利问题的研究，形成了各种各样的观点。但这些权利观点都没有揭示出权利的社会本质和真正来源。马克思主义权利观认为，权利就是一定的社会物质生活条件所制约的行为自由，是法律允许权利人为满足自己的利益而采取的由义务人所保证实现的法律手段。因此，可以将法律权利概括为权利主体依法要求义务主体做出某种行为或者不做出某种行为的资格。

结合相关法律规定，分析法律权利的特征。法律权利是各种权利中十分重要的权利，具有四个方面的特征。

（1）法律权利的内容、种类和实现程度受社会物质生活条件的制约。随着社会的不断发展，法律规定的权利会越来越多，权利实现的程度会越来越高。我们不能脱离一个国家或地区的经济社会发展阶段和水平空谈权利及其实现。

（2）法律权利的内容、分配和实现方式因社会制度和国家法律的不同而存在差异。同样一种权利，在不同的社会制度下和不同的国家法律中表现形式有所不同。如，关于财产权，资本主义法律规定私有财产神圣不可侵犯，而社会主义法律首先规定公共财产神圣不可侵犯，同时规定公民合法的私有财产不受侵犯；关于婚姻权利，绝大多数国家的法律规定实行男女平等和一夫一妻制，但也有某些国家的法律并未规定男女平等且不实行一夫一妻制。我们不能离开社会制度和国家法律理解法律权利。

（3）法律权利不仅由法律规定或认可，而且受法律维护或保障，具有不可侵犯性。法律权利一旦受到侵害，权利人有权通过法律手段寻求救济，有权要求国家机关惩罚侵权人，有权要求侵权人承担法律责任。由国家强制力保障其实现，这是法律权利区别于其他权利的根本所在。

（4）法律权利必须依法行使，不能不择手段地行使法律权利。国家机关行使权力不得任性，公民个人行使法律权利也不得任性。个人违反法律规定的条件或超越正当界限而行使权利的，属于滥用权利。滥用权利是一种违法行为，不仅不受法律保护，而且要承担法律责任。

（二）法律义务及其特征的讲授

由义务的概念引出法律义务的概念。法律义务与法律权利相对应，是指法律规定的、以作为或者不作为的方式履行的对他人的责任。作为社会义务的一种，只有承担法律义务的人履行法律义务，享有法律权利的人才能实现自己的合法权益。

法律义务具有四个特征。

1. **法律义务是历史的**

法律义务的内容和履行方式是随着经济社会的发展和人权保障的进步而不断调整和变化的。如随着中国经济社会的发展，国家免除了农民缴纳土地税的义务；随着国民收入的提高，国家逐步调整个人所得税的起征标准，收入在起征点以下的人群缴纳所得税的义务也随之被免除；随着信息社会和汽车时代的到来，人们维护信息安全和遵守交通规则的义务则相应增多。

2. **法律义务源于现实需要**

一个国家或地区的制度性质、历史传统、文化背景、宗教信仰和安全形势等因素，会对法律义务的设定产生重要影响。如有些国家出于安全的考虑，法律规定每个身体健康的成年男子必须服兵役若干年，否则就要受到法律惩罚；在有些国家，规定宗教义务也是法律义务，违反宗教义务的要受到法律惩罚。

3. **法律义务必须依法设定**

法律义务必须由具有法律职权的国家机关依照法律程序设定，其他国家机关不得对公民违法设定法律义务。坚持义务法定，是法治国家保障人权的重要方面。如，中国立法明文规定，限制公民人身和财产权利的法律必须由国家立法机关制定，行政机关即政府不得制定限制公民人身或财产权利的法规。党的十八届四中全会决定指出，行政机关要“坚持法无授权不得为”，不得通过行政法规减损公民的权利。坚持义务法定，是依法治国和人权保障的重要体现。

4. **法律义务可能发生变化**

法律义务可能因一些情形的出现而转化、派生或消灭。公民和社会组织承担的法律义务，在履行的过程中可能会因一些特殊情形的出现而出现转化、派生或免除。在这部分教学中，可结合民事诉讼时效届满案例，分析引起法律义务转化的情形；结合行为人违反交通管理法规，造成交通事故，且当场逃逸，企图逃避法律义务的案例，分析引起法律义务派生的情形；结合刑事犯罪案例，分析引起法律义务免除的情形等。

（三）法律权利与法律义务关系的讲授

运用系统讲授的方法，同时结合现实案例进一步分析法律权利和法律义务的关系。

1. 辩证统一性

通过讲授，使学生明确法律权利和法律义务是辩证统一的。①法律权利和法律义务是相互依存的关系，法律权利的实现必须以相应法律义务的履行为条件，同样法律义务的设定和履行也必须以法律权利的行使为根据，法治社会中不存在没有权利根据的法律义务。②法律权利和法律义务是目的与手段的关系。③法律权利和法律义务还具有二重性的关系，即一个行为可以同时是权利行为和义务行为。

2. 平等性

通过讲授，使学生了解法律权利和法律义务是平等的。这是现代法治的基本原则，是社会公平正义的重要方面。①法律权利与法律义务平等表现为“法律面前人人平等”被确立为基本原则，这里的平等讲的就是权利和义务平等。②在法律权利和法律义务的具体设定上要平等。如对于一个具体的民事侵权或者刑事犯罪行为设定法律义务，就必须与权利受到侵害的程度相适应，不能超出公正和平等的限度设定权利。③权利与义务的实现要体现平等。这要求权利人只能按照权利的内容行使权利，不能“得理不饶人”，向义务人提出过分要求。同样，义务人必须满足权利人的合法权益，不得变相或部分逃避应当承担的法律义务。

3. 互利互赢性

通过讲授，使学生认识到法律权利和法律义务是互利互赢的。从表面上看，法律权利表现为“需要”“获得”“占有”等属性，似乎只对权利人有利；法律义务表现为“必须”“给予”“付出”等属性，似乎只对义务人不利。但实际上，在国家规定的法律权利与法律义务相一致的情况下，在实行法律权利与法律义务人人平等的制度中，一个人无论是行使权利还是履行义务，都是对自己有利的。因此，不能简单、机械、静止地理解法律权利与法律义务的关系。

（四）“如何依法行使权利与履行义务”的讲授

对于这部分内容，主要结合中国宪法、民事诉讼法和选举法等相关法律规定和现实案例开展教学活动。

1. 依法行使权利

一是从权利行使的目的讲，结合中国宪法赋予公民宗教信仰自由，说明其目的在于保障精神自由，不能借此宣传邪教和宗教迷信。二是从权利行使的限度讲，结合中国《宪法》第51条规定和中国《物权法》第7条规定等，说明如果因行使自己权利而损害了国家、集体或他人的利益，超出了国家法律所许可和保障的范围与界限，则不再是行使权利，而是侵权，会受到法律追究。三是从权利行使的方式讲，根据中国《民事诉讼法》规定和《选举法》第40条规定，说明权利行使可采用口头方式和书面方式，既可直接行使也可间接行使。四是从权利行使的程序讲，结合中国选举法对选举程序做的规定，说明公民应当严格依照法律规定的程序行使相关权利。

2. 依法救济权利

有权利就有救济，或者说没有救济就没有权利。中国宪法法律赋予公民广泛的权利，这些权利一旦受到损害或侵犯，公民可以依法采取权利救济的手段予以补救、恢复或对损害或侵害行为予以纠正和惩罚。这部分教学结合中国民事和刑事法律规定，主要介绍司法救济、行政救济、政治救济、社会救济和自力救济五种形式，以实现公民依法表达诉求，维护自身合法权益。

3. 尊重他人权利

权利意识不仅包括对自我权利的认识，也包括对他人权利的认同和尊重。这部分教学主要从三个方面展开分析：①在当今社会，人们的权利意识日益觉醒，更加注重行使和维护自己的权利。但是，在权利意识不断提升的同时，不得将个人权利绝对化，不得藐视甚至无视他人的权利。要把尊重他人权利作为权利意识的重要方面，坚决反对以自我为中心或个人权利至上，更不允许以行使自我权利之名而侵害他人权利。②每个人自我权利的实现都需要他人的协助，需要他人的尊重。只有将尊重他人作为一项义务来履行，才能实现自己的权利。如果不尊重他人权利，不履行作为他人权利实现前提的义务，最终必然影响自我权利的实现。③不尊重别人的权利，自己就可能失去权利，这是实现社会公平正义的重要内容。在社会生活中，常常能够看到，对他人权利失去尊重之时，往往是自我权利丧失之日。

4. 依法履行义务

法律权利的行使必须伴随法律义务的履行，但法律义务更需要由法律加以规定。义务法定，一方面要求义务的设定必须有法律依据；另一方面则强调法定的义务应当履行，否则会承担不利的法律后果。在这部分教学中，主要结合中国宪法的特别规定，讲授中国公民基本义务内容。具体包括：①维护国家统一与全国各民族团结的义务。②遵守宪法和法律的义务。③维护祖国安全、荣誉和利益的义务。④依法服兵役的义务。⑤依法纳税的义务。

（作者：王小莹，思想道德修养与法律基础教研室教授）

“形势与政策”重点与难点[①]

王晓红　主编

① 依据教育部高校思想政治理论课教学指导委员会“形势与政策”分委员会与中宣部《时事报告》杂志社及有关部门研究制定的《高校“形势与政策”教育教学要点》编写；同时，参考了赵民胜主编的教材《形势与政策》，中国人民大学出版社2011年版。

第一章　世界经济形势以及中国经济发展战略

一、教学重点

（一）中国经济发展面临的国际背景

（1）世界经济复苏根基不稳，整体上增长乏力。国际金融市场持续动荡，大宗商品价格波动频繁，全球增长预期创国际金融危机以来新低，世界贸易增幅也可能降至6年来最低。

（2）经济增长格局分化。发达经济体增长回暖，新兴经济体增速下滑。面临国际金融危机以来最大下行压力，部分新兴市场国家货币贬值高达15%～30%。发达国家借势唱衰新兴经济体。

（3）中国与世界经济的联动性愈加凸显。中国经济增长率、贸易、投资等关键经济指标均居世界前列，对世界经济增长的贡献率达到30%左右，成功实现人民币纳入特别提款权（SDR）货币篮子，股市调整和汇率机制改革对国际金融市场产生重要影响。中国经济短期增速结构性放缓，但前景被广为看好，稳中有进、稳中向好的发展势头没有变。2016年，中国主办20国集团杭州峰会，是全球经济治理体系巩固和变革的一件大事。

（二）中国“一带一路”倡议及其意义

1.“一带一路”作为中国全方位对外开放新战略的由来

“一带一路”分别指丝绸之路经济带和21世纪海上丝绸之路。2013年9月7日，习近平在哈萨克斯坦纳扎尔巴耶夫大学发表演讲时表示：为了使各国经济联系更加紧密，相互合作更加深入，发展空间更加广阔，我们可以用创新的合作模式，共同建设“丝绸之路经济带”，以点带面，从线到片，逐步形成区域大合作。

2013年10月3日，习近平在印度尼西亚国会发表演讲时表示：中国愿同东盟国家加强海上合作，使用好中国政府设立的中国—东盟海上合作基金，发展好海洋合作伙伴关系，共同建设21世纪“海上丝绸之路”。

2014年5月21日，习近平在亚信峰会上做主旨发言时指出：中国将同各国一道，加快推进“丝绸之路经济带”和“21 世纪海上丝绸之路”建设，尽早启动亚洲基础设施投资银行，更加深入参与区域合作进程，推动亚洲发展和安全相互促进、相得益彰。

2. “一带一路”的建设思路

2014 年 11 月 8 日，习近平在“联通引领发展伙伴聚焦合作”讲话中指出：

（1）以亚洲国家为重点方向，率先实现亚洲互联互通。“一带一路”源于亚洲、依托亚洲、造福亚洲。中国愿通过互联互通为亚洲邻国提供更多公共产品，欢迎大家搭乘中国发展的列车。

（2）以经济走廊为依托，建立亚洲互联互通的基本框架。“一带一路”兼顾各国需求，统筹陆海两大方向，涵盖面宽，包容性强，辐射作用大。

（3）以交通基础设施为突破，实现亚洲互联互通的早期收获，优先部署中国同邻国的铁路、公路项目。

（4）以建设融资平台为抓手，打破亚洲互联互通的瓶颈。中国将出资 400 亿美元成立丝路基金。丝路基金是开放的，欢迎亚洲域内外的投资者积极参与。

（5）以人文交流为纽带，夯实亚洲互联互通的社会根基。未来 5 年，中国将为周边国家提供 2 万个互联互通领域培训名额。

3. 一带一路实施的重要意义

（1）从国际战略角度看，“一带一路”作为中国首倡、高层推动的国家战略，契合沿线国家的共同需求，为沿线国家优势互补、开放发展开启了新的机遇之窗，是国际合作的新平台。

（2）从经济利益角度看，“一带一路”倡议顺应了世界多极化、经济全球化、文化多样化和社会信息化的新形势，符合沿线国家深化区域合作、促进经济发展的共同利益。开展国际产能和装备制造合作，是新时期保持中国经济中高速增长和迈向中高端水平的重大举措，有利于实施对外开放重大战略。中国本着“平等自愿、互利共赢”的原则，同 20 多个国家签署产能合作协议，周边互联互通基础设施建设项目取得重要进展。

（3）从文化价值传播角度看，“一带一路”倡议在平等的文化认同框架下谈合作，是国家的战略性决策，体现的是和平、交流、理解、包容、合作和共赢的精神，是建立国际政治新秩序的有益尝试。习近平指出：“第二次世界大战的惨痛教训告诉人们，弱肉强食、丛林法则不是人类共存之道。穷兵黩武、强权独霸不是人类和平之策。赢者通吃、零和博弈不是人类发展之路。和平而不是战争，合作而不是对抗，共赢而不是零和，才是人类社会和平、进步、发展的永恒主题。”

当然，“一带一路”沿线大多是发展中国家，容易受到世界经济波动和发达国家宏观政策外溢效应的影响，再加上沿线区域多种文明交汇，多种力量交织，地区安全形势复杂，“一带一路”建设面临的风险和挑战不容忽视。

综上所述，我们可以看到中国国家政策的调整主要体现在三个方面。

（1）加快与本地区一些国家的“区域全面伙伴关系（RCEP）”进程。目前涵盖了东盟10国，以及中、日、韩、印、澳和新西兰16个国家，将是世界上增长活力最强劲的地区。中国希望在区域全面伙伴关系内部充分发挥地区大国的作用，使其成为亚太地区一体化的重要实现路径。

（2）推动亚太自由贸易区以化解跨太平洋伙伴关系协定的负面影响。2014年，中国在北京APEC峰会上提出建立亚太自由贸易区，该目标一旦达成，其巨大的市场规模、经济增长潜力、贸易投资收益远超过其他地区的一体化协定。

（3）重要的是“一带一路”倡议。“一带”就是要在中国西部打开通道，促进“新丝绸之路经济带”周边经济体的共同发展，形成中国经济发展的稳固大后方；“一路”则是要通过“新海上丝绸之路”努力建立海洋新秩序，并促进中国海洋贸易的进一步发展。而且在未来10年里，涉及的65个国家的整体出口将占全世界的1/3，成为真正的世界发展“第三极”。

由此可以看出，由于经济实力和地位的变化，中美之间在经济领域中的博弈关系将长期存在。全球化背景下，中美之间无法完全隔绝；但是，由于国家利益的矛盾，中美之间也必然要面临很多分歧与冲突。中国的任何经济政策失误，都可能成为美国削弱中国经济实力的武器。

二、教学难点

（一）经济全球化及其发展趋势

定义：“全球化是指跨国公司与服务贸易及国际资本流动规模和形式的增加，以及技术的广泛迅速传播使世界各国经济的相互依赖性增强。”——托马斯·弗里德曼

（二）经济全球化的具体表现

（1）全球化在造就更多富人的同时，也加剧了世界的贫富分化。

（2）全球化使发达国家加强了对发展中国家的政治及武力干预。

（3）全球化加速了资本主义商业文化对发展中国家本土文化的冲击。

（4）全球化促使民族国家认同出现了复杂多样的状况。

通过上述分析我们可以了解，全球化从表面上看，给世界各国带来了平等的发展机会。但是，对于后发国家，必然要受制于已有的世界经济秩序以及大国借助自身优势所进行的经济、政治和文化殖民。因此，作为发展中大国，中国必须通过开放，保持与世界的交往；同时，也要通过自己的政策规划，努力变不利为有利，保持国家的持续经济发展。

三、怎么讲

教师通过大量数据说明和地图展示进行对比，使学生直观地认识到当今世界经济的新变化，中国“一带一路”倡议对于中国发展的意义。针对本章难点，安排课堂讨论，使学生认识到当今全球化发展及其对各国的影响以及应对措施。

（作者：李丽娜，形势与政策教研室教授）

第二章　当前世界政治形势与大国关系

一、教学重点

（一）当前世界格局的变化

后冷战时代，独超单极与诸强多极之争构成了世界格局的主要形态和世界基本矛盾之一。金融危机凸显了世界发展不平衡规律，美国超级大国地位有所下降，多极化进程发展强劲。本部分主要从国际格局演变的规律着手，通过理论分析和现实状况，使学生认识到国际格局的变化来自于力量对比关系的变化。具体应从以下几点来把握。

1. *美国仍是世界唯一超级大国，但支配世界事务的能力日趋下降*

“9·11”事件之后，阿富汗战争和伊拉克战争的泥潭使得美国对外政策的实施力不从心，而2008年爆发的金融危机，则进一步削弱了美国的地位。近年来，伊拉克局势混乱使得美国在中东的干预能力和意愿有所下降。面对叙利亚错综复杂的局势和“IS”恐怖主义的猖獗，美国中东政策摇摆不定，导致与传统的盟友沙特阿拉伯之间的关系出现裂痕。与此相对比，俄罗斯通过一系列军事行动，以帮助叙利亚打击IS之名不仅确保了其在中东地缘政治中的传统利益，同时也提升了在中东的影响力和话语权。

2. *多强的力量提升推进了多极化的发展进程*

当前世界力量结构中发生了有利于促进多极化的新变化。目前，俄罗斯由于国际石油价格暴跌、西方国家因乌克兰危机对俄罗斯制裁，经济发展受阻。但俄罗斯在战略上不断加固其作为世界大国的战略支撑，全面加强与独联体国家的关系，增强它们对俄罗斯的向心力，巩固了俄罗斯的地缘战略依托，在乌克兰危机中，不顾西方反对把克里米亚纳入俄罗斯版图，借助于帮助叙利亚打击“IS”恐怖主义，确保了俄罗斯在中东的利益。中国经济在调整中发展，国防、科技力量和软实力大幅提升，国际地位和影响力空前提高，在地区和国际事务中发挥着举足轻重的作用。不仅如此，随着印度、巴西、南非和东盟等地区大国与一体化实体的崛起，逐渐成为力量中心，突破了原先的美、欧、日、俄、中五大力量范畴，为世界多极化发展注入了新的强大动力。

3. 多极化趋势日趋明朗

尽管个别国家经济存在暂时的困难，但以金砖国家为代表的新兴世界力量中心总体快速发展势头依然保持，引领世界多极化进程快速发展。总之，国际格局正经历冷战结束以来最深刻的变化和调整，国际金融危机引发国际力量对比出现新的消长变化，使得国际格局多极化的趋势更加明朗。

（二）当前大国关系的特点

大国关系是牵动世界局势发展和国际格局变动的决定性因素，是决定世界战争与和平的重要力量。当今世界发生着重大、复杂和深刻的变化，大国关系不断发展演化，进入新阶段，出现了新趋势。

（1）全球化的发展使各国的联系更加紧密，各国相互依存和利益交融前所未有，大国关系日趋复杂化和多样化。

盟友与敌人的界限日益模糊，以亦敌亦友、挑战与利益同在、竞争与合作并存为特征的新型大国关系逐步形成。新兴经济体成为现有国际体系的参与者，通过遵守和利用现有国际规则发展自己。新型大国关系之所以出现是由于：第一，主要大国都有核武器或核保护伞，战争作为解决大国竞争的手段缺乏可行性；第二，以意识形态为基础，建立类似冷战时期两大阵营那样的跨国组织已没有可能；第三，经济全球化日趋深入，各国的利益更加紧密地联系在一起；第四，主要大国之间经贸合作关系密切，高度的相互依存使得大国关系处于联盟和制衡之间的模糊地带。

（2）国际力量对比发生变化，一批新兴大国的快速崛起以及以美国为首的西方发达资本主义国家实力的相对下降，直接引发了大国关系和国际政治经济格局的深刻调整。

这些新兴大国相互间既竞争又协作，对传统大国主导地位构成了挑战，直接弱化了某些传统国际组织和国际协调机制的作用，它们与原有的一超对多强的矛盾以及传统大国间的矛盾交织在一起，构成了当前及今后一个时期大国关系的基本格局。

（3）新兴大国活跃于各种多边合作平台，以机制化的方式不断增大在国际关系中的话语权，作用日益凸显。

金砖国家在国际社会中的影响力日益显现，它们加强合作，力促国际金融治理改革，推动发展议题，形成关注全球性问题的合作机制；20 国集团是国际政治经济的协调机制，也是西方发达国家与新兴国家商讨世界事务的平台。在联合国可持续发展大会上，“77 国集团 + 中国”加强协作，对各议题施加重大影响，确保会议成果文件重申“共同但有区别的责任”原则，顾及发展中国家对可持续发展的诉求与关切。

（4）中美积极构筑新型大国关系。中美关系是当今世界上最复杂的双边关系。中美两国作为最大发达国家和最大发展中国家及西方大国和新兴大国的代表，在维护世界和平、促进人类发展方面拥有日益广泛的共同利益和更加广阔的合作空间。在当前国际安全与世界经济形势复杂多变的背景下，中美关系如何发展，不仅事关两国利益，也事关亚太地区和世界的和平、稳定与发展。中美两大国如何平衡彼此关系中的合作与竞争，如何共同开创“主导大国”与“崛起大国”和谐共处、互利共生的“新型大国关系”，备受世人瞩目。

在当前国际体系大变革、大转型、大动荡的背景下，中美关系中积极与消极因素交织并存的两面性更加突出。一方面，两国拥有广泛共同利益和广阔合作空间，经济上的相互依赖关系，在气候变化、核不扩散、反恐等一系列全球性问题上的相互依赖与合作关系构成了中美关系的结构性基础；但另一方面，中美“新型大国关系”因美国实施亚太再平衡战略而面临考验，美国不断强化在亚太的军事部署，确保亚太事务的主导地位，近年来，在南海问题上，美国高调指责中国，派舰艇闯入中国领海，派间谍飞机抵近侦察，直接挑战了中美关系，美国的做法使得中国与日本、菲律宾等的海洋领土争端问题更趋复杂。因此，中美新型大国关系应该是在平等互信、包容互鉴、合作共赢的基础上谋求长期健康稳定发展，双方在聚焦于共同利益的同时，必须有效地管控和处理分歧。

二、教学难点

（一）全球化与全球治理

全球化时代，人类所面临的经济、政治、生态等问题越来越具有全球性，需要国际社会以联合国为代表的多边合作机制，通过全球治理维护人类安全，促进共同发展。各国如何开展国际合作，实施有效治理，成为国际社会关注的热点话题，也是本章重点关注的内容。全球治理是一个新理念，党的十八大第一次明确使用了全球治理的概念。本章之所以是难点，就在于本部分内容涉及很多国际问题的基本概念，全球治理相关知识点以及需要深入思考的问题，包括，全球治理的概念、全球化对人类社会的影响、国际社会无政府状态对国际合作的影响、当前全球治理面临的问题等。本部分内容以教师讲授为主，辅之以课堂讨论的形式，应包含以下具体内容：

1. 什么是全球治理？

所谓全球治理，指的是通过具有约束力的国际规制和有效的国际合作，解决全球性的政治、经济、生态和安全问题，以维持正常的国际秩序。全球治理包含三个方面的内容：一是全球治理不仅限于经济事务领域，还涵盖着经济、政治、安全、社会和其他新领域的全球治理内容；二是全球治理不只是一种外交事务和世界现象，而且是一种机制和制度；三是全球治理的平台是以联合国为代表的多边机制，核心是国际社会各方要普遍参与、普遍受益，方式是平等协商、合作共赢。

2. 全球治理的特点

首先，全球治理从“西方治理”转型为“西方和非西方的共同治理”。新兴大国在全球治理中既是全球化进程的重要参与者，又是国际体系权力转移的主要方向。随着二十国集团机制的出现以及国际货币基金组织、世界银行等国际组织进行相应改革，新兴经济体和发展中国家在推动全球治理过程中开始发挥建设性作用，但是国际社会对全球治理中出现的新情况、新挑战、新需求应对不足，某些西方国家受到国内问题拖累，参与全球治理的意愿和能力下降，新兴国家亦未就此形成共识。

其次，地区治理是全球治理的内容和有效方式。欧盟在欧债危机中暴露了地区治理的缺陷，目前深受难民危机、恐怖主义的困扰，但欧洲地区治理并未退缩，反而坚定地促进欧盟合作，并在今后对未来的全球治理产生影响。亚太经合组织（APEC）已成为亚太地区各成员国深化合作、实现共同发展的重要平台，中美在 APEC 的治理博弈影响全球治理合作，同时也可能成为传统大国与新兴大国共同治理的开端。

最后，全球治理面临新挑战。一方面，全球性议题不断增加，全球治理难度加大。全球化进程在促进世界经济发展的同时，也意味着危机、风险和问题的全球扩散蔓延，使得一国国内的危机直接反映到国际层次，影响其他国家和地区，引发更多新生的全球性问题。如环境恶化、生态破坏、能源危机、国际毒品交易、国际恐怖主义活动、核武器扩散等大量全球性问题日益成为国际社会关注的重要议题，这些全球问题的恶性发展可能引发全球性危机，威胁整个人类的安全，治理的有效性问题，在当前无政府状态的现实中，引起人们的担忧；其次，在当前国际治理中，叙利亚和平谈判、朝鲜半岛危机、全球气候谈判、欧洲难民危机、能源危机等是当前国际热点问题，相应的国际会议连续举办，但进展不大，前景堪忧。

（二）中美关系

中国是当今世界最大的发展中国家，美国是当今世界最大的发达国家。作为处于不同发展阶段、具有不同社会制度和文化背景、在国际事务中扮演不同角色的两个大国，中美关系既重要又复杂，基础既牢固又脆弱，需要精心的维护，中美关系存在着不同的认识层次，双方关系需要从全球层面、区域层面和双边关系来分析。正是由于中美关系的复杂性，学生需要对中美关系的历史和现实进行客观的认识和理性的分析，才能正确把握中美关系大局。具体内容如下：

1. 中美关系的特征

第一，在政治和安全领域交往密切但缺乏互信。中美之间的新型大国关系，亦即相互尊重、互利共赢的合作伙伴关系，首先基于越来越多的共同安全利益。近年来，中美之间的政治交往十分频繁，高层对话的形式多种多样，对话的领域无所不包。双方已在共同探讨并努力建立处理危机和预防冲突的一些机制，以保证两国关系稳定发展。除首脑会晤外，中美双方的战略与经济对话等九十多个交流机制，也为两国加强协商与合作提供了重要平台。但是，从现实看，美国对中国缺乏信任，政治上，美国利用人权、宗教、民主、法治等问题对中国横加指责，随着中国的崛起，美国对中国防范心理加重。近年来，美国进一步在南海问题上持强硬立场，一再高调指责中国改变南海地区现状，甚至派出舰艇和间谍机抵近侦察，给中美关系造成很大困扰。

第二，在经贸金融领域广泛合作但纷争不断。作为当今世界两个最大的经济体，中美共处于一个全球市场，两国之间存在着共同的经济利益。中美不仅互为第二大贸易伙伴，而且互为主要外国投资来源地之一。但是，随着中国经济实力的增强，美国把中国列为经济的主要竞争者，认为世界经济失衡根源也在中国，要求中国为世界经济再平衡承担更多责任，不惜以各种方式和代价对华开展“经贸战”。

第三，在人文领域中深化交流，相互影响又彼此设防。人文交流与合作不断拓展和深化，大大增进了两国人民之间的相互了解和认知，有助于厚植中美合作伙伴关系的民意基础，是双方共建新型大国关系不可或缺的重要环节。但中美之间目前还存在巨大的“文化鸿沟”，文化交流也可成为美国对华进行意识形态“渗透”的工具。

第四，在国际事务中责任相同、诉求相近但也常常立场各异。作为联合国安理会常任理事国，中美两国对亚太地区乃至整个世界的和平、稳定、发展负有重大责任，有义务多方位地参与全球治理，与国际社会共同探索解决人类社会面临的共同性问题。但中美两国社会制度、历史传统、综合实力、地缘战略和全球利益迥然有别，双方在许多地区和国际问题上常常又主张各异，有时还严重对立。如朝核危机、叙利亚问题等。中国反对美国和西方国家试图以武力干涉他国内政，反对任何形式的新干涉主义。

2. *中美如何构建新型大国关系？*

构建新型大国关系是中美两国的共识，如何构建新型大国关系，需要从以下几方面做起。

首先，拓宽对话交流渠道，增进战略互信。不仅通过既有渠道，加强战略高层接触，增进互信，使美国政治家更深刻地认识到中国对外战略的和平本质及走和平发展道路的坚定决心；而且利用各种非官方渠道，加强民间交往，拓宽经贸等领域更深入的合作。不论双边事务还是在国际问题上，中美都可以相互协商，都可以开展合作，都可以形成伙伴关系。

其次，中美建立新型大国关系，还需进一步拓展和深化互利双赢的务实合作。在经济领域，中国通过对美合作，获取了资金、技术和先进的管理经验，不断融入国际市场和国际经济贸易金融体系，为自身经济长期快速发展争取到了良好条件，也给美国提供了难得的投资机会和市场空间，为美国企业带来了全球竞争机遇。

最后，中美建立新型大国关系，需要在亚太地区形成良性互动。中美两国都是太平洋国家，亚太是中美利益交汇最集中的地区。亚太地区的和平、稳定和繁荣，符合中美两国和本地区各国共同利益。

三、怎么讲

（一）通过具体案例讨论

美国干预中东事务受挫且欧盟深陷难民危机、恐怖袭击、英国脱欧等具体事例，使学生了解当前国际社会力量结构发生的重大和深刻的变化。通过对比的方法和数据展示，使学生了解新兴市场国家的国际影响力不断上升，国际力量对比的变化使得多极化趋势愈加明显。

（二）教师课堂讲述为主

分析大国关系尤其是典型的几对双边关系，了解国际关系的复杂性。并进一步向学生讲述全球性问题引发全球治理的问题，进一步加深对国际格局多极化趋势的理解。

（作者：王晓红，形势与政策教研室副教授）

第三章　当前国际安全形势

一、教学重点

（一）传统安全领域

当前由于众多危机此起彼伏，一些危机得到暂时缓解，但另外的危机以武装冲突的形式呈现出来。一些国家前景未卜，一些国家的内战如火如荼，亚太地区依然保持高热状态……不仅造成了大量人员和财产损失，也给地区政治经济安全造成巨大的负面影响。

（1）目前，中东地区是安全局势不稳定的地区之一。叙利亚开启了和平谈判的进程，但前程未卜，是否会引发中东地区的另一场战争，特别是叙利亚问题牵动着整个国际社会，也因此成为大国博弈的战场。

（2）非洲地区安全形势不稳定，一些国家处于严重的内战或内乱状态。因主权领土争端引发的矛盾最易导致军事冲突的发生，因而也一直是国际社会的焦点问题，而一些域外大国的主动介入，更加导致地区安全局势的复杂化。国际社会特别是联合国及非洲联盟为此进行了艰苦努力，是目前联合国维和行动投入力量最大的地区。

（3）亚太地区热点不断。美国亚太再平衡战略，引起亚太地区安全局势骤然紧张。亚太地区是 21 世纪具有经济生机与增长活力的地区之一，在世界格局中的地位急剧上升。美国感到在亚太地区的影响开始下降，“战略焦虑”催发其战略重心加速东移，实施“再平衡”战略。美国不仅加强了亚太前沿军事部署，不断在关岛等地部署先进武器，与日本、韩国等传统盟国强化军事同盟，积极谋求与新伙伴国建立安全合作，努力按照美国的战略需要塑造亚太经济格局。受此战略影响朝鲜半岛局势、钓鱼岛、南海问题等不断激化，成为国际安全领域的热点问题。

（二）非传统安全领域

非传统安全领域包括 IS 恐怖主义、欧洲难民危机等问题，是当前影响世界总体安全的重要因素。

（1）欧洲难民危机持续发酵。经地中海进入欧洲的难民人数连续刷新历史纪录，联合国难民署预计 2015 年突破 40 万人的规模，为数十年来所罕见。大量难民来自中东战乱地区，尤其是来自深受内战和“IS”

恐怖主义袭击的叙利亚。大量难民涌入，使欧洲陷入政治纷争、社会撕裂、经济承压和文化对立的困局。

（2）恐怖主义是当前国际安全的最大威胁。尼日利亚的博科圣地、索马里青年党、"IS恐怖主义"是近年来活跃的恐怖主义组织。其中"IS恐怖主义"最为猖獗，它攻城略地，手段凶残，以建国为目标在全球进行招募活动，吸引大量穆斯林前往。在遭受国际社会联手清剿的情况下，已由固守叙利亚和伊拉克境内的控制区域，转为在全球范围内制造恐怖袭击事件。如2015年11月在法国首都巴黎，2016年3月在比利时首都布鲁塞尔发生的暴力恐怖袭击事件，欧洲现在正面临10年来最严重的恐怖主义威胁，"伊斯兰国"或其他恐怖组织还有可能在欧洲发动新的袭击，造成更多的平民伤亡。

（三）发达国家经济发展问题导致国际政治经济安全风险增大

全球化使国家利益联系不断增多，西方国家的经济不景气已经引发了连带效应，世界经济在低增长中徘徊，但巨大的通胀压力和金融市场不稳将给未来世界经济发展带来巨大挑战。面对各类经济问题，世界各国在宏观调控目标和方向存在很大的分歧和冲突，不仅加大协调难度，甚至可能引发贸易战和汇率战。不仅如此，对于一些发展中国家来说，经济问题既是民生问题，也是安全问题。从历史经验看，经济出现重大问题极易衍生转嫁效应，从而导致各类争端的发生，特别是导致武装冲突甚至战争的发生。

二、教学难点

本部分的教学难点是恐怖主义产生的原因。

恐怖主义是现代社会的毒瘤，是以最极端的残酷、荒谬和野蛮的方式挑战人类的秩序和文明的底线。近年来，恐怖大亨本·拉登被击毙后，"基地组织"势头减弱，但尼日利亚的博科圣地、索马里青年党、"IS恐怖主义"成为近年来最活跃的恐怖主义组织，尤其是"IS恐怖主义"，是当今世界最凶残、最恐怖、影响最大的恐怖主义组织，它在叙利亚和伊拉克境内攻城略地，占领城市和油田，目标是建立伊拉克和伊凡特伊斯兰国（简称IS）。在遭受国际社会联手清剿的情况下，由固守叙利亚和伊拉克境内的控制区域，转为在全球范围内制造恐怖袭击事件。什么是恐怖主义？其特征是什么？与一般社会暴力事件的区别是什么？学生要有清楚的认识和理解。现代恐怖主义产生的原因是本部分的难点。通过课堂上讨论，使学生了解贫困并不必然产生恐怖主义，近年来，恐怖主义在中东地区日益猖獗存在着的多重因素，可从以下四方面认识。

第一，恐怖主义产生是宗教冲突加剧的结果。近年来，在兴起的各种社会思潮中，影响最大的是伊斯兰原教旨主义。所谓伊斯兰原教旨主义又称“伊斯兰复兴运动”，是伊斯兰教中极端保守的宗教势力。伴随着全球化和现代化的进程，西方文化开始向伊斯兰国家渗透，基督教以及一些非伊斯兰的教义进入伊斯兰国家，使得极端的伊斯兰原教旨主义无法接受，他们极力反对非穆斯林文化，排斥物质主义腐败堕落的西方生活方式对伊斯兰社会的影响，号召全面实现政治经济和社会生活的“伊斯兰化”。

第二，全球化始于资本主义的全球扩张，带来两极分化，一些落后国家的贫穷人口依然处于贫穷和窘困的状态，享受不到现代化的成果，成为恐怖主义滋生的土壤。在不少国家，贫富悬殊、社会不公、宗族歧视、各种社会矛盾不断，加上经济衰退和失业等问题，许多年轻人与现实抗争并且以通过恐怖事件的方式来宣泄。同时，上流社会的奢靡和堕落的生活方式以及下层民众的苦难，是由物质主义的、腐败的、颓废的和不道德的西方文化造成的，当人群和文化被窘迫得过于无奈时，极端的思想在怪异的信仰驱使下有可能应运而生。

第三，美国在中东对以色列的支持，是造成阿拉伯人仇恨美国的主要原因。特别在美国施行反恐战略后，以色列搭车，也展开了它的针对巴勒斯坦人的反恐战争。这种以暴易暴的政策加剧了阿拉伯世界的反美与反犹情绪。以色列对巴勒斯坦土地的占领，是造成巴勒斯坦人，乃至整个阿拉伯世界感到屈辱与侮辱的根源。

第四，对于“下一个世界”美好生活的憧憬是恐怖主义分子的最高精神寄托和驱动力。这些人在这个世界的生活十分贫穷并没有希望。他们生长在一个充满暴力的环境中，是社会中被污辱与被损害的。精神创伤与被污辱的人生是驱使他们走向恐怖主义与暴力的精神原因。恐怖主义者往往以真主的名义行事，对于世俗的人道主义、女权主义和以个人自由为中心的西方价值观在世界上的传播感到恐惧，认为这是异教徒的势力在扩张，将危及他们根本的信仰。驱使恐怖主义分子进行圣战的原因在于他们所感到的无助感，他们在社会与生活中所受到的侮辱，他们的焦虑，他们对于前景的绝望。死亡成为他们在圣战中追求和崇拜的终极目标。

三、怎么讲

通过教师课堂讲述的方式，借助于数据、图片等，使学生了解当前国际安全形势的特点，了解当前国际社会总体稳定局部动荡的态势，威胁国际和平与安全的重要因素，国际热点问题产生的原因和未来的走势，认识到在当前国际社会中协商对话是解决矛盾和冲突，维护世界和平与安全的主要途径。

（作者：王晓红，形势与政策教研室副教授）

第四章　当前两岸关系发展现状分析与前瞻

一、教学重点

（一）马英九执政时期的两岸关系发展综述

2008 年，国民党在台重新执政以来，马英九理性务实，肯定“九二共识”“一中各表”立场，坚持“一个中国”原则，恢复两岸“两会”（海协会与海基会）制度性协商，两岸关系由陈水扁执政时期的激烈对抗转向大幅缓和，两岸沟通协商多轨并进，取得一系列重大成果。总之，马英九在台执政期间，在维护台海现状的前提下，坚持推动和平稳定的两岸关系，开启新中国成立以来两岸前所未有的和平新局，实践证明马英九所推动的两岸政策是一条非常正确、顺应潮流的道路。

两岸经贸合作取得突破性进展，主要表现在 2010 年《两岸经济合作框架协议》（EconomicCooperationFrameworkAgreement，ECFA）[①] 与 2013 年《海峡两岸服务贸易协议》的成功签署。诚如马英九所说：“签订 ECFA，等于和世界都通了。”民进党执政时期的台湾，犹如人体“任督二脉”不通，全身都是毛病；一旦签署 ECFA，等于打通任督二脉，全身血脉活络，犹如一尾活龙[②]。而《海峡两岸服务贸易协议》的签署也是 ECFA 后续协商的阶段性成果，标志着两岸经贸合作迈上了一个新台阶。

实现全面直接双向“三通”，两岸民间交流合作与人员往来迈上新台阶。2008 年 6 月，海协会与海基会在“九二共识”基础上恢复中断 9 年之久的制度性协商，并签署《海峡两岸包机会谈纪要》《海峡两岸关于大陆居民赴台湾旅游协议》。2008 年 11 月，签署《海峡两岸空运协议》《海峡两岸海运协议》《海峡两岸邮政协议》《海峡两岸食品安全协议》。自此，两岸在分隔近一甲子之后，基本实现了两岸同胞期待已久的直接“三通”（通邮、通航、通商）。2009 年 4 月，又签署了《海峡两岸空运补充协议》《海峡两岸金融合作协议》《海峡两岸共同打击犯罪及司

---

① 原称两岸综合性经济合作协定或称两岸综合经济合作协定（ComprehensiveEconomicCooperationAgreement，CECA）。

② 揭穿反对 ECFA 的阴谋．新华网 - 台湾频道，2010 - 04 - 15.

法互助协议》。这些协议的签署和共识的达成，意味着两岸实现全面、直接“三通”。总之，两岸往来渠道的疏通，为两岸关系和平发展充当了稳固的基石铺垫。

两岸高层互动频繁，政治互信逐步增强。2014 年 6 月，国务院台办主任张志军首度成功访台，2015 年 5 月，国民党主席朱立伦登陆访问与习近平在北京会面（“习朱会”），2015 年 11 月两岸最高领导人习近平与马英九的新加坡会面（“习马会”）。尤其是“习马会”在两岸交流的历史上抒写出新的一页，开辟了两岸关系和平发展的崭新格局，意义深远。

马英九执政期间，两岸在国际场合的矛盾与冲突逐渐减小；在捍卫钓鱼岛与南海主权的大是大非问题上形成一定的默契，马英九当局坚持原则立场，两岸官方与民间都表现出同舟共济捍卫中华民族核心利益的坚定立场。此外，自马英九执政以来，提出两岸“外交休兵”，近些年两岸在国际场合不再有不必要的资源和力量消耗，而是务实理性，积极促进两岸和平发展局面，为两岸同胞共造福祉。

（二）两岸关系进一步发展与统一面临的障碍

马英九执政时期，是两岸交流合作成果最丰硕、两岸民众得到最多、两岸内耗最少的时期。2016 年，民进党重新上台执政以来，蔡英文当局始终拒不承认“九二共识”，顽固不化，在国际社会公然散布“台独”言论，并企图在岛内搞“柔性台独”，致使两岸关系陷入僵局，民间交往也大幅降温，使今后两岸关系进一步发展与统一前景重新蒙上阴影。最大障碍是在政治方面，除此之外，还涉及外部干涉因素。综合分析今后两岸关系进一步发展与走向统一的潜在障碍有三个方面。

1. 岛内政治因素

（1）马英九执政期间，虽然一直坚持“九二共识”，反对“台独”，但坚持两岸“不统、不独、不武”政策与所谓“中华民国”主权法统下的“一国两区”观念①。由此可见，马英九始终明确坚持“一国两区”中的“一国”是“中华民国”。对此表述，大陆既没有接受，也没有否定。大陆所坚持的仍是两岸同属“一中”，两岸不是“国与国”的关系。马英九的讲法只是台湾单方面的立场，但大陆肯定不会接受以此作为双方

① 据台湾中时电子报报道（2012－05－25）：马英九在一场国际研讨会上，以英文向各国学者说明两岸关系大幅改善情形，以及 5·20 就职演说时提出“一个中华民国，两个地区”的缘由，他强调两岸“互不承认主权、互不否认治权”的概念，是受到德国经验的启发。

将来谈判的基础。换句话说，“一国两区”将来一定要有一个双方都能接受的说法和界定。

（2）岛内各派政治力量以及部分民众对大陆“一国两制”政策的成见、抵触甚至公开反对。不可否认的是，“一国两制”国策及其在港澳的成功实践，长期以来并没有得到岛内各派政治力量以及民众的广泛认同和理解，甚至国民党自身也长期抵触“一国两制”主张。2014 年 6 月，马英九在接受台湾平面媒体采访时对于大陆的“一国两制”统一主张也是公开抵制的①。至于民进党、台联党等泛蓝阵营，更是长期公开反对甚至敌视“一国两制”政策。根据中国著名台湾问题专家李家泉先生的统计，目前岛内外不同于大陆“一国两制”的统一主张或模式有近百种之多。

（3）岛内政党轮替带来的相互掣肘。2000 年，岛内民进党首次执政后，国民党在台湾第一次沦为在野党，标志着通过选举政治首次实现了政党轮替。尽管国民党于 2008 年通过选举重新执政，但民进党为首的泛绿阵营作为在野党出于各种原因，在两岸关系发展方面千方百计掣肘国民党当局，因此在岛内造成内斗局面。2016 年，民进党再度上台执政，岛内政治格局已然稳定形成蓝绿两大阵营对垒局面。此外，由于李登辉与陈水扁执政时期实行的本土化战略，特别是“台独”势力在岛内的膨胀，岛内统派力量的发展受到很大压制。

（4）2016 年，民进党东山再起，“台独”势力不再蛰伏，卷土重来。众所周知，新世纪以来，“台独”势力曾一度甚嚣尘上，从 1999 年李登辉公开抛出“两国论”，到陈水扁 2002 年公开叫嚣“一边一国”论；从“台独”势力叫嚣要在 2004 年正式建立所谓“台湾共和国”，到李登辉公开提出 2008 年是台湾“建国”最佳时机；从陈水扁在岛内强力推行“入联公投”，到台湾当局拒绝北京奥运圣火进岛。“台独”势力成为两岸关系发展陷入僵局、国家统一前途陷入迷茫的头号罪魁祸首。2008 年，国民党重新执政以来，虽然坚持“一个中国”原则，反对“台独”。但岛内独派势力只是暂时处于蛰伏状态。蔡英文上台以来，至今拒不承认“九二共识”，民进党的“台独”党纲与所谓“建立台湾共和国”的目标并没有改变。大陆和民进党之间的接触缺乏政治基础，对话缺乏基本条件。2016 年以来，两岸官方交流与合作已被迫中断，过去的八年，

---

① 马英九．不可能接受拿香港情况设想台湾未来［OL］．环球网，2014－06－22.

两岸和平发展的良好态势受到严重挫折，国家统一前景再次蒙上阴影。

2. *两岸在重大敏感议题上存在结构性矛盾*

当前，两岸政治互信还很弱，加上两岸关系因内战遗留问题始终没有彻底解决，导致两岸至今在本质上的敌对性质没有根本改变。今后两岸在推进政治谈判、签订和平协议的目标、内容以及时程安排上还存在较大分歧。尤其是两岸在台湾当局的政治定位、台湾国际空间、两岸军事互信等敏感议题上还存在重大分歧。以上如果不能解决或解决不好，就会影响两岸关系未来进一步发展的空间与两岸统一前景。

3. *美国等西方势力借台湾问题干涉中国统一并遏制中国的战略意图*

第二次世界大战后，历届美国总统对台政策虽有所差异，但有一个共同点：永远在利用和制造海峡两岸矛盾中使美国获取最大利益。今后，美国等西方势力出于遏制中国崛起，加快实施“亚太再平衡战略”，维护亚太霸权利益的需要，仍然会继续借台湾问题干涉中国内政，竭力阻止两岸走向统一。对于这一点，我们无论如何要有清醒的战略认识。由于台湾实际已然形成“经济依中、安全靠美”的局面，今后台湾当局的两岸政策无疑也会受到美国的强力牵制。实际上，台湾在美国经济利益的平衡运用下，几乎成了无可抗拒的棋子，身不由己地在美国的棋盘里移动。海峡两岸始终不能坦诚地坐下来谈判，不能掌控自己国家统一的前途和命运，明里暗里总会受到美国霸权主义对台湾问题的干涉，这也是两岸中国人的悲哀。

二、教学难点

如何继续促进两岸关系和平发展是本章的教学难点。

尽管蔡英文当局的历史倒退和顽固立场，对于当前和今后两岸关系的继续和平发展，带来了重大挑战和不确定性。但是，中央应有战略定力，既要审时度势，打压“台独”；又要全面分析，冷静决策，以中华民族大义为重，尽最大努力争取两岸关系和平发展大局。

牢固坚持一个中国原则，坚决反对“台独”、坚持“九二共识”，努力增进两岸政治互信。新形势下，只要民进党当局认清形势，顺应潮流，确立和巩固一个中国的共同认知和一致立场，今后两岸各领域合作的前景就是宽广和光明的。事实上，中央对台政策主张一直在与时俱进。从新中国成立后毛泽东提出的“解放台湾”，到20世纪50年代开始探索和平统一的可能性①；从改革开放新时期邓小平正式提出“和平统一、一国两制”方针，到江泽民提出的八条和平统一主张，再到胡锦涛提出的“在一个中国的原则下促进两岸的和平发展，争取和平统一的共同愿景”。我们可以看到明显的逐渐宽容，但更加自信的政策轨迹。中央对台政策的转折点发生在2004—2005年，由于民进党执政期间“台独”势力十分嚣张，中国政府于2005年3月正式由全国人大通过并颁布了《反分裂国家法》，将“防独、反独、制独”放在对台政策的首要位置。

全面贯彻党的十八大关于对台工作的决策部署，围绕巩固深化两岸关系和平发展的主要任务，更加积极有为地做好各项对台工作。坚持把广泛团结台湾同胞作为对台工作的主线，努力为台湾同胞多做实事、多办好事，不断汇聚两岸关系和平发展的力量。

进一步扩大和深化两岸经贸交流与合作，厚植共同利益，推动两岸交往的制度建设，仍然是当前推动两岸关系发展的优先和重点。当务之急是要全面加快落实两岸经济合作框架协议（ECFA），并促使两岸服务贸易协议早日在台生效。

进一步扩大两岸人员往来，深化文化、教育、科技、宗教与艺术等各领域交流与合作，着力提高质量和效益。

进一步推进两岸半官方对话机制化和实体化，并鼓励两岸学术界从民间角度为解决两岸政治问题开展对话。在当前两岸就政治问题的商谈一时还难以开始的情况下，由民间先行、通过两岸智库从学术角度就此进行对话研讨是可行途径。这有利于两岸有识之士集思广益、凝聚共识，也有利于促进两岸社会各界对政治议题的关注与思考，从而为政治问题商谈逐步创造条件②。

三、怎么讲

（一）课堂分析

教师通过课堂讲述，结合两岸关系的历史和现在，分析两岸政治难题以及形成的各种内外复杂原因，并在此基础上探寻双方都可接受的可

---

① 1955年4月亚非会议期间，周恩来在缅甸访问会见吴努总理时，代表中国第一次公开提出了和平解放台湾的主张。呼吁中美谈判以缓和双方紧张局势。1956年，随着国内形势的变化，毛泽东和中共中央进一步确定了争取用和平方式解放台湾的思想，并且提到与国民党进行第三次合作，并在不同场合阐明了具体政策主张。1963年，周恩来将中央对台政策归纳为“一纲四目”。

② 如何继续促进两岸关系和平发展［OL］. 中央政府门户网站，2013－03－29.

行办法。结合习近平关于两岸关系的多次讲话所强调的：坚定不移走两岸关系和平发展道路，巩固和深化两岸关系和平发展的政治、经济、文化基础，推动两岸关系不断取得新的成就的思路，分析两岸统一的未来之路。

（二）课堂讨论

两岸未来只能走向统一。在此基础上表达明确的观点，统一认识。即：两岸进一步的交流与融合必将促进两岸同胞对统一的强大民意支持。只要中国保持政局稳定并持续发展，同时把“台独”的路堵死，统一是大势所趋，人心所向。中国的崛起与强盛已是不争的国际事实，蔡英文当局必须看清形势，顺应潮流，只要回归马英九时期的政治立场，承认“九二共识”，不搞“台独”，在“建立互信、搁置争议、求同存异、共创双赢”方针指导下，两岸关系就能行稳致远，齐心协力为中华民族伟大复兴的中国梦而奋斗！

（作者：汪朝晖，形势与政策教研室讲师）

第五章　文化产业形势与中国的政策

一、教学重点

（一）文化在社会发展中的重要地位

1. *大力发展文化是满足人民精神需求的重要途径*

经过30多年的改革开放，中国的经济建设取得了举世瞩目的成就。2010年，中国国内生产总值超过日本，居世界第二位，仅次于美国。2015年，中国国内生产总值是日本的两倍还多，人民的物质条件得到极大改善，经济实力迅速提升，体现了中国特色社会主义制度的优越性。但是，物质贫穷不是社会主义，精神贫穷也不是社会主义。在中国经济迅速腾飞之后，通过发展文化产业使人民的精神需求得到满足，是现阶段中国社会发展的一个重要内容。

文化是民族的精气神，建设文化就是为全国各族人民鼓舞精神，使人民的精神生活健康、和谐。当代中国进入了全面建设小康社会的关键时期和深化改革开放、加快转变经济发展方式的攻坚时期，文化越来越成为民族凝聚力和创造力的重要源泉。一个精神萎靡的民族不可能将人民的力量凝聚起来，没有团结起来形成的精神力量，就很难形成强大的创造力。

文化是人民幸福生活的重要依托。在经济跨越发展、社会民生改善的同时，物质生活得到满足的中国人在文化领域的追求越来越呈现出高层次、多元化趋势，丰富精神文化生活越来越成为中国人民的热切愿望。要实现全面建成小康社会的目标，必须从物质、精神和社会等层面入手，既要让人民过上殷实富足的物质生活，又要让人民享有健康丰富的文化生活。

2. *党和国家领导人对文化发展极为重视*

1940年，毛泽东在《新民主主义论》中指出：“我们共产党人，多年以来，不但为中国的政治革命和经济革命而奋斗，而且为中国的文化革命而奋斗；一切这些的目的，在于建设一个中华民族的新社会和新国家。在这个新社会和新国家中，不但有新政治、新经济，而且有新文化。”

改革开放初期，邓小平指出：“我们要在建设高度物质文明的同时，提高全民族的科学文化水平，发展高尚的丰富多彩的文化生活，建设高度的社会主义精神文明。”

2011 年，党的十七届六中全会通过《中共中央关于深化文化体制改革推动社会主义文化大发展大繁荣若干重大问题的决定》，是建设社会主义文化强国的纲领性文件。《决定》指出：“文化是民族的血脉和人民的精神家园，也是民族凝聚力和创造力的重要源泉、综合国力竞争的重要因素、经济社会发展的重要支撑。加强文化建设，关系全面建设小康社会奋斗目标的实现，关系中国特色社会主义事业的总体布局，关系中华民族的伟大复兴。”血脉断了，生命必将终止；家园荒芜了，精神将无从寄托。用“血脉”“精神家园”强调了文化在中国特色社会主义建设和中华民族伟大复兴中的重要地位与作用，触及情思，意味深长。

2013 年年底，习近平在主持中央政治局学习时指出，提高国家文化软实力，要努力夯实国家文化软实力的根基。

3. *文化是参与全球竞争、提高国家软实力的重要方面*

当今世界正处在大发展、大变革、大调整时期，世界多极化、经济全球化深入发展，科学技术日新月异，各种思想文化交流交融交锋更加频繁，文化在综合国力竞争中的地位和作用更加凸显，维护国家文化安全任务更加艰巨，增强国家文化软实力、中华文化国际影响力要求更加紧迫。文化产品在国际范围内的传播，是一国软实力的重要体现。美国的影视作品不仅是炫酷的画面和引人入胜的情节，也不仅是获取经济利益的渠道，更是美国价值观在全球发挥巨大影响力的窗口。

在五千多年的文明历程中，中国各族人民共同创造了源远流长、博大精深的中华文化，为中华民族发展壮大提供了强大精神力量，为人类文明进步做出了不可磨灭的重大贡献。但是，过去的辉煌不能代表未来，如何在新的历史时期继承和发展中华文化，继续为中国人民提供强大的智力支持和精神营养，关系到中华民族的血脉传承和精神家园的繁荣。

（二）中国文化产业面临重大机遇

1. *政策重视的程度提升*

近年来，中国文化产业增加值占 GDP 比重稳步提高。2004—2010 年，全国文化产业增加值年均增长速度超过 23%。2014 年 3 月，李克强在政府工作报告中指出，2013 年文化产业增加值增长 15% 以上，增加值为 2.1 万亿元。同时，文化产业参与世界市场的竞争能力也在提升。

从 2001 年开始，“文化产业”的概念第一次正式进入了党和国家政策性、法规性文件。

2002年，党的十六大报告厘清了公益性文化事业和经营性文化产业的关系，首次提出“积极发展文化事业和文化产业”。

2007年，党的十七大提出“加快文化产业发展，增强国家文化软实力”。

2009年，中国第一部文化产业专项规划《文化产业振兴规划》通过。这是继钢铁、汽车、纺织等十大产业振兴规划后出台的又一重要产业振兴规划，标志着文化产业已上升为国家战略性产业。“十二五”规划明确提出推动文化产业成为国民经济支柱性产业。

2011年，党的十七届六中全会通过《中共中央关于深化文化体制改革推动社会主义文化大发展大繁荣若干重大问题的决定》，对文化产业发展的目标任务、思路举措和政策保障进行了系统论述和安排。

2012年，党的十八大再次强调“要推动文化产业快速发展，到2020年全面建成小康社会，文化产业成为国民经济支柱性产业”。

2013年，党的十八届三中全会通过《中共中央关于全面深化改革若干重大问题的决定》，提出“推动文化企业跨地区、跨行业、跨所有制兼并重组，提高文化产业规模化、集约化、专业化水平”。

2014年以来，文化部、央行、财政部联合发布《关于深入推进文化金融合作的意见》；国务院办公厅《关于印发文化体制改革中经营性文化事业单位转制为企业和进一步支持文化企业发展两个规定的通知》。

2. *市场成长空间广阔*

随着中国国民经济持续快速发展，城乡居民收入水平大幅上升，居民消费正由生存型、温饱型，向小康型、享受型转变，人民群众精神文化需求快速增长，文化消费日益活跃，并向高品质、多样化发展。

国际经验表明，人均国内生产总值达到3 000美元时，居民消费进入物质消费和精神文化消费并重时期；超过5 000美元时，居民消费将进入精神文化需求的旺盛时期。中国人均国内生产总值已超过5 400美元，少数地方突破1万美元，居民消费正由生存型、温饱型，向小康型、享受型转变，人们的精神文化需求迅速增长，文化消费、文化投资和文化创造的热情空前高涨，日益呈现出多样化、多层次、多方面的特点。

据有关方面测算，按照中国目前的经济发展水平，每年文化消费可达4万亿元，但2011年实际消费才刚过1万亿元。国际经验显示，随着收入的增长，人们对文化产品和服务的消费需求将呈快速增长态势。

到2020年，按实际需求测算，中国城乡实际文化消费将达到29 460

亿元。而目前文化产业的供给规模为21 000亿元，也就是说，到2020年中国文化产业的市场还有8 460亿元的成长空间。文化领域成为中国少数几个总供给还不能满足总需求的领域之一，发展前景十分广阔。

国际需求方面，随着中国的和平崛起和综合国力的不断提升，中国文化的国际影响力与日俱增，国际市场对中国文化产品的需求也会大幅增加。

3. 体制改革力度加大

以前，中国的文化单位基本上都是吃皇粮、旱涝保收的事业单位。这样的体制不可能适应人民群众多样化的文化需求。近年来，文化体制改革取得了历史性突破，一大批国有经营性文化单位转变为合格市场主体，市场活力和竞争力明显增强。

据不完全统计，全国405家地方出版社、148家中央各部门各单位出版社、104家高校出版社；2 412家新华书店；1 767家地方文化系统一般国有文艺院团；1 106家地方非时政类报刊出版单位；885家电影公司电影院以及上百家电影制片厂；电视剧制作机构、重点新闻网站和党报党刊发行机构等完成或正在转企改制，共注销经营性文化事业单位法人6 500多家、核销事业编制28万多个，文化市场国有经营主体缺失、活力不足的状况极大改变。

为贯彻落实党的十七届六中全会精神，国家有关部门相继出台了促进扶持文化产业发展的若干优惠政策和具体措施，财税、金融、工商等支持文化产业力度持续加大。

2010年，中国人民银行等九部委联合下发《关于金融支持文化产业振兴和发展繁荣的指导意见》，进一步加快了金融机构与文化产业对接的进程，文化企业上市融资步伐加快，社会资本纷纷进入文化领域，文化产业结构调整取得重大突破，一些民营文化企业异军突起，改变了以往国有文化单位一统天下的局面。

2009年，华谊兄弟登陆创业板，成为中国电影业第一股。2010年，宋城演艺上市，成为中国文化演艺业第一股。此后，华策影视、光线传媒、华录百纳等相继上市，中影集团和上影集团也准备上市融资。

文化体制改革带来了文化产业经营状况的巨大变化。以电影为例，2000年以前，全国每年电影票房不足10亿元，诸多电影院倒闭，电影厂无戏可拍，电影产业面临崩溃。2002年，中国电影启动院线制改革，不但直接催生了中国大中城市商业中心区多厅化影院的快速建立，而且培养了市民的观影习惯，电影年票房10亿元，2010年票房100亿元。2013

年，全国电影总票房217.69亿元，同比增长27.51%。其中国产片总票房127.67亿元，占比58.65%；进口片总票房90.02亿元，占比41.35%（进口片在2012年占总票房的51.54%）。国产片重新赢得市场主导权。

4. 数字技术拓展平台

许多人都很看重智能手机带给人的体验——快速、清晰、流畅，这都与数字技术有关。一些数字技术的应用使娱乐产业令人身临其境，比如3D电影。

近年来，数字化等高新技术迅猛发展，深刻改变了人们获取知识、传递信息、鉴赏文化、娱乐消费方式，极大增强了文化的创造力和传播力，为催生新兴文化业态和新的文化表现形式提供了广阔平台。随着越来越多的科技成果融入文化领域，科技创新对文化产业发展的引领与支撑作用不断增强，文化产业发展必将带来更多的机遇。

5. 产业结构调整提供新契机

中国正处于深化改革的攻坚期、转变发展方式的关键期，经济发展中不平衡、不协调、不可持续的矛盾和问题仍然突出，发掘创新潜力、培育新兴产业的需求更加强烈。

文化产业拥有优结构、扩消费、增就业、可持续的特点，资源需求少、能源消耗低、发展潜力大，对于进一步优化经济结构、提升经济发展质量，形成更为根本、更加持久、更难替代的竞争实力，具有独特优势。

统计显示，2014年上半年国内文化传媒产业共发生125起并购重组与战略性入股事件，总交易金额达1 000亿元人民币。

（三）文化产业发展中存在的问题

（1）整体实力较低。

（2）数量多，规模小，集约度低。

（3）区域发展不平衡。

（4）盲目扩张。

（5）文化产品的社会效益和经济效益的关系不协调。

二、教学难点

（一）如何理解“文化产业”

文化是“为社会公众提供文化产品和文化相关产品的生产活动的集合”。国家统计局《文化及相关产业分类（2012）》指出，文化产业包括新闻出版发行服务、广播电视电影服务、文化艺术服务、文化信息传输服务、文化创意和设计服务、文化休闲娱乐服务、工艺美术品的生产、文化产品生产的辅助生产、文化用品的生产和文化专用设备的生产。

（二）如何认识中国文化产业面临的社会效益和经济效益不协调的问题

2014 年 10 月 15 日，习近平在文艺工作座谈会上的讲话中指出：一部好的作品，应该是把社会效益放在首位，同时也应该是社会效益和经济效益相统一的作品。文艺不能当市场的奴隶，不要沾满了铜臭气。优秀的文艺作品，最好是既能在思想上、艺术上取得成功，又能在市场上受到欢迎。

当前，中国文艺创作存在着严重的社会效益和经济效益不协调的问题。习近平指出，改革开放以来，我国文艺创作迎来了新的春天，产生了大量脍炙人口的优秀作品。同时，也不能否认，在文艺创作方面，也存在着有数量缺质量、有“高原”缺“高峰”的现象，存在着抄袭模仿、千篇一律的问题，存在着机械化生产、快餐式消费的问题。在有些作品中，有的调侃崇高、扭曲经典、颠覆历史，丑化人民群众和英雄人物；有的是非不分、善恶不辨、以丑为美，过度渲染社会阴暗面；有的搜奇猎艳、一味媚俗、低级趣味，把作品当作追逐利益的“摇钱树”，当作感官刺激的“摇头丸”；有的胡编乱写、粗制滥造、牵强附会，制造了一些文化“垃圾”；有的追求奢华、过度包装、炫富摆阔，形式大于内容；还有的热衷于所谓“为艺术而艺术”，只写一己悲欢、杯水风波，脱离大众、脱离现实。

三、怎么讲

（1）课堂讲解配合列举和讨论。对于文化产业在现实生活中的具体体现，以学生列举、课堂讨论等方式进行，最后介绍国家统计局对文化产业分类的标准，使学生对于文化产业的具体外延形成丰富的感性认识。

（2）案例分析法。以近年来一些社会效益与经济效益不协调的文化产品——比如抗日“神”剧为切入点，配合一些视频，分析此类作品泛滥的原因，引导学生对不同文化产品的社会功能进行客观评价，并理解相关政策，特别是习近平《在文艺工作座谈会上的讲话》的现实意义。

（3）课外作业：要求学生对近两年来国家有关部门出台的文化产业方面的政策进行资料搜集和整理，以了解最新政策变化，提高对政策的敏感度。同时，对于课外作业，要在课堂进行分类讲评，以起到学生相互学习、相互借鉴的作用。

（作者：王靖华，形势与政策教研室副教授）